Ob wir sie mögen oder nicht: Viele Sprichwörter haben sich uns derart eingeprägt, dass wir bei jeder passenden Gelegenheit automatisch an sie denken müssen. Und das, obwohl sie oft genug ein wenig altbacken klingen. Walter Schmidt klopft einige der bekanntesten Lebensweisheiten auf ihren sachlichen Gehalt ab und denkt darüber nach, ob sie uns noch Orientierung bieten können. Die Zeit heilt alle Wunden? Mediziner und Psychologen können bestätigen, dass dies längst nicht immer der Fall ist. Jeder ist seines Glückes Schmied? Die soziale Mobilität in unserer Gesellschaft spricht eine andere Sprache. Warum ist aller Anfang schwer? Dazu können Motivationspsychologen Erhellendes sagen. Gelegenheit macht Diebe? Das wissen Polizei und Rechtsexperten am besten. Morgenstund hat Gold im Mund? Schlafforscher sind sich da nicht so sicher. Was uns nicht umbringt, macht uns nur härter? Auf unser Immunsystem trifft das nur bedingt zu.

Walter Schmidt, Jahrgang 1965, ist freier Journalist, Schreibtrainer und Texter. Nach seinem Geographie-Studium in Saarbrücken und Vancouver besuchte er die Henri-Nannen-Schule und arbeitete u. a. als Pressesprecher für den BUND. 2011 erschien sein Buch «Dicker Hals und kalte Füße. Was Redensarten über Körper und Seele verraten. Eine heitere Einführung in die Psychosomatik».

Walter Schmidt

Morgenstund ist ungesund

Unsere Sprichwörter auf dem Prüfstand

Rowohlt Taschenbuch Verlag

Für Rose

Originalausgabe
Veröffentlicht im Rowohlt Taschenbuch Verlag,
Reinbek bei Hamburg, Juni 2012
Copyright © 2012 by Rowohlt Verlag GmbH,
Reinbek bei Hamburg
Umschlaggestaltung ZERO Werbeagentur, München
(Foto: Image Source/Getty Images)
Satz aus der Sabon, PostScript, InDesign,
bei Pinkuin Satz und Datentechnik, Berlin
Druck und Bindung Druckerei C. H. Beck, Nördlingen
Printed in Germany
ISBN 978 3 499 62966 2

Inhalt

Wie Sprüche auf uns wirken 9

Weisheit und Klugheit 17
«Durch Schaden wird man klug.» 17
«Der Klügere gibt nach.» 23
«Kleinvieh macht auch Mist.» 27
«Aller guten Dinge sind drei.» 29
«Alter schützt vor Torheit nicht.» 32

Gesundheit und Wohlergehen 39
«Die Zeit heilt alle Wunden.» 39
«Wer rastet, der rostet.» 47
«Angst ist ein schlechter Ratgeber.» 53
«Was uns nicht umbringt, macht uns nur härter.» 58
«Besser ein Ende mit Schrecken
als ein Schrecken ohne Ende.» 64
«Die beste Krankheit taugt nichts.» 73
«Ein Indianer kennt keinen Schmerz.» 81

Erfolg und Scheitern 91
«Der dümmste Bauer erntet die dicksten Kartoffeln.» 91
«Was du heute kannst besorgen,
das verschiebe nicht auf morgen.» 94
«Der Glaube versetzt Berge.» 100

«Jeder ist seines Glückes Schmied.»   108

«Ein blindes Huhn findet auch mal ein Korn.»   115

«Hochmut kommt vor dem Fall.»   118

«Nomen est omen.»   122

«Gut Ding will Weile haben.»   129

Lernen und Lehren   134

«Nicht für die Schule, sondern fürs Leben lernen wir.»   134

«Morgenstund hat Gold im Mund.»   139

«Aller Anfang ist schwer.»   147

«Not macht erfinderisch.»   151

«Gras wächst nicht schneller, wenn man daran zieht.»   155

«Was Hänschen nicht lernt, lernt Hans nimmermehr.»   159

Moral und Tugend   165

«Wer schläft, sündigt nicht.»   165

«Schuster, bleib bei deinem Leisten!»   169

«Müßiggang ist aller Laster Anfang.»   173

«Bescheidenheit ist eine Zier,
doch weiter kommt man ohne ihr.»   177

«Was du nicht willst, dass man dir tu,
das füg auch keinem andern zu.»   180

«Eigenlob stinkt.»   184

Menschsein und Zusammenleben   188

«Stille Wasser sind tief.»   188

«Gelegenheit macht Diebe.»   196

«Rache ist süß.»   202

«Der Mensch ist des Menschen Wolf.»   207

«Vertrauen ist gut, Kontrolle ist besser.» 216
«Reden ist Silber, Schweigen ist Gold.» 221

Zu guter Letzt 226
Wieso kein Sprichwort zum Zweifel? 226
Quellen und Anmerkungen 228

Wie Sprüche auf uns wirken

Aller Anfang sei schwer, sagt ein Sprichwort. Womit also beginnen? Vielleicht ja damit, dass uns Spruchweisheiten wie die vom ach so schwierigen Beginn durchs ganze Leben verfolgen, bisweilen einleuchten, gelegentlich erheitern, aber manchmal auch gehörig nerven. Schon als wir Kinder waren, wurden sie uns vorgehalten – von Erwachsenen, die vermutlich froh waren über Stegreifsprüche, die als unabweisbar gelten. Schaden konnten die bewährten Lebensregeln ja schließlich nicht. Dachte man zumindest ...

Mein Vater zum Beispiel behalf sich bisweilen mit der Trostformel «Ein Indianer kennt keinen Schmerz», wenn ich mir beim Sturz auf dem Bolzplatz mal wieder ein Knie aufgeschürft hatte und in schlimmeren Fällen deswegen auch Tränen vergoss. Was man als «richtiger Mann» ja angeblich bis heute nicht tut – und als echtes Männlein mit Ambitionen auf mehr am besten auch nicht. Die angeblich schmerzunempfindlichen Indianer haben mich jedenfalls sehr beeindruckt – wirklich tolle Hechte, diese Kerle! Seltsam nur, dass die Wildwest-Filme sie ganz anders zeigten: Wenn die Gewehrkugeln der Kavallerie die mit ihren Tomahawks und Flitzebögen chancenlosen Rothäute trafen, fielen diese sehr wohl mit schmerzverzerrtem Gesicht vom Pferd. Aber das waren ja nur Filme. Auf die angeblich von aller Pein befreiten Ur-Amerikaner werden wir noch zurückkommen, ebenso auf den heiklen Anfang einer Sache.

Lebensregeln und Sprichwörter müssen nur oft genug wiederholt werden, um sich ins Hirn zu brennen, ähnlich wie Reklame: Wer süffige Slogans drechselt und neue Namen für nicht immer ganz neue Produkte ersinnt, besetzt die Gedanken und öffnet die Geldbörsen. Dann will man kein beliebiges Musikabspielgerät mehr haben, sondern nur noch einen iPod.

Auch populäre Spruchweisheiten entfalten mit der Zeit eine unterschwellige Wirkung, der man sich nur schwer entziehen kann. Wenn einem die Mutter oder Oma zigmal zugeraunt hat, man solle «bloß den Tag nicht vor dem Abend loben», läuft man Gefahr, ein misstrauischer Geselle zu werden – mithin jemand, der sich lieber nicht zu früh freut. «Bewusst oder unbewusst verinnerlichen wir die Weisheit von oft gehörten und wiederholten Sprichwörtern, die dann unser Denken und Handeln beeinflussen», sagt Wolfgang Mieder von der Universität Burlington in Vermont/USA, ein ausgewiesener Fachmann für traditionelle deutsche Spruchweisheiten. Keineswegs zufällig seien diese nicht nur ähnlich sinnfällig, sondern auch in etwa so lang wie Werbesprüche; sie umfassten «selten mehr als sieben Wörter». Nach Mieders Ansicht kann man sich «keinen Slogan ausdenken, wenn man nicht eine gute Sprichwörtersammlung auf dem Schreibtisch hat».[1]

Geläufige Sprichwörter gingen vor allem auf die Antike, die Bibel oder das lateinisch geprägte Mittelalter zurück. Auch wenn die genaue Herkunft meist im Dunkeln liegt, sei der Urheber einer Spruchweisheit stets ein einzelner Mensch und keineswegs die Volksseele. Dass genau dies gelegentlich behauptet werde, «ist natürlich Unsinn», findet der Professor für deutsche Sprache und Folklore.[2] Auch seien die Sprüche «keine Universalweisheiten». Sie widersprächen einander manchmal sogar «wie das Leben selbst» und begründeten insofern «kein logisches System». Eine «ganz primitive Definition» des typischen Sprichworts lautet in Mieders Worten denn auch so: «eine kurze Aussage, die eine angebliche Wahrheit beinhaltet und in gewissen Kreisen der Bevölkerung gängig ist».[3]

Das alles eröffnet die famose Chance, mit Spruchweisheiten nahezu alles zu untermauern, was nach einem guten Fundament verlangt. Wer das für sich zu nutzen versteht, wählt stets dasjenige Sprichwort aus, das einen beim Handeln, Begründen oder Überlegen gerade «am besten unterstützt», sagt der Sprachforscher. Insofern seien die Sprüche «strategisch eingesetztes, vorformuliertes Weisheitsgut, das sich zu verschiedenen Gelegenheiten oder Situationen anwenden lässt». Beispielsweise benutze man Spruchweisheiten auch in Selbstgesprächen, «um sich zu gewissen Handlungen zu motivieren». Das gilt zumindest für Erwachsene.

Selbstverständlich können Kinder die Botschaft eines Sprichworts anfangs kaum verstehen; dazu reicht ihr kulturelles Vorwissen nicht aus. Und dennoch prägen sich die Sprüche im kindlichen Hirn allmählich ein. «Wegen ihrer guten Merkbarkeit werden sie dort nämlich vernetzt mit bestimmten Situationen, die das Kind gerade erlebt, wenn es ein Sprichwort vernimmt», sagt die Kulturwissenschaftlerin Eva Kimminich von der Universität Potsdam. Geraten die Kinder später, nachdem sie verständiger geworden sind, in ähnliche Situationen, erinnerten sie sich blitzartig auch wieder an die abgespeicherten Sprichwörter. Und dann erschließe sich ihnen der bis dahin noch verborgene Sinn der Ausdrücke.

Einfach, aber oho ...

Dass es Redensarten und Spruchweisheiten in den meisten, wenn nicht allen Kulturen gibt, verrät den großen Bedarf an Merksätzen. Deren Hauptaufgabe sei es, «Komplexes zu vereinfachen», sagt Dagmar Schmauks von der Technischen Universität (TU) Berlin, die sich als Fachfrau für Zeichentheorie intensiv auch mit Redensarten beschäftigt. Das sei ganz ähnlich wie bei althergebrachten Bauernregeln, die «ja auch von Generation zu Generation mündlich überliefert worden sind und sich mehr oder minder bewährt haben» – wenn auch bloß in jenen Landschaften, wo sie einst entstanden sind. In einer kaum überschaubaren, verwirrenden Welt sind sprachliche Faustregeln jedenfalls «sehr hilfreich, um seine persönliche Umwelt besser in den Griff zu kriegen». Aus demselben Grund neigten Menschen generell «zur Schwarz-Weiß-Malerei» und unterschieden – stark vereinfachend – «die guten von den bösen Leuten».

Zudem entfalten Sprichwörter moralische Kraft. Möglichst bildhaft sollen sie Regeln für erwünschtes Verhalten vermitteln. Bevor man lang und breit über die Folgen mangelnder Wahrhaftigkeit ausholt, sagt man halt lieber: «Lügen haben kurze Beine.» Gerade kleinere Kinder, auch sie mit kleinen Schritten unterwegs, können sich das Gemeinte dann lebhaft vorstellen: Irgendwann holt die offenbar flinkere Wahrheit jede Lüge ein, weshalb man lieber ehrlich bleibt.

Unterstützt wird diese Wirkung durch den Umstand, dass Spruchweisheiten aus gutem Grund sehr kurz und alltagssprachlich formuliert sind. Sie kommen ohne Fachwörter aus und enthalten häufig einen Reim – zwei weitere Gründe, weshalb man sie so leicht behalten und mündlich an die nächste Generation überliefern kann. Mit der Zeit gehören sie zum Wissensschatz von Kulturen. Inwiefern sie ihn freilich auch bereichern, versucht dieses Buch zu klären.

Zwar leben Sprichwörter meist recht lange, doch unsterblich sind sie nicht. Mit der Zeit können sie rätselhaft werden, «wenn der fürs Verständnis nötige Wissenshintergrund verloren geht», sagt Dagmar Schmauks und verdeutlicht es am Beispiel «Spinnen am Morgen bringt Kummer und Sorgen; Spinnen am Abend erquickend und labend». Da heutzutage kaum noch jemand am Spinnrad sitzt, sähen manche Menschen bei diesem Spruch «inzwischen das Krabbeltier vor sich, das aber natürlich nicht gemeint ist».

Vielmehr sollten die Bauern früher mit der Feldarbeit schon zeitig am Morgen beginnen und nicht etwa Handarbeiten erledigen. «Spinnen war ja keine richtige Arbeit, das machte man am Feierabend, um sich zu erholen, während man damit gleichzeitig etwas Nützliches tat.» Damen aus besseren Kreisen wiederum drehten das Spinnrad beim abendlichen Geplauder. Außerdem war zum Spinnen das für Bauern unbedingt auszunutzende Tageslicht nicht nötig, weshalb es auch in der Dämmerung oder beim dürftigen Schein eines Talglichts geschehen konnte – und das meist für den Eigenbedarf. Wer jedoch schon morgens spann, musste dies in der Regel tun, um das gesponnene Garn zu verkaufen und so seinen Lebensunterhalt aufzubessern. Das war weder erquickend noch labend, sondern verriet «größte Armut».[4]

Gefühlige Sprüche

Sprichwörter beeinflussen unser Denken zwar, doch schleift sich ihre moralische Wucht allmählich ab. Fachleute bezeichnen sie nämlich als *Phraseologismen*. Solche sprachlichen Fertigbausteine sind im Hirn als Ganzes abgespeichert, sodass es «keiner geistigen Anstrengung mehr bedarf, sie zu verarbeiten», sagt die Sprachwissenschaftlerin Monika Schwarz-Friesel von der TU Berlin. Je weniger aber unser Geist beansprucht werde bei einer Lern- oder Erinnerungsaufgabe, umso schwächere Spuren hinterlasse sie im Gehirn. Über Altbekanntes denken wir eben nicht mehr groß nach, zum Beispiel über hundertmal gedroschene Phrasen, die nichts mehr hergeben außer fruchtlosem Stroh.

Infolgedessen sei die Wirkung oft gehörter Lebensregeln grundsätzlich «geringer als zum Beispiel die von innovativen Metaphern». Auch deshalb war der 2003 auf die Menschheit losgelassene Reklameschrei «Geiz ist geil» eines großen Elektronikhändlers ein so gewaltiger Aufreger. «Es wäre natürlich empirisch zu überprüfen, inwieweit Sprichwörter unbewusst wirken und zum Beispiel im Gehirn bestimmte Bereiche aktivieren», fügt Schwarz-Friesel hinzu. «In jedem Fall lösen sie – wie alle sprachlichen Äußerungen – niemals nur geistige Prozesse aus», sondern setzen auch Gefühle frei.

Das hat die Berliner Linguistin unlängst selber ermitteln können, als sie unter Studierenden und Mitarbeitern ihres Instituts die Wirkungen mehrerer Sprüche testete. «Bei vielen Hörern lösen sie oft Langeweile, teils aber auch Ärger aus.» Zum Beispiel lautete ein Kommentar: «Schon wieder so ein dämlicher Spruch.» Und einige Spruchweisheiten wurden auch «als empörend und zynisch bewertet», so zum Beispiel das Sprichwort «Kein Schaden ohne Nutzen». Häufig empfanden die Befragten die Sprüche als veraltet und belehrend – vielleicht auch deshalb, weil es Eltern und Lehrer waren, von denen sie die Spruchweisheiten erstmals gehört hatten.

Angesichts von nur 66, weit überwiegend weiblichen und zudem an der Universität tätigen Testteilnehmern ist die kleine Berliner Umfrage zwar nicht sonderlich belastbar und keineswegs repräsentativ.[5] Dennoch deutet sie an, wie Sprichwörter wirken. Immerhin 54 von 66 Befragten gaben an, Spruchweisheiten selber zu nutzen, 20 davon sogar im Freundeskreis. Lediglich vier Teilnehmer machen sprachlich einen Bogen um die vorgestanzten Aussagen. Doch wer kann sich mit Blick auf die vielen Hundert mehr oder minder gebräuchlichen Wendungen wirklich sicher sein, nie welche zu benutzen! Vielleicht das spannendste Ergebnis: Nur zwei von 66 Testpersonen schätzen

Sprichwörter noch als «zeitgemäß» ein. Ein überraschend negatives Urteil – und vor allem kein zutreffendes. Denn was immer jemand von Spruchweisheiten hält: In Kontakt kommen wir alle damit – und zwar häufiger, als uns bewusst ist.

Doch sehen Sie selbst und beginnen Sie Ihre Lektüre getrost bei jenem Sprichwort, das Sie am meisten interessiert – ganz im Gegensatz zur strengen Maxime «Erst die Arbeit, dann das Vergnügen». Und wenn Sie ein komplettes Kapitel gar nicht reizt, dann überspringen Sie es eben. Das hält fit und munter, denn: Wer rastet, der rostet!

Tausend Dank!

Zu überprüfen, was dran ist an den ollen Sprüchen, wäre mir nicht einmal ansatzweise gelungen ohne die Kompetenz etlicher Fachleute und ihre Bereitschaft, geduldig meine Fragen zu beantworten – vor allem die Nachfragen. Ebenso herzlich danken möchte ich all diesen hilfsbereiten Frauen und Männern dafür, dass sie sich obendrein die Zeit genommen haben, ihre Aussagen gegenzulesen.

Sie hier alle namentlich aufzuführen, würde wenig bringen; ihre Namen tauchen ohnehin im Buch immer wieder auf. Wo immer ich keine Quelle für eine Aussage genannt habe, geht das betreffende Zitat auf ein persönliches Telefonat oder eine Auskunft per E-Mail zurück. Herzlich danke ich auch meinem Lektor Christof Blome, der mir wertvolle Hinweise zum Straffen des Manuskripts geliefert hat – und zweifellos eine schöne Stelle aus Wolfram von Eschenbachs «Parzival».

Walter Schmidt
Bonn, im März 2012

Weisheit und Klugheit

«Durch Schaden wird man klug.»

Eine Zweijährige, die einen heißen Grillrost anfasst, wird ihre Hand ruckartig zurückziehen, noch ehe sie den Schmerz wahrnimmt und «Aua!» schreit. Denn die Hand erhält vom Rückenmark blitzartig den Befehl, sich vom Rost zu heben, um Schlimmeres als gerötete Haut oder ein Brandbläschen zu verhindern. Mediziner nennen diese noch unbewusste erste Stufe der Reaktion nicht umsonst Schutzreflex. Denn kein Mensch muss das, was vor sich geht, bereits genau verstehen, während seine Finger gerade verkokeln.

Klüger aus dem Schaden kann das Kind erst im Gehirn werden. Dort erreicht der Schmerzreiz über Nervenbahnen des Rückenmarks den Thalamus, der den größten Teil des Zwischenhirns einnimmt. Er gilt als Tor oder Pförtner zum Bewusstsein und entscheidet darüber, ob ein Warnsignal für den Organismus bedeutsam ist. Kein Mensch will ständig von Drucksensoren in den Füßen darüber informiert werden, dass er Schuhe trägt. Falls der Thalamus den Schmerzreiz für wichtig hält, wird dieser im nahe gelegenen limbischen System emotional bewertet – im Falle des glühenden Grillrostes als gesundheitsschädlich und künftig zu meiden. Erst die eng mit dem Thalamus verbundene Großhirnrinde macht uns den Schmerz bewusst und erfasst, wo und wie er entstanden ist: nämlich an der Handfläche beziehungsweise durch Anfassen der heißen Metallstäbe.

Das Beispiel mit dem heißen Grill und dem verbrannten Finger erweckt den Eindruck, als sei es sehr simpel, aus einem

Schaden die richtigen Schlüsse zu ziehen und den begangenen Fehler künftig zu vermeiden. Doch dazu müssen wir Ursache und Wirkung durchschauen können, und das ist nicht immer leicht. Nehmen wir nur die schleichenden Gefahren – womit keine Raubkatzen gemeint sind, sondern Unheil, das unmerklich eintritt. Zum Beispiel wandelt sich die durchschnittliche Temperatur der Erdatmosphäre für uns nicht wahrnehmbar in Hundertstel-Grad-Schrittchen über Jahre hinweg, und weltweit gehen ähnlich unspektakulär fruchtbare Ackerböden und Wälder verloren oder sterben Tier- und Pflanzenarten aus. Für solche Vorgänge sind unsere Sinne nicht gemacht. Wer Artenschwund und Klimawandel glauben und dann selber dagegen angehen will, muss deshalb Fachleuten und ihren Messdaten vertrauen. Und nicht nur das: Der Betreffende muss außerdem seine Lebensweise verändern, ohne rasche (oder überhaupt) Erfolge zu sehen. Entsprechend schwer fällt es uns, aus all den alarmierenden Berichten über die Umweltfolgen unseres Lebens und Wirtschaftens etwas zu lernen.

Darüber hinaus wird unser Lernerfolg aus erlittenem Schaden dadurch behindert, dass wir das Ungemach leugnen können, solange es geht. Oder wir machen andere Ursachen dafür verantwortlich. Glücksspieler zum Beispiel schieben die Schuld für ihre Verluste am Roulettetisch gerne auf ein «ungünstiges Horoskop» oder hatten «halt einfach Pech». Zum Schaden gesellt sich demnach mangelnde Einsicht, verschärft durch eingefleischte Gewohnheiten oder gar Süchte. Herzkranke etwa, deren Infarkte oder Gefäßengpässe durch Rauchen zumindest mitverursacht worden sind, tun sich oft schwer damit, ihren Lebenswandel zu ändern. «Von den Rauchern unter den Herzpatienten werden 45 Prozent klug und geben das Rauchen dauerhaft auf», sagt der Psychologe Jochen Jordan, der die Abteilung für Psychokardiologie an der Kerckhoff-Klinik Bad

Nauheim leitet. Das bedeutet aber auch: Mehr als die Hälfte ändert ihr schädliches Verhalten nicht. Seit es keine Raucherzimmer in Krankenhäusern mehr gebe, stünden die Unbelehrbaren am Eingang von Rehakliniken «wie ein rauchendes Begrüßungskomitee in Sporthosen und Bademänteln».

Generell blieben die Erfolge von Rehabilitationsplänen «auf lange Sicht leider eher bescheiden», ganz gleich, ob es um gesündere Ernährung, mehr Bewegung oder um das Einüben von Entspannungstechniken geht. Jordan findet das «im Grunde paradox: Die Leute haben Todesangst und beschäftigen sich intensiv damit, aber Lebensstil-Änderungen sind extrem schwer durchzusetzen.» Unheilvoll wirken können hier Angehörige oder Freunde, die den zunächst veränderungswilligen Kranken nicht unterstützen oder sogar dazu verführen, erneut zum Glimmstängel zu greifen. Ähnlich ungesund sind Arbeitswütige in der Firma, die jeden Kollegen als «Minderleister» verhöhnen, der am Geburtstag der kleinen Tochter die Schippe weglegt oder den Rechner im Büro zwei Stunden früher ausschaltet.

Das erschwert es gerade Menschen mit koronarer Herzkrankheit, also verengten Herzkranzgefäßen, ein paar Gänge herunterzuschalten. Sie seien nämlich «häufig stark leistungsorientiert», sagt Georg Titscher, leitender Psychokardiologe am Wiener Hanusch-Krankenhaus. Oftmals unbewusst wollen sie über ihren Leistungswillen «ihr Selbstwertgefühl steigern». Doch gerade dieses werde durch die Herzkrankheit – und ganz besonders durch einen Infarkt – zusätzlich geschwächt, bedauert der Mediziner. Dadurch fällt es den Betroffenen jetzt noch schwerer, das angestrebte Ziel zu erreichen – zumal da ihre Leistungskraft zumindest eine ganze Zeit lang vermindert ist. Nicht wenige Patienten treibt dieses Dilemma in eine Depression, und diese belastet das Herz neuerlich, wie man heute weiß.

Sich im Job zurückzunehmen, ein Stück weit loszulassen, ist doppelt schwer in einer Zeit mit zunehmender Arbeitsverdichtung, höheren Erwartungen der Arbeitgeber und wachsender Job-Unsicherheit gerade für ältere Beschäftigte. Jochen Jordans Fazit: «Innere Unvernunft und äußere Erwartungen und Zwänge machen es Herzkranken wirklich sehr schwer, aus Schaden klug zu werden und dementsprechend weiterzuleben.»

Wie früher zu spät

Dass wir uns gegen lehrreiche Erkenntnisse viel öfter sperren, als uns lieb und bewusst ist, mag verwundern, wo doch das Lernen aus Fehlern im Grunde einfach sein könnte. Doch erscheint der vermeintlich simple Vorgang «weniger selbstverständlich, wenn man an Sigmund Freuds Beobachtung denkt, dass Patienten mit psychosomatischen, stressabhängigen Symptomen wie Kopfschmerzen, Zwängen oder einer Depression oft denselben Fehler wiederholen», sagt der Persönlichkeitsforscher Julius Kuhl von der Universität Osnabrück. Freud nannte dieses Phänomen «Wiederholungszwang».

Bis heute erleben es Psychoanalytiker (und streben es im Sinne des Therapieerfolgs auch an), dass viele ihrer Patienten sie unbewusst dazu benutzen, alten seelischen Verletzungen immer wieder eine aktuelle Bühne zu bieten – wie einem Theaterstück, das komplett in eine andere Zeit zu gehören scheint. So könnte der Patient sich kontrolliert fühlen und dies beklagen, nur weil der Therapeut immer wieder darauf pocht, dass die Sitzung zur vollen Stunde beginnt und nicht erst zehn Minuten später, von 20 ganz zu schweigen. Doch gemeint mit dem Protest ist in Wahrheit nicht der Analytiker, sondern vielleicht der überstrenge, inzwischen längst verstorbene Lehrer, der vor

25 Jahren jede Minute zu späten Erscheinens dazu missbrauchte, seinen abgehetzten Schüler vor der Klasse genüsslich zu demütigen.

Im wahren Leben macht sich ein Wiederholungszwang beispielsweise bemerkbar, wenn eine Frau immer wieder Männer als Liebespartner wählt, die sie schlagen oder in anderer Form übel behandeln und ihr gar nicht guttun *können* – ganz so, als wolle sie in Gestalt dieser selbst neurotischen Unholde ihren früher ständig prügelnden Vater doch noch für sich einnehmen, oder vielmehr: endlich von ihm geliebt werden.

Doch wieso lernen wir aus manchen Fehlern, während wir für andere offenbar blind sind und sie munter weiter begehen? «Dieses Paradox wird verständlich, wenn man versteht, dass wir Fehler nur dann in Zukunft verhindern können, wenn unsere Selbstwahrnehmung intakt ist», erklärt Kuhl den nur scheinbaren Widersinn. «Unser Selbst ist unsere gesammelte Lebenserfahrung», ein ausgedehntes, unbewusstes Netzwerk an Erlebnissen. Doch bei Stress werde der Zugang zu diesem Schatz an Erkenntnissen gehemmt. «Deshalb wird die Fehlerwahrnehmung nicht in die Erfahrungsnetzwerke des Selbst eingespeist», sagt der Psychologe. Und dann «wird man durch Schaden eben nicht klug».

Weiser kann die Frau mit den falschen Männern mithin nur werden, wenn sie – in Ruhe und verständnisvoll begleitet – zu verstehen lernt, warum die bisher bevorzugten Partner ihr letztlich schaden und worin die verborgene Botschaft ihrer Wiederholungen liegt. Das gilt vom Prinzip her auch für Zwangsneurotiker, die sich zum Beispiel unentwegt die Hände waschen oder prüfen, ob die Haustür auch wirklich verschlossen ist. «Wie genau eine Zwangserkrankung entsteht, ist bislang noch unklar», heißt es bei der Deutschen Gesellschaft für Zwangserkrankungen. Diskutiert werden genetische sowie erlernte und lebensgeschichtliche Faktoren, die allesamt die Biochemie des Hirns und dessen neuronale Aktivität verändern.[1] Übrigens sind auch Verliebte in diesem Sinne zwanghaft: Der für den Gefühlshaushalt so wichtige Nervenbotenstoff Serotonin ist bei ihnen auf einen krankhaft niedrigen Pegel gefallen – was sich mit der Zeit freilich wieder günstiger einregelt.

Aus psychoanalytischer Sicht halten Betroffene durch ihre Zwänge lediglich eine Handlungslust in Schach, die eigentlich das verpönte Gegenteil erreichen möchte – zum Beispiel endlich mal nach Herzenslust im Dreck herumzumatschen oder Chaos in der sonst penibel aufgeräumten Wohnung zu stiften. «Mit Hilfe seiner ritualisierten Verhaltensweisen versucht der Zwangserkrankte, die verbotenen Impulse auszulöschen und damit ungeschehen zu machen.»[2]

Verhaltenstherapeuten hingegen erklären Zwangsneurosen eher damit, dass die Betroffenen ihr auf Ängsten gründendes Handeln erlernt haben; danach wären sie klassisch konditioniert worden, beispielsweise durch neurotisch besorgte Eltern. Angst wird halbwegs erträglich, wenn man sie kontrolliert. Frischverliebte beispielsweise versuchen ihre Verlustangst zu besänftigen, indem sie alle paar Stunden Liebesbeweise erbitten oder – deutlich geschickter – eigene an den Mann oder die Frau bringen. Und Privatanleger bekämpfen bei abstürzenden Börsen ihre Verarmungsangst dadurch, dass sie alle halbe Stunde im Internet die Aktienstände überprüfen, so als könnten sie den Kursrutsch auf diese Weise aufhalten. Ob sie nachher, sollte der Schaden wirklich eingetreten sein, aus ihm klug werden, steht auf einem anderen Blatt. Wie sagen doch die Briten: «Kostspielig ist die Weisheit, die wir uns durch Erfahrung erkaufen.»[3] Wenn es gutgeht, haben die Anleger genug Geld, um sich die teure Lehre auch leisten zu können.

Wer aus Schaden selten klug wird, kann sich damit trösten,

dass es den Menschen in früheren Jahrhunderten auch nicht anders ging. So schrieb schon der französische Philosoph Claude Adrien Helvétius (1715–1771): «Eine vergangene Torheit klärt die Menschen nur selten über ihre gegenwärtige auf.»[4] Wäre es nur anders.

«Der Klügere gibt nach.»

Noch heute ziehen Eltern ihre Kinder aus dem Sandkasten, wenn ihr – natürlich ungemein schlauer und frühbegabter – Vierjähriger im Streit um den rechtmäßigen Besitz einer roten Plastikschaufel bei einem hartnäckigen Altersgenossen den Kürzeren zieht. Sie denken: Dieser stumpfsinnige Tölpel sieht es halt nicht ein, dass mein Kind die Schippe zuerst gefunden hat, aber bevor sie noch aufeinander eindreschen und mein Zuckerjüngelchen eins aufs Mützchen bekommt, hole ich es da lieber raus. Und das tun sie dann auch und trösten ihren greinenden Nobelpreis-Anwärter mit den Worten: «Lass ihm doch die blöde Schaufel, der Klügere gibt sowieso nach!»

Muttis und Papis ahnen nicht einmal, wie demütigend solche Rettungsaktionen sein können. Denn das Kind denkt bei sich, wenn auch in schlichterer Sprache: «Was nützt es mir denn jetzt, der Klügere zu sein, wenn dieser Depp die Schippe bekommt und also auch noch belohnt wird für seine Sturheit?» Dumme gibt es genug auf dieser Welt. Soll man also jedes Mal nachgeben, nur um Streit zu vermeiden? Was lernt ein Kind, wenn es dazu erzogen wird? Gut möglich, dass es im heutigen Jugend-Slang schnell als «Opfer» dastünde.

Vielleicht sollte das vielbemühte Sprichwort ohnehin besser lauten: «Der Bequemere gibt nach.» Oder auch: «Der Konfliktscheuere ...». Denn wenn in der Tat stets der Klügere nachgäbe und sich dabei womöglich noch moralisch erhaben fühlte, dann würde es schlecht um die Menschheit stehen. Schon die Dichterin Marie von Ebner-Eschenbach (1830–1916) hat die Verhaltensmaßregel einmal als eine «traurige Wahrheit» bezeichnet, welche die «Weltherrschaft der Dummheit» begründe.[5] Damit liegt sie weniger falsch, als ihr plakativer Ausspruch erscheinen mag.

Der US-Psychologe Irving Janis (1918–1990), der an den berühmten Universitäten Yale und Berkeley forschte und lehrte, hat das Verschweigen – zumindest anscheinend – besserer Lösungen beim Diskutieren mit Vorgesetzten und Kollegen als Gruppendenken («groupthink») bezeichnet. Dieses führe bisweilen zu fatalen Ergebnissen. Der besser Informierte oder Kompetentere ziehe nämlich aus der oft nur zur Schau getragenen Einhelligkeit aller anderen in der Diskussionsrunde den falschen Schluss: «Wenn alle anderen einer Meinung sind, muss meine abweichende Meinung falsch sein.» So beschreibt der Schweizer Schriftsteller und Unternehmer Rolf Dobelli die «Illusion der Einstimmigkeit» in einer Kolumne über die Tücken der «Konsensfalle». Man wolle bloß «kein Spielverderber sein, der die Einmütigkeit zerstören könnte». Schließlich sei man froh, zur Gruppe zu gehören, und ein veröffentlichter Vorbehalt könne nun mal «den Ausschluss ... bedeuten».[6]

Diesem allzu menschlichen Verhalten huldigen auch Börsenanalysten, die sich lieber mit heftigen Zweifeln oder gar wider besseres Wissen den Einschätzungen ihrer Kollegen anschließen, als mutig eine begründete Außenseiterposition zu beziehen. Wenn sie dann am Ende tatsächlich mit ihrem Urteil falsch lagen, waren sie wenigstens in guter Gesellschaft. Zudem folgt auch ein Börsen-Crash einer inneren Logik, die nicht dumm ist, zumindest eine Zeitlang. Denn Aktien gegen den Markt zu kaufen, also ins fallende Messer zu greifen, wie es dann heißt, ist nur am Ende des Zusammenbruchs klug; dann nämlich, wenn der Boden fast erreicht ist und es bald wieder aufwärts mit den Kursen geht. Es mögen also Dumme sein, die Aktien tüchtiger Firmen unter Wert verkaufen. Doch wenn es viele von ihnen tun, dann sollten auch die Klugen erst mal nachgeben und später zu niedrigeren Preisen in das betreffende Wertpapier wieder einsteigen.

Nicht nur in Deutschland bekommen Kinder wie Erwachsene deshalb den wohlmeinenden Rat, nicht sinnlos gegen übermächtige Widerstände anzurennen. Vernünftiger sei es dann, klein beizugeben, wie ein Kartenspieler, der sich den Trümpfen seines Gegners beugt.[7] Das aber erlaubt eine völlig andere Deutung unseres Sprichworts, bei der auch die Klügeren viel besser wegkommen: Der geistig Bewegliche erreicht mehr als der Sture.

Das wissen auch Fuhrleute, die mit Zugpferden unterwegs sind. Volker Ladenthin von der Universität Bonn nimmt sogar an, das Sprichwort könne auf einen Kutscher zurückgehen. Der in Münster geborene Pädagoge verbindet damit Beobachtungen aus seiner Kindheit, als er den Bauern manchmal beim Abfahren der Ernte von den Feldern zusah. «Da wurden die Erntewagen von Knechten gelenkt, die saßen oben auf dem Wagen», erinnert er sich. «Wenn die Pferde zu sehr in eine Richtung gingen und die hochbeladenen Wagen umzukippen drohten, riefen die Bauern: ‹Gib nach, gib nach.› Dann zogen die Pferde wieder gerade.»

Hier also wäre der Kutscher der Klügere. «Das Pferd geht auf Spannung, der Fuhrmann lässt sich nicht auf den Kampf ein und gibt erst einmal nach; dann aber lenkt er das Pferd doch dahin, wohin er es haben will», erklärt es der Erziehungswissenschaftler. «Nachgeben heißt demnach: Dem anderen Raum geben, Spannung wegnehmen, etwas nicht erzwingen.»

Und damit sind wir bei Lehrern und ihrer vornehmsten Aufgabe. Denn aus pädagogischer Sicht *muss* der Klügere sogar nachgeben, falls er anderen zum Klugsein verhelfen möchte – seinen Schülern zum Beispiel. «Der Kluge gibt nach, weil er bemerkt hat, dass der andere noch nicht zur Einsicht bereit ist», erläutert Ladenthin diesen Ansatz. Denn man könne «nur lehren, wenn der andere fähig ist, das Gelehrte zu begreifen, es einzusehen. Ist er das nicht, geht man einen Schritt zurück, gibt Raum, gibt die ziehenden, die erziehenden Zügel nach.» Dadurch könne der noch nicht so Kluge erst einmal «Luft holen, Kraft schöpfen, denn gleich geht es wieder zur Sache».

Für den Hochschullehrer ist der nachgiebige Kluge also keineswegs der Dumme. Er sei ja geistig deshalb weiter, «weil er dem anderen die Gelegenheit zur Selbsterkenntnis gibt, er gewährt ihm die Freiheit, etwas aus eigener Einsicht zu verstehen». Daraus beziehe der Klügere auch die Geduld, auf Lernfortschritte des Schülers zu warten. «Im Gegensatz zur Macht hat die Klugheit Zeit. Die Macht will sich immer sofort durchsetzen, weil sie sich immer gefährdet sieht – sie muss sich behaupten.» Die Klugheit hingegen habe «unendliche Zeit, weil sie die Macht immer überleben wird: Was wahr ist, setzt sich auf lange Sicht gesehen durch.»

Das ist eine sehr hoffnungsvolle, humanistisch geprägte Sicht der Dinge. Im Feld des Politischen kann jedoch sehr viel zerstört sein, bis das Gute, Vernünftige siegt. Und nicht selten findet die Feier inmitten von Asche und zerschlagenem Porzellan statt – wenn es denn noch etwas zu feiern gibt. Womöglich sollte man sich an dem Mediziner Jürgen Brater orientieren, der als Lebensregel vorschlägt: «Der Klügere gibt nach, solange er dadurch nicht am Ende selbst der Dumme ist!»[8] Auch im Hörsaal oder Klassenraum ist das keine blöde Maxime.

«Kleinvieh macht auch Mist.»

Als die Oma dem Enkel fürs Putzen ihrer Küche 1,50 Mark zusteckte, bekam der Zwölfjährige erst mal große Augen. Beim Nachrechnen entfuhr ihm dann doch ein Seufzer: Bis zum Kauf der ersehnten Diesel-Lok fehlten immer noch 71,50 Mark! Doch die Großmutter mahnte zur Geduld: «Kleinvieh macht auch Mist.» Was trösten sollte, aber letztlich nichts anderes hieß, als dass noch weitere 48 Kleinviecher nötig waren, bis der kleine Modellbahner sich zum Spielzeugladen aufmachen konnte.

Viehhalter verstehen unter Kleinvieh naturgemäß etwas ganz anderes, nämlich Hühner, Enten, Gänse und vielleicht noch Kaninchen. Hingegen gelten Schweine, Schafe und Ziegen als Mittelvieh, während Rind und Pferd – zumindest in Deutschland – das landwirtschaftliche Großvieh bilden. Als solches machen Stiere, Ochsen und Kühe sowie Hengste und Stuten jenen Menschen viel Arbeit, die ihre Ställe entmisten müssen. Aber auch Hühner lassen ordentlich unter sich. Ein Brathähnchen (Broiler), dessen Laufbahn nach der sogenannten Broilerkurzmast notgedrungen endet, bringt jeden Tag gut ein Kilo Mist (Kot plus Einstreu) zustande. Eine moderne Legehenne stößt Tag für Tag nicht nur etwa 0,8 Eier aus, sondern nach Angaben Klaus Dammes von der Bayerischen Landesanstalt für Landwirtschaft auch etwa 175 Gramm Frischkot. Hochgerechnet aufs ganze Jahr sind das rund 290 Eier beziehungsweise 64 Kilogramm an ungetrocknetem Kot.

Kleinvieh macht also sehr wohl auch Mist, vor allem wenn man bedenkt, dass in Deutschland Ende 2010 fast 30 Millionen Legehennen die Eierproduktion vorantrieben – und zwar allein in Großbetrieben, die mehr als 3000 Hennen halten können.⁹ Schon deren Jahr für Jahr angehäufter Kot wöge stolze 480 000 Tonnen. Und dabei sind die stickstoffreichen Hinterlassenschaften von 590 Millionen Jungmasthühnern, fast 27 Millionen Enten, 38 Millionen Truthühnern und über einer halben Million Gänsen noch gar nicht mitgezählt.¹⁰ Schöner Mist!

Zudem einer, der sehr viel übler müffelt als ein Haufen Geld. Nach Ansicht des römischen Kaisers Vespasian (9–79 n.Chr.) sonderten Münzen ohnehin keinerlei üblen Gerüche ab («Pecunia non olet»); zumindest dann nicht, wenn es sich um Steuergelder handelte, die Gerber entrichten mussten – nämlich dafür, dass sie an belebten Straßen in Amphoren den zum Ledergerben sehr nützlichen Urin von Passanten sammelten. Sinnigerweise starb Vespasian alles andere als geruchsneutral an heftigem Durchfall.

Jedenfalls wirft Geld auf der Bank mehr oder minder hohe Zinsen ab, was schon Kinder wissen sollten. Allerdings sind jene schlappen 1,5 Prozent, die so manche Bank 2011 für Tagesgeldkonten gewährte, fraglos ein mickriger Zins, der zurzeit nicht einmal die Geldentwertung wettmacht. Wer 10 000 Euro zu solchen Konditionen anlegt, hat nach einem Jahr gerade einmal 150 Euro mehr auf der hohen Kante.

Auf die Dauer aber zeigt das monetäre Kleinvieh, was in ihm steckt: Sofern man sein Grundkapital nicht antastet, erhält man im fünften Jahr der Geldanlage bereits 159,20 Euro. Klingt immer noch recht dürftig. Nach zehn Jahren sind es aber schon über 171 Euro, die einem die Bank gewährt, und ließe man das angesammelte Kapital gar 100 Jahre lang auf dem Konto stehen, betrüge der Zins im letzten davon stolze 655 Euro. Kleinvieh macht in der Tat Mist.

Freilich ist das kein Vergleich zum Schuldzins, den dieselbe Bank berechnen würde. Nach Angaben der Zeitschrift *Finanz-*

test waren im Jahr 2010 für einen Dispo-Kredit in Deutschland «11 Prozent und mehr» an Zinsen üblich – und 14 Prozent alles andere als eine Seltenheit. Noch im Frühjahr 2011, nach kleineren Änderungen mancher Geldhäuser, konnte *Finanztest* bemängeln, «dass die Banken in einer Zeit, in der sie selbst kaum Zinsen zahlen müssen, mit den Dispozinsen Millionen Euro an ihren Kunden verdienen».[11] Mit elf Prozent Dispo-Zins sähe die Rechnung schon ganz anders aus: Für 10 000 Euro Kredit liefen dann nämlich innerhalb eines Jahres 1100 Euro an Schuldzinsen auf. Nach zehn Jahren hätte der Schuldner seiner Bank bereits fast 18 400 Euro an Leihgebühren zu blechen, nach 100 Jahren sogar fast 34 Millionen.

Wie stark der Zinseszins-Effekt sich auswirken kann, sieht man aber vielleicht am ehesten hieran: Nach 67 Jahren wäre beim Stand der aufgelaufenen Schuldzinsen die Marke von einer Million Euro überschritten. Für die nächste Million aber braucht es dann bloß weitere sechs Jahre. Auf die am Ende immer noch ausstehende Rückzahlung der geliehenen 10 000 Euro käme es dann gar nicht mehr an. Großvieh macht eben doch viel mehr Mist als Enten, Hühner, Kaninchen oder auch die Guthabenzinsen von Kleinsparern.

«Aller guten Dinge sind drei.»

Fällt Ihnen etwas auf? «Einigkeit und Recht und Freiheit.» Oder: «Freiheit, Gleichheit, Brüderlichkeit.» Oder auch: «Friede, Freude, Eierkuchen.» Stets sind es drei Wörter. Wie auch dann, wenn wir in einem Satz konkrete Beispiele für eine Aussage wählen: «Sie mochte Obst, vor allem Äpfel, Birnen und Orangen.» In allen Fällen reicht es also buchstäblich, wenn man *bis drei zählen* kann – ganz wie in der Redensart, die auf diese Weise Klugheit von der Dummheit scheidet. Und wie klänge auch ein Satz wie dieser? «Peter schwärmte für Barockmusik, zum Beispiel für solche von Telemann, Händel, Corelli, Manfredini, Scarlatti, Vivaldi, Purcell, Buxtehude und Johann Sebastian Bach.» Ein wenig unübersichtlich, könnte man sagen. Und gar nicht beispielhaft.

Die Drei sei eine «magische Zahl», sagt Dagmar Schmauks vom Institut für Sprache und Kommunikation an der TU Berlin und nennt als Beispiel die Heilige Dreifaltigkeit von Gottvater, Gottessohn und Heiligem Geist. Und ältere Kulturen? Schon die Ägypter verehrten drei Götter, nämlich Osiris, Isis und ihren Sohn Horus, die Römer zum Beispiel Jupiter, Juno und Minerva. Doch damit nicht genug. Ein Kind ist ein Dreikäsehoch und in Frankreich so hochgewachsen wie drei Äpfel («haut comme trois pommes»), nicht etwa wie fünf. Auch geflucht wird bisweilen noch heute «in Drei Teufels Namen», zum Beispiel in Satans, Luzifers und Beelzebubs. Noch mehr Dreierlei gefällig? Exzellente Köche tragen an der Mütze drei Sterne, und die gute Fee im Märchen verkündet: «Du hast drei Wünsche frei» – fünf davon klängen maßlos, zwei ein wenig knauserig. Selbst wenn wir unser Kind auffordern, einer Behauptung im Schulaufsatz Argumente folgen zu lassen, legen wir ihm nahe: «Hier schreib gleich hin, warum das so ist: erstens, zweitens, drittens!»

Warum aber sind nun aller guten Dinge drei – und nicht vier oder sechs? Zunächst einmal lässt sich die Vorliebe für die Drei historisch herleiten: Im Englischen heißt das Ding noch heute «thing». Und so war es auch einmal gemeint, wenn auf dem *Thing*, der germanischen Gerichtsversammlung im Mittelalter, eine Sache behandelt wurde – nämlich eine Rechtssache, ein Gerichts*ding*. Dazu musste der Angeklagte erst einmal gefasst, also *ding*fest gemacht werden. Ganz ähnlich heißt übrigens im

Französischen das, was vor dem Richter verhandelt wird, eine *chose*, nach dem lateinischen Wort *causa*.[12]

Schon beim Thing spielte die Drei eine große Rolle: «Dreimal im Jahr wurde Gericht ... gehalten, zu jeder Weisung waren mindestens drei Urteiler nötig, der Gerichtsplatz wurde oft durch drei Bäume gekennzeichnet und danach bezeichnet.»[13] Als Beispiel erwähnt der verstorbene Sprachwissenschaftler und Volkskundler Lutz Röhrich «Dreieichen», einen in Deutschland noch immer häufig zu findenden Orts-, Flur- oder Wegnamen.

Nun lässt sich natürlich fragen, warum beim Thing gerade drei und nicht etwa neun Entscheider anwesend sein mussten. Hier fällt die Antwort noch leicht, denn drei sind leichter herbeizurufen als neun und reichen auch schon, um eine Mehrheitsentscheidung zu fällen. Doch warum pflanzten die Germanen außerdem genau drei Eichen oder Linden am Gerichtsplatz, wenn fünf doch besser gegen Regen geschützt hätten? Und sollte es auch dafür irgendwo erklärende kulturgeschichtliche Hinweise geben, stünde erneut die Frage im Raum: warum drei? Warum zum Beispiel hat Albrecht Dürer sein berühmtes Werk aus dem Jahr 1513 «Ritter, Tod und Teufel» genannt? Platz für einen vierten Gesellen hätte sich sicher schaffen lassen auf dem Kunstwerk, das zu Dürers Meisterstichen zählt. Und davon gab es genau drei. Ein Zufall?

Letztlich kann keine Begründung, leuchte sie im Einzelfall auch noch so sehr ein, die Faszination für die Drei in so vielen verschiedenen Kulturen und über so lange Zeit hinweg befriedigend erklären. Setzt uns womöglich unser Hirn eine Grenze? Die Dreizahl könne schlichtweg «mit sprachlicher Schönheit zu tun haben, die natürlich auch wieder ihre biologischen Gründe haben mag», sagt nämlich Dagmar Schmauks. Neurolinguisten sprächen vom Gegenwartsfenster und meinten damit, dass sich unser Kurzzeitgedächtnis Eindrücke nur etwa drei Sekunden lang merken kann – danach würden sie weiterverarbeitet oder eben gelöscht. «Deshalb passen vielleicht nur maximal drei Begriffe in dieses Präsenzfenster hinein – wie auch viele Gedichtzeilen gerade so lang sind, dass wir sie in einem Atemzug, in zwei bis drei Sekunden, erfassen können.»

Das Konzept des Gegenwartsfensters oder Drei-Sekunden-Phänomens geht zurück auf Ernst Pöppel, der bis 2008 Professor für Medizinische Psychologie in München war. Der 1940 geborene Sinnesphysiologe fand heraus, dass Menschen immer etwa drei Sekunden lange Sätze mit zehn bis zwölf Silben vorausdenken, bevor sie den Satz nach kurzer Planungspause aussprechen. Das gelte «für alle Sprachen der Welt».[14]

Nur in der Liebe, das sei am Ende nicht verschwiegen, ist ein Trio selten segensreich. Hier sind aller guten Dinge eher zwei, und drei sind einer zu viel.

«Alter schützt vor Torheit nicht.»

Es ist eine Frage des persönlichen Humors und der Fähigkeit zur Albernheit, ob man eine Karikatur lustig finden kann, auf der ein greiser Torwart sich wacker, aber letztlich vergebens nach einem heransausenden Ball reckt, der bald darauf im Netz zappelt. Zum Lachen reizt vor allem die verquere Bildunterschrift: «Alter schützt vor Toren nicht.» Derart verballhornt, hat es die ursprüngliche Redensart zu leidlicher Berühmtheit gebracht, und zu hoffen ist, dass sie in mehreren Sportredaktionen längst den Index der abgenutzten und deshalb verbotenen Sprüche ziert. Auf Tausende von Einträgen stößt jederzeit auch der Netzspürhund Google. Das Original der Weisheit findet sich im Internet hingegen mehr als hunderttausendmal – darunter eine im Deutschen so betitelte Folge der Krimireihe *Columbo* aus dem Jahr 1972.[15] Auch der 2008 verstorbene Dichter Peter Rühmkorf hat darauf hingewiesen, dass sich mit dem Sprichwort trefflich jonglieren lässt. In seiner Sammelschrift über derbe Volks- und Kinderpoesie heißt es: «Torheit schützt vor Alter nicht.»[16] Das ist wohl wahr: Selbst der vitalste Narr wird halt nicht jünger.

Angeblich geht der Spruch über die Torheit auch im Alter auf den englischen Theaterschriftsteller William Shakespeare zurück, genauer: auf sein 1607 verfasstes Drama «Antonius und Cleopatra». In dessen erstem Akt spricht die ägyptische Herrscherin den Satz: «Though age from folly could not give me freedom, It does from childishness ...» Was sich übersetzen lässt mit: «Auch wenn mich das Alter nicht von Torheit verschont, so doch vom Kindischsein.» Umstritten ist jedoch, ob sich daraus jenes Sprichwort entwickelt hat, das Greisen unterstellt, töricht im Sinne von dumm zu sein, oder aber eines, das ihnen kindliche Offenheit und Lebenslust zugesteht. Jakob Bosshart (1862–1924), ein in Zürich geborener Schweizer Dichter, hat beide Deutungen zusammengefasst: «Mit diesem Wort macht man sich über das Alter lustig und bedenkt nicht, dass gerade die Fähigkeit, noch Torheiten begehen zu können, ein Trost und eine Quelle des Glücks für die Alten ist.»

Als «eher positiv» empfindet rund 100 Jahre später auch der Psychologe und Psychoanalytiker Meinolf Peters die Aussage der Spruchweisheit. Immerhin besage sie doch, «dass man im Alter nicht eine abgehobene Position von Weisheit erreichen muss, sondern Gefühle, Triebe und Leidenschaften erhalten bleiben, also das ganze bunte Leben mit all seinen Fehlern und auch Peinlichkeiten – und das ist gut so», findet der Geschäftsführer des Instituts für Alternspsychotherapie und angewandte Gerontologie in Marburg.

Wie so oft bei Redensarten, sei auch die zum törichten Alter «halb wahr und halb falsch», urteilt Frank Oswald, der an der Universität Frankfurt am Main den Arbeitsbereich Alternswissenschaft leitet. Nach Erkenntnissen der Hirnforschung seien auch alte Menschen geistig offen und könnten Neues hinzulernen; allerdings seien so «natürlich auch neue Torheiten» möglich. «Offenheit trägt positiv zu Wohlbefinden und Lebensqualität bei», sagt der Psychologe. Obendrein gehe das Älterwerden «auch mit einem Zugewinn von Erfahrungswissen einher, das Torheiten zu vermeiden helfen sollte».

Doch dem stehe auch ein gewisses Beharren auf Erprobtem gegenüber. «Auf lebenslang eingeübte und erfolgreiche Strategien zur Problemlösung greifen wir im höheren Alter bevorzugt zurück, denn Gewohnheiten und die Tendenz, an Gewohntem – so etwa der Wohnumwelt – festzuhalten, haben auch mit Identitätserhaltung zu tun.» Dies drückt ein anderes Sprichwort aus, wonach man einen alten Baum tunlichst nicht verpflanzen sollte. Hingegen wisse man, «dass Weisheit nicht altersabhängig ist».

Mit ihr kennt sich Ursula Staudinger besonders gut aus. Die Vize-Rektorin der Jacobs-Universität Bremen versteht darunter die «Einsicht und Urteilsfähigkeit in schwierigen und ungewissen Fragen des Lebens» – genauer formuliert: «Weisheit ist die höchste Einsichtsfähigkeit in grundlegende und schwierige Probleme des Lebens. Sie muss also etwas mit existenziellen Herausforderungen zu tun haben», fügt die Psychologin hinzu. «Wenn eine Person hier tiefe Einsichtsfähigkeit zeigt, dann wollen wir das Weisheit nennen.»

Mit deren Zustandekommen haben sich Seelenforscher seit Mitte des 20. Jahrhunderts intensiver beschäftigt, «weil sie herausfinden wollten, was mit der Psyche beim Altern passiert» – dies auch mit Blick auf den demographischen Wandel. Die Hoffnung dabei war, dass sich die Weisheit als eine der Stärken des Altwerdens herausstellen könnte. Doch das habe sich «so nicht bewahrheitet», sagt Staudinger. Insofern passe das Sprichwort von den möglichen Torheiten im Alter «gut zu unseren Befunden in der Alternspsychologie». Studien zeigten nämlich, dass die im Laufe des Lebens angesammelte Lebenseinsicht und -erfahrung im Durchschnitt nicht abnimmt, sondern stabil bleibt. «Doch um mit zunehmendem Alter immer weiser zu werden, bedarf es eben mehr, als nur älter zu werden.»

Um die persönliche Weisheit eines Menschen bestimmen zu können, braucht man klar umrissene Qualitätsmerkmale. Staudinger und ihre Kollegen haben solche in den 1980er Jahren am Berliner Max-Planck-Institut für Bildungsforschung entwickelt und später auch an der Universität Dresden sowie in Bremen bei Befragungen angewendet und verfeinert. So kam es im Laufe der Jahre zu über 1000 Interviews zum Thema Weisheit, an denen zunächst 13- und 14-Jährige, später auch über 90-Jährige teilgenommen haben.

Einer der Befunde: Das persönliche Maß an weisheitsförderlichen Kenntnissen und Fähigkeiten wächst üblicherweise bis etwa zum 25. Lebensjahr und erreicht dann seinen Höhepunkt. «Als Kinder, Jugendliche und junge Erwachsene eignen wir uns nach und nach immer mehr Wissen darüber an, wie man in unserem Gemeinwesen mit schwierigen Lebenssituationen umgehen kann», berichtet Staudinger. «Etwa in der Mitte des dritten Lebensjahrzehnts haben wir dann offenbar einen Grad an Einsicht in und Wissen über wichtige Lebensfragen erreicht, der es uns gestattet, gut zurechtzukommen.»

Im späteren Erwachsenenalter genügt es hingegen nicht mehr, einfach an Jahren zuzulegen, um weise zu werden. Dann kommt es mehr darauf an, wie ein Mensch lebt, wie er oder sie gestrickt ist als Person. Es sei halt «nicht jedermanns Sache, den Weisheitsweg zu gehen», zieht die Psychologin als Fazit. Weisheit könne nur erreichen, wer zeitlebens nicht davor zurückscheue, schmerzlichen Erfahrungen ins Auge zu sehen und mit ihnen nach Kräften zurande zu kommen.

Zu solch misslichen Erfahrungen gehört unbedingt das Scheitern. Wer Weisheit anstrebt, sollte nicht beleidigt und frustriert reagieren, wenn das Leben einen persönlichen Plan vereitelt, sondern «genau darin eine Chance sehen», rät Staudinger. Das sei eine «ganz wichtige Komponente von Weisheit».[17] Schwierige Erfahrungen alleine können jedoch nicht weise machen. Inwiefern sie das überhaupt bewirken, können Alternsforscher bisher nicht gut belegen, da ihnen zu wenige Längsschnittdaten vorliegen – also solche über das Leben ausreichend vieler Menschen hinweg. «Wahrscheinlich gibt es hier aber viele Wege nach Rom», sagt die Psychologin, «nicht nur den sofort einleuchtenden: dass man nämlich nur eine größere Zahl einschneidender Lebensereignisse überstehen muss, die einen durch Hindernisse und Widerstände zwingen, über das Leben nachzudenken und so zu neuen Lösungen für Probleme zu gelangen.» Klar ist für sie jedoch: Nur das Nachdenken kann uns helfen, gemachte Erfahrungen zu analysieren, neu zu ordnen und daraus dann kluge Einsichten zu gewinnen. «Wir werden nicht automatisch weise.»

Manches spricht sogar für das Gegenteil: Staudinger zufolge gibt es «in unserer Gesellschaft leider auch Tendenzen im Alter, die der Weisheit entgegenwirken – da sind wir dann bei der Torheit». Zum Beispiel beobachteten Wissenschaftler bei den gegenwärtig Älteren, dass diese mit zunehmendem Alter geistig starrer und dogmatischer werden. «Wer seine gemachten Erfahrungen nicht mehr dem Realitätstest im Hier und Jetzt aussetzt und nicht bereit ist, sich immer wieder in Frage zu stellen, der hat keine Chance auf Weisheit.»

Eine gravierende Weisheitsbremse erkennt die Forscherin darin, dass in der jüngsten Vergangenheit viele Arbeitnehmer sehr früh aufs Abstellgleis der Frührente gerollt worden sind – oder dies selber angestrebt haben. «Viel zu viele von uns werden schon mit Mitte fünfzig aus der Arbeitswelt verabschiedet, letztlich herausgedrängt.» Dadurch aber werde die Generation der über 55-Jährigen immer weniger gezwungen, sich in neue Umfelder zu begeben und sich dort zu bewähren. Deshalb würden die Erfahrungen der derzeit Älteren und Alten «auch weniger auf den Prüfstand gestellt», meint Staudinger.

«Na und?», könnte man einwenden. Dafür verreisen die Jungrentner und Frühpensionäre eben mehr und sammeln dort neue Eindrücke. Doch auf Kreuzfahrtschiffen oder beim Bummeln über Mallorcas Kunsthandwerkermärkte bleibt das Entscheidende aus. «Dabei wird man ja in aller Regel nicht wirklich gezwungen, die eigene Erfahrungswelt zu überprüfen», sagt die Psychologin. Touristen müssten sich in aller Regel «nun mal nicht in einer neuen, herausfordernden Umgebung bewähren».

Neue Alte

Weisheitsfördernd könnte hingegen der zarte Trend wirken, auch im höheren Alter wieder zu arbeiten – was zum Glück immer mehr Unternehmen zu fördern scheinen, wenn auch nicht aus reiner Menschenliebe. Vielmehr kann keine alternde Gesellschaft mit zu wenig Nachwuchs auf die im Berufsleben angesammelten Kenntnisse Hunderttausender Routiniers verzichten. Künftig dürften deshalb auch Arbeitnehmer und Freiberufler jenseits der 55 neue Aufgaben angehen und dafür hinzulernen. «In zehn oder zwanzig Jahren werden wir andere Alte haben als heute», sagt Staudinger denn auch voraus.

Dann werde sich erweisen, ob jene nicht doch falsch liegen, die in der bisherigen Entwicklung «etwas Naturgesetzliches» gesehen und gesagt haben: «Das sei eben so mit dem Alter, wir seien dann halt weniger offen, weil wir schon alles gesehen hätten, da könne man leider gar nichts machen.»

Dem setzt die Alternsforscherin die These entgehen: «Das kann zwar so sein, aber wir wissen es noch nicht. Wir müssen – auch im historischen Vergleich – untersuchen, was mit Alten passiert, die immer noch gedrängt werden oder für die es stets Anreize gibt, sich mit Neuem wirklich ernsthaft auseinanderzusetzen.» Derzeit jedoch gelte «leider – wohlgemerkt im Durchschnitt –, dass Alter vor Torheit nicht schützt».

Gesundheit und Wohlergehen

«Die Zeit heilt alle Wunden.»

Fünfmal musste Bundesfinanzminister Wolfgang Schäuble (CDU) 2010 ins Krankenhaus. Im Frühjahr hatten Ärzte bei ihm ein 17 Jahre altes Implantat ersetzen müssen, wie es Querschnittsgelähmte häufig brauchen, damit ihre Darmfunktion reguliert wird. Doch die Operationswunde wollte einfach nicht heilen; ständig plagten Schmerzen den im Rollstuhl sitzenden Politiker. Ende September räumte Schäuble in einem Interview ein: «Ich bin Entzündungen im Zusammenhang mit dem Implantat, das mir im Frühjahr eingesetzt wurde, noch nicht ganz losgeworden.» Er werde sich deshalb «vier Wochen in die Horizontale begeben, damit die Wundheilung richtig abgeschlossen werden kann».[1] Schließlich rollte er dann doch etwas früher an seinen Schreibtisch zurück.

Manche Wunden, früher schwärend genannt, heilen tatsächlich sehr langsam. Zieht sich die Wundheilung spürbar hin, dann sind die Selbstheilungskräfte offensichtlich überfordert. Beispielsweise gelangen hilfreiche Stoffe mit dem Blut nicht oder nicht ausreichend an die Wunde, weil der Blutfluss gehemmt ist, so etwa durch Arteriosklerose, landläufig als Arterienverkalkung bezeichnet.

Auch die Zuckerkrankheit (Diabetes mellitus) erschwert die Durchblutung und mindert die Kräfte des Körpers, sich selber zu helfen. Und selbst bei Menschen, deren Durchblutung prima funktioniert, drohen aggressive Bakterien eine Wunde zu verseuchen und das körpereigene Immunsystem zu überfordern, sichtbar am Eiter.

Schließlich kann eine Wunde am Bein auch deshalb schlecht verheilen, weil das vergleichsweise sauer- und nährstoffarme Blut in den Beinvenen streckenweise wieder zurückfließt statt weiter voranzuströmen. Schuld daran sind defekte Venenklappen, die normalerweise als Rücklaufsperren dienen. Versagen sie, kann dies das Unterschenkelgewebe schädigen und venöse Geschwüre entstehen lassen – das sogenannte offene Bein.

Doch zum Glück sind das eher Ausnahmen. «Im Normalfall heilen nicht zu tiefe, nicht zu großflächige und nicht infizierte verletzungsbedingte Wunden ohne weitere Maßnahmen ab, weil sie unkompliziert sind», sagt der Hautmediziner Cord Sunderkötter von der Uniklinik Münster.

Wer sein verletztes Kind mit einem Liedchen tröstet, tut ein Übriges, damit die blutende Wunde bald keine große Rolle mehr spielt. Singen Mama oder Papa liebevoll etwas vor, lindert das den Stress des kleinen Patienten und stärkt so dessen Immunsystem. Als Liedtext empfiehlt sich ein zumindest früher sehr bekannter: «Heile, heile Gänschen, es ist bald wieder gut ... Heile, heile Mausespeck, in hundert Jahr'n ist alles weg.» Im wahren Leben geht es erfahrungsgemäß viel schneller.

Zähe Wunden ohne Blut

Genau genommen freilich meint die Spruchweisheit von der Zeit, die alle Wunden heile, eher seelische Verletzungen. Bei ihnen haben Desinfektionslösungen, Pflaster und Wundauflagen sich bisher als nutzlos erwiesen. Liebeskummer, Trauer und Verletztheiten nach Beleidigungen oder Verleumdungen vergehen in der Regel allmählich – zumindest sofern Betroffene nicht neurotisch mit der Verletzung verklammert sind, Gefühle zulassen und sich notfalls Hilfe holen.

Wer sich das selber verweigert, hat gute Chancen, bis ans

Ende seiner Tage mit einem *wunden Punkt* zurechtkommen zu müssen. Die Psychotherapeutin Bärbel Wardetzki versteht darunter eine nicht verheilte, alte Wunde, «die in einer Kränkungssituation wieder aufbricht». Zugefügt worden sei diese oft schon in der Kindheit. «Verlassen worden sein, nicht verstanden worden sein und viele andere nicht ausgeheilte Verletzungen» könnten den wunden Punkt bilden. Und schon «ein kleiner Anstoß» genüge, um die Wunde wieder bluten zu lassen.[2]

Weitaus folgenschwerer sind echte Psychotraumen: Schockierende, seelisch schmerzhafte Erlebnisse können Menschen tief verletzen und nachhaltig beeinträchtigen. «Das war echt traumatisch» – wie leicht redet man so, wenn einem Übles widerfahren ist. Doch meist irrt der Volksmund. «Nicht alles Schlimme im Leben führt zu einem seelischen Trauma», sagt der Mediziner und Psychosomatiker Günter Seidler von der Universitätsklinik Heidelberg. Ein Trauma bilde sich nur dann heraus, «wenn ein Mensch in Lebensgefahr gewesen ist und Todesangst erlebt hat». Traumatisiert werden könne aber auch, wer hilflos Tod oder Sterben bei anderen beobachtet und dabei existenzielle Angst erlebe. Die Gefühle Hilflosigkeit und Todesangst sind Seidler zufolge «unabdingbare Voraussetzungen dafür, dass sich ein Trauma entwickeln kann».

Besonders schlimm ist das, wenn kleine Kinder seelisch tief verletzende Erfahrungen machen müssen und auf diese Weise geprägt werden. «Traumatische Erfahrungen in dieser Lebensphase können das Gehirn eines Kindes nachhaltig verändern und sind später nur noch schwer zu reparieren», warnt der Bremer Verhaltensphysiologe und Hirnforscher Gerhard Roth.[3]

Bei dem, was ein Psychotrauma im Hirn hinterlässt, handele es sich «natürlich nicht um Wunden, sondern um Gedächtnisspuren», sagt der Traumaforscher und Psychosomatiker Martin Bohus vom Zentralinstitut für Seelische Gesundheit in Mannheim. «Da unser emotionales System in einer Zeit entwickelt wurde, in der es innerhalb eines kurzen menschlichen Lebens relativ wenig Veränderungen gab, ist es nicht verwunderlich, dass intensive Erfahrungen von körperlicher oder sozialer Bedrohung sehr genau und auch sehr lange gespeichert werden.»

In aller Regel tue ein traumatisierter Mensch gut daran, derart schreckenerregende Situationen künftig möglichst zu meiden. Doch ein Lokführer, der einen sogenannten Selbstmörder überfahren hat, muss irgendwann wieder auf die Lok zurück – oder den Beruf wechseln. Die Frage ist bloß, was daran biologisch sinnvoll sein soll, dass selbst ein einmaliges schreckliches Erlebnis über viele Jahre und oft sogar ein Leben lang im Hirn wirksam verankert wird. Wäre es nicht besser, wir vergäßen es einfach? Doch hier erhebt Bohus Einspruch: «Auch ein einmaliges Ereignis kann tödlich sein.» Also sei es wichtig, gerade unerwartete Vorfälle und deren Vorzeichen genauestens abzuspeichern, damit Ähnliches in Zukunft vermieden werden könne.

In aller Regel bearbeitet das Gehirn das erschreckende Geschehen im Laufe der darauf folgenden zwei Wochen weiter, indem es sich das Ereignis sozusagen immer wieder vorlegt, also erinnert. So kann es noch einmal prüfen, ob die abgespeicherten Informationen überhaupt wichtig genug sind, um auf Dauer präsent zu sein. «Falls nicht, dann relativiert das Gehirn die Bedeutung des einmaligen Ereignisses und wird erst dann wieder Alarm schlagen, wenn genau die gleichen Bedingungen erneut auftreten», sagt der Traumaexperte. «Wir behalten also immer eine Gedächtnisspur; diese allerdings wird in aller Regel nicht mehr abgerufen.» Solche ins Hirn eingebrannten Erfahrungen steuerten unser Verhalten «höchstens unbewusst».

In manchen Fällen aber schafft es unsere Schaltzentrale nicht, die Geschehnisse in den ersten Wochen nach dem auslösenden Ereignis neu zu bewerten. «Dann genügen auch kleine, unspezifische Auslöser, um die Ereignisse mit aller Wucht wieder zu aktivieren», erklärt Bohus das Unheimliche an Psychotraumen. Was genau dafür sorgt, dass diese sich immer wieder als aktuelle Ereignisse aufdrängen, seelisch also quasi kein Gras über sie wächst, sei «noch unklar, aber wir forschen daran».

Anschaulicher immerhin lassen sich die hinterlassenen Gedächtnisspuren im Hirn beschreiben. «Durch das traumatische Erlebnis werden Nervennetzwerke im Hirn anders miteinander verkoppelt als üblicherweise», sagt der Neurobiologe Gerald Hüther von der Psychiatrischen Uniklinik Göttingen. Gemeint sind Netzwerke, die dafür zuständig sind, Gerüche, Geräusche, Gesehenes, Berührungen und andere sensorische Eindrücke während eines Geschehens wahrzunehmen und mit Körperempfindungen zu verkoppeln – zum Beispiel mit Angstschweiß oder einem schnelleren Puls.

Wird zum Beispiel eine Frau vergewaltigt, erlebt sie ihre Lage als ausweglos und empfindet Angst und Panik. Gleichzeitig verarbeitet ihr Hirn Sinneseindrücke – etwa den Geruch des Vergewaltigers, den Klang seiner Stimme oder Berührungsreize, ausgelöst davon, wie und wo er sie berührt. Das Hirn der Frau verbindet nun diese Sinneseindrücke mit der dabei aufkommenden Panik und daran gekoppelten Körperreaktionen, beispielsweise mit Herzrasen und heftiger Muskelanspannung.

«Das alles läuft sehr schnell ab, ohne dass wir dabei noch nachdenken können», fügt Hüther hinzu. «Anders als sonst ist der Hippocampus – also jener Hirnteil, der Informationen zeitlich und räumlich sortiert – nicht daran beteiligt, die Flut von Sinneseindrücken miteinander zu verkoppeln; er wird quasi umgangen.» Dadurch aber werden die dramatischen, überlebenswichtig erscheinenden Eindrücke unmittelbar aneinandergehängt – und leider so auch abgespeichert. «Wenn die vergewaltigte Frau dann irgendwann einmal einen ähnlichen Geruch in die Nase bekommt wie während des Missbrauchs, dann ist sie quasi wieder im alten Film.» Eine ähnliche Stimme wie die des Vergewaltigers, ein ähnlicher Raum oder eine Umarmung wie während des Missbrauchs lösen dann erneut Panik aus, lassen den Puls losjagen und die Frau erstarren.

Wäre hingegen der Hippocampus am Verarbeiten der Sinneseindrücke beteiligt gewesen, hätte ein zufällig am Ort des Verbrechens wahrgenommener Rosenduft oder ein zur selben Zeit im Radio abgespieltes Lied im späteren Leben der Vergewaltigten keine Panik auszulösen vermocht. Das Hirn hätte sich gemerkt, dass Rosen und Lieder für sich genommen ungefährlich sind.

Den Schrecken mindern

Unheilvolle Gedächtnisspuren wieder aufzulösen, ist nicht einfach. Im Falle von Psychotraumen «heilt die Zeit allein keine Wunden, sondern Heilung ist nur dann möglich, wenn der oder die Betreffende nach einer Traumatisierung neue, bessere Erfahrungen machen kann – oder aber glückliche Umstände ermöglichen das von alleine», sagt Hüther. So hat eine vergewaltigte Frau vielleicht später doch noch einmal Kontakt zu einem liebevollen Mann – womöglich sogar ein zweites oder drittes Mal. Dann wird das alte Erlebnis eines schrecklichen Sexualaktes, das im Hirn an sehr negative Emotionen gekoppelt ist, nunmehr mit angenehmen Gefühlen verbunden. «Und je öfter das geschieht, desto stärker wird diese neue, positive Erfahrung im Hirn verankert», betont der Neurobiologe.

Verläuft dieses Umlernen günstig, bestimmen die guten Erfahrungen am Ende, wie die Frau Geschlechtsverkehr bewertet – auch wenn die alte Kopplung dadurch nicht völlig aufgelöst wird. «Wenn man Glück hat, kann dies ohne Therapie gelingen», stellt der Hirnforscher in Aussicht. Zum Glück sei das «gar nicht so unwahrscheinlich, falls man in einem liebevollen Umfeld lebt». Meidet die Frau aber den Kontakt zu Männern, weil sie befürchtet, wieder in eine Auslösesituation für ihr Trauma zu geraten, dann ist therapeutische Kompetenz gefordert, um ihr den Kontakt zu Männern überhaupt wieder zu ermöglichen. Zwar könne auch der Therapeut die Patientin «nicht heilen, aber er kann ihr Mut machen und sie einladen, sich auf eine neue Erfahrung einzulassen».

Viel besser wäre es freilich, das Trauma würde gar nicht erst zu möglicherweise bleibenden Schäden führen. Der Schweizer Chemiker und Mediziner Florian Holsboer, einer der weltweit führenden Depressionsexperten, erforscht seit Jahren die Chancen einer vorbeugenden Arzneigabe direkt nach einem traumatischen Ereignis. Dabei zielt er auf jene biochemischen Prozesse, welche unmittelbar nach einem psychischen Schock eine Reihe von Genen verändern, die für die individuelle Stressreaktion eines Menschen verantwortlich sind. Quasi wie Kippschalter können die Erbanlagen durch den erlebten Schrecken dauerhaft so verstellt werden, dass der betroffene Mensch von da an wie durch Geisterhand seelisch ein anderer geworden ist – so zum Beispiel viel leichter reizbar.

Durch Tierexperimente hat Holsboers Team zeigen können, «wie ein Trauma innerhalb eines bestimmten Zeitfensters durch chemische Prozesse die Aktivierbarkeit vieler Gene verändert», sagt der Direktor des Max-Planck-Instituts für Psychiatrie in München. «Wenn dieser Prozess abgeschlossen ist, kann man ihn nicht mehr rückgängig machen.» Dann sei die Erkrankung chronisch geworden, und «wir können nur noch Symptome lindern». Gelinge es aber, «diese chemischen Prozesse frühzeitig aufzuhalten, und zwar unmittelbar nach dem Trauma, also bevor die Symptome einer posttraumatischen Stresserkrankung auftreten, kann man den krankheitsverursachenden Mechanismus abbrechen».[4] Holsboer denkt dabei an die präventive Gabe eines geeigneten Antidepressivums «gleich nach dem Ereignis».

Ähnliches wie für Traumen gilt auch für das, was Psychologen als Frühstörungen bezeichnen: die Erfahrung von Gewalt oder Liebesmangel in der frühen Kindheit. Zwar kann man sich seinen unguten Erfahrungen auch noch als Erwachsener stellen und Wut oder Trauer zulassen und ausleben, weshalb zugelassene Gefühle das «zentrale Heilmittel» für solche Menschen sind, wie es der Psychiater Hans-Joachim Maaz ausdrückt, lange Jahre Chefarzt der Klinik für Psychotherapie und Psychosomatik am Diakonie-Krankenhaus Halle an der Saale.[5] Doch gelte eben auch, und dies vor allem mit Blick auf unrealistische Erwartungen an Lebenspartner: «Man kann nichts ungeschehen machen, also auch nichts wirklich wiedergutmachen, man kann nichts nachholen – seelische Verletzungen bleiben ‹Narben› für immer.»[6] Mehr noch: Sie wirkten «selbst dann noch unbewusst weiter, wenn später reichliche Sättigungen das frühe Elend überwuchern». Nach seiner Erfahrung als Arzt und Psychoanalytiker lassen sich Frühstörungen deshalb niemals vollständig beheben. Immerhin könnten Betroffene aber lernen, kompetenter mit ihren seelischen Schrammen umzugehen. Die Zeit heilt also nicht, aber sie bietet Raum für Linderung.

«Wer rastet, der rostet.»

In allen Sesseln ist Ruh', auf allen Sofas findest du manch dicken Bauch, warte nur, balde verfettest du auch. – Johann Wolfgang von Goethe möge diese unsanfte Verballhornung seines melancholischen Gedichts «Wandrers Nachtlied/Ein Gleiches» verzeihen. Denn immerhin war der Dichter kein leibesfauler, sondern ein bewegter Mann, der zeitlebens selber gerne wanderte. Auf den 861 Meter hohen Kickelhahn im Thüringer Wald ist der nebenberufliche Naturforscher gleich mehrmals gestiegen.

Bei einem seiner Ausflüge, im Jahr 1780, ritzte er einige seiner berühmtesten Verse in die Bretterwand einer Jagdhütte: «Über allen Gipfeln ist Ruh, über allen Wipfeln spürest du kaum einen Hauch ...» Und 33 Jahre später erneuerte Goethe die Inschrift sogar. Leider ist das später sogenannte Goethehäuschen 1870 abgebrannt, doch in einem täuschend ähnlichen Nachbau kann man das Gipfel-und-Wipfel-Gedicht heute in 15 Sprachen lesen.

Ein Jahr vor seinem Tod, 1831, erklomm der damals schon 82-Jährige den Kickelhahn ein letztes Mal und vergewisserte sich, dass seine Nachtlied-Verse noch zu lesen waren, was ihn sehr rührte – vor allem der Anblick der Schlusszeile: «Warte nur, balde ruhest du auch.» Womöglich auch wegen seiner vielen Wanderungen ist der Verskünstler geistig und körperlich erst sehr spät gerostet – noch mit fast 74 Jahren warb er allen Ernstes um die Hand der 19-jährigen Ulrike von Levetzow. Und noch als über 80-Jähriger arbeitete er am zweiten Teil des «Faust».

Heute verbringen die meisten Mitteleuropäer ihre Tage vorwiegend auf dem Hosenboden: Sie hocken beim Frühstück am

Tisch, kurz darauf im Bus oder im Auto, die längste Zeit des Tages am Schreibtisch, vor dem Fließband oder auf dem Traktor, bloß um sich am Abend stundenlang vor dem Fernseher zu lümmeln – schon wieder sitzend natürlich. Das verfremdete Goethe-Gedicht zu Beginn dieses Kapitels spielt dabei vor allem auf all jene Menschen an, die ihr hartnäckiges Übergewicht zu jenen unförmigen Couch-Kartoffeln hat werden lassen, als die Karikaturisten sie gerne zeichnen. Doch süße Lakritze-Stäbchen oder pikante Chips in Reichweite schmecken ja auch einfach viel zu gut.

Dabei erkannte schon Blaise Pascal (1623–1662) vor etwa 350 Jahren: «Zu unserer Natur gehört die Bewegung; die vollkommene Ruhe ist der Tod.»[7] Aber der französische Mathematiker und Physiker hatte auch gut reden; schließlich gab es damals noch keine Fernseher und Autos, und in den Karossen noch keine elektrischen Fensterheber. Hingegen hatten die vor 25 000 bis 30 000 Jahren ausgestorbenen – oder zum Teil im modernen Menschen aufgegangenen – Neandertaler gar keine andere Wahl, als sich laufend anzustrengen. Zum Beispiel legten sie «jeden Tag schätzungsweise 40 Kilometer» zurück, schreibt der Biologe und Wissenschaftspublizist Jörg Blech in seinem Buch über das «Heilen mit Bewegung». Das erscheint zu hoch gegriffen, zumal da die Neandertaler kaum derart weite Strecken durch Schnee und Eis gestapft sein dürften, zumindest nicht in jenen langen, bitterkalten Wintern, wie sie im eiszeitlichen Mitteleuropa üblich waren. Doch selbst falls ihr Durchschnittspensum nur bei täglich etwa 20 Kilometern lag, hätten die Eiszeitmenschen ständig Märsche absolviert, die heutzutage nur stramme Wanderer schaffen, und das ohne High-Tech-Wanderschuhe, Energieriegel und zwei Paar Spezialsocken, sondern allenfalls in einfachen Mokassins.

Rückschlüsse darauf, wie ausdauernd die Menschen der

Steinzeit gewesen sein könnten, gestattet die Untersuchung von Völkern, die bis in unsere Tage als Jäger und Sammler leben. Demnach sei ihre maximale Sauerstoffaufnahme verglichen mit uns «um fünfzig Prozent erhöht» gewesen, berichtet Blech. Ihre Knochen glichen anthropologischen Untersuchungen zufolge denen «heutiger Athleten, die bei Olympischen Spielen gegeneinander antreten». Und der Grundumsatz der sehnigen, gut durchtrainierten Neandertaler dürfte dank ihrer höheren Muskelmasse und des geringeren Körperfettanteils im Schnitt 15 Prozent über jenem gelegen haben, der heute als normal gilt.[8]

Als Grundumsatz oder basale Stoffwechselrate gilt jene Energiemenge, die unser Körper tagtäglich bei 28 Grad Celsius Umgebungstemperatur alleine dafür braucht, um grundlegende Lebensfunktionen aufrechtzuerhalten – in völliger Ruhe, also ohne dass wir uns zusätzlich bewegen und der Körper sich aufheizen oder abkühlen muss. Nun haben aber vergleichsweise muskulöse Menschen einen höheren Grundumsatz als echte Schwächlinge. Denn «auch im Ruhezustand verbrauchen Muskeln mehr Energie als beispielsweise Fettgewebe oder Knochen» sagt Norbert Maassen vom Institut für Sportmedizin der Universität Hannover. «Deshalb kann man seinen Energie-Umsatz steigern, indem man seine Muskelmasse vergrößert.» Ein Kilo mehr davon verbrauche täglich im Ruhezustand etwa 13 Kilokalorien – verglichen mit etwa 4 Kilokalorien beim Fett, jeweils bezogen auf ein Kilo Gewebe.[9]

Wer also nicht ständig rastet, sondern sich viel bewegt, kräftigt seine Muskulatur und verbrennt selbst im Sitzen oder Liegen und im Schlaf mehr Energie. Deshalb setzen kräftige Menschen weniger leicht Fett an, was wiederum die Lust an der Bewegung steigert.

Allerdings gibt es auch beim ruhenden Muskel Unterschiede. «Ein hochtrainierter Muskel verbraucht selbst im Ruhe-

Gesundheit und Wohlergehen **49**

zustand etwas mehr Energie als ein weniger gut trainierter», fügt der Kölner Sportphysiologe hinzu. «Außerdem benötigt ein Muskel, der gerade beansprucht worden ist, mehr Energie pro Zeiteinheit als einer, der nicht belastet war – und zwar für die Regeneration.» Bei den Menschen der Eiszeit, zumindest bei den mehr oder minder gesunden unter ihnen, darf man indes von einem guten Trainingszustand der Muskulatur ausgehen. Sie konnten schließlich gar nicht anders, als alles Nötige anstrengend mit Hand und Fuß zu erledigen.

Verglichen mit ihnen sind die Menschen der heutigen Industriestaaten kurzatmige Faulpelze. Sie benutzen den Büro-, Kaufhaus- oder Hotelfahrstuhl selbst für ein oder zwei läppische Stockwerke, fahren mit dem Auto zum nahen Bäcker und bleiben auf Rolltreppen stehen, als hätten sie plötzlich das Gehen verlernt. In eine Welt der Bewegungsmuffel passen nicht nur elektrische Rollläden und Brotschneidemaschinen, sondern neuerdings ebenso automatische Rasenmäher wie Robomow: «Nie wieder selber Rasen mähen», frohlockte im Frühjahr 2011 das gleichnamige Unternehmen und bildete dazu einen im Plastiksessel sitzenden – und noch schlanken – Mann ab, der bequem Zeitung liest, während der Mähroboter flott das Grün vor der Terrasse stutzt.[10]

«Es wird sich in Deutschland zu wenig bewegt», mahnt Martin Marianowicz, der in München eine Spezialpraxis und Tagesklinik für Patienten mit Rückenproblemen leitet. «Man muss sich mal vorstellen, dass der Durchschnittsdeutsche noch Ende des 19. Jahrhunderts täglich etwa 15 Kilometer zurückgelegt hat – und heute sind es gerade noch 600 Meter pro Tag!», sagt der Orthopäde und Sportmediziner. Der moderne Mensch fährt morgens mit dem Auto bis in die Tiefgarage unterm Büro oder nutzt U-Bahnen und Busse. Am Computer hockend, bewegt er sich acht oder noch mehr Stunden kaum.

Derlei Dauerrasten lässt uns nicht nur rosten – es macht auch unansehnlich. «Bewegungsarmut, das weiß jeder, ist der Feind des Körpers», befindet der Schönheitschirurg Werner Mang. Der Direktor der Bodenseeklinik Lindau weiß, wovon er redet, schließlich verdient er gut daran, seinen Kunden die Folgen des übermäßigen Herumhockens wegzuschnippeln.[11]

Gerade Wissenschaftler, die sich mit den Folgen und Vorgängen des Alterns beschäftigen wie Ursula Staudinger, beobachten die Bewegungsfaulheit mit großer Sorge. Der Mensch sei biologisch «auf viel Bewegung ausgelegt», sagt die Psychologin von der Jacobs-Universität in Bremen. Unser Körper verkomme regelrecht, wenn wir uns nicht mehr rührten. Schließlich ende der gesundheitsfördernde Effekt der Muskeltätigkeit nicht dabei, «dass wir dadurch unser Gewicht kontrollieren können oder unseren Blutkreislauf in Schwung halten und damit auch zur Gesundheit unserer Organe beitragen». Auch unser Gehirn werde so «auf Trab gehalten».[12]

Rückenschmerz als Volkskrankheit

Leider wird sich das Problem mangelnder Bewegung in Zukunft noch verschärfen, weil die Kinder von heute ihre Freizeit ganz anders verbringen als noch vor 50 Jahren. «Wenn man früher als Kind oder Jugendlicher mit Altersgenossen reden wollte, musste man das Haus verlassen, schon weil es zu Hause allenfalls ein Bakelit-Telefon für die ganze Familie gab», erinnert sich der 1955 geborene Martin Marianowicz. «Wenn man da mal ausnahmsweise eine Stunde dran gesessen hatte, schimpfte die Mama schon und sagte: Jetzt leg aber auf!» Dem Steppke blieb dann nur eines: «Dann musste man runter in den Hof, und so wie Kinder nun mal sind mit ihrem Bewegungsdrang, hat man einander dann gefangen oder rumgebalgt, Fuß-

Gesundheit und Wohlergehen **51**

ball oder Verstecken gespielt.» All das sei weggefallen, weil viele Kinder sich heute übers Handy oder am Rechner mit Altersgenossen austauschen.

Im Jahr 2009 untersuchte der Wirbelsäulenspezialist mit seinen Mitarbeitern die Schüler des angesehenen Luitpold-Gymnasiums in München daraufhin, wie sie sich hielten und bewegten. «Beides bildet die Basis von allem, was mit Bewegung zu tun hat», sagt Marianowicz. Zwar sei die Belastbarkeit des menschlichen Stütz- und Gelenkapparates teilweise genetisch festgelegt. Doch entscheidender sei, ob man ihn richtig oder falsch beansprucht, ob die Muskeln kräftig oder schwach ausgebildet worden sind und wie gut und ausreichend die Bandscheiben bewegt werden. Davon hingen auch mögliche Folgeschäden ab: zum Beispiel die Wirbelkanal-Enge (Spinalkanal-Stenose) oder die Foramen-Stenose, eine Verengung jener Stelle, an der die Nervenwurzeln aus dem Wirbelkanal austreten – für den Rückenmediziner allesamt Folgen degenerierter Bandscheiben. «Und diese brauchen nun mal, um ausreichend mit Nährstoffen versorgt zu werden, so viel Bewegung wie möglich – bloß erhalten sie die heute nicht mehr.» Aus Sicht von Marianowicz wächst deshalb zurzeit eine Generation Rückenleidender heran, zumal da früher und stärker roste, wer als Kind schon raste. «Wenn wir so weitermachen, wird das kein gutes Ende nehmen und zu einer Kostenexplosion führen.»

Doch auch für alte Menschen trifft die Spruchweisheit zu. Auch sie sollten sich so viel wie möglich bewegen, empfiehlt der Münchner Orthopäde. «Es gibt keinen Sport, der so schlecht für die Gesundheit ist, dass Sitzen besser wäre – wobei ich hier natürlich nicht von extremen Sachen wie akrobatischem Trickskifahren spreche, sondern von normalen Sportarten.» Was Rückenleiden anlange, sei man «seines Glückes Schmied, indem man sich bewegt». Wer diese Empfehlungen in den Wind schlägt, hat leider gute Chancen, irgendwann schmerzverzerrt in der Orthopäden-Praxis zu landen – oder gleich mit Blaulicht im Krankenhaus, denn: «Körperliche Inaktivität erhöht das Risiko altersbedingter Stürze, einer besonderen Gefahrenquelle für die Gesundheit und Selbständigkeit älterer Menschen», heißt es warnend in einer Schrift des staatlichen Robert-Koch-Instituts.[13] Die Devise muss also lauten: öfter mal raus aus dem Auto und aus den bequemen Fahrstühlen, runter vom Sofa und von den Rolltreppen. Das wesentliche Sportgerät trägt jeder und jede kostenlos ganz unten: die Füße.

Wer sie regelmäßig und ausreichend einsetzt, kräftigt seine Muskeln inklusive des muskulösen Herzens und tut etwas gegen erhöhten Blutdruck. Als ratsam gelten täglich wenigstens 10 000 Schritte. Schon wer etwa 3000 Schritte mehr als bisher unternimmt und sich so dem empfohlenen Wert annähert, senkt nach einer Studie der Deutschen Sporthochschule (DSHS) in Köln nachweislich und deutlich den Wert des Gesamtcholesterins in seinem Blut, insbesondere jenen der als ungesund geltenden Fett-Eiweiß-Verbindung LDL. Das Fazit der DSHS-Wissenschaftler: Bereits moderate Aktivität, die sich ohne großen Aufwand in den Alltag einbauen lasse, könne ein «großer Beitrag» für die Gesundheit sein. «Jeder Schritt zählt!»[14]

«Angst ist ein schlechter Ratgeber.»

In seinem Buch über die «Biologie der Angst» beschreibt der Neurobiologe Gerald Hüther eine typische Angststress-Reaktion, hervorgerufen zum Beispiel durch das drohende Ende einer Liebe oder einen heftigen Anschiss durch den Chef: «Es ist ein Gefühl, das aus dem Bauch zu kommen scheint und sich bis in die Haarwurzeln ausbreitet ... Wir bekommen feuchte Hände, müssen aufs Klo, fühlen uns schlecht, ohnmächtig alleingelassen und hilflos.» Alle geistig und emotional gesunden Menschen kennen dieses psychosomatische Geschehen.

Dahinter stecken komplizierte chemische Abläufe im Körper. Im Hirn beginnen sozusagen die Alarmglocken zu läuten, schaukeln sich nervöse Erregungsmuster gegenseitig auf. Drüsen im Oberstübchen schwemmen Botenstoffe ins Blut und veranlassen so das Mark der Nebenniere, seinerseits die Hormone Adrenalin und Noradrenalin abzusondern. Ebenfalls vermittelt über den Blutstrom, lassen diese Stresshormone das Herz losjagen und bewirken, dass die Pupillen sich weiten und die Muskeln sich anspannen, während gleichzeitig die Leber Energiereserven («Stärke») flottmacht.[15] Fast unmittelbar danach, wenn ihm der Aufruhr im Körper bewusst wird, beginnt der Geängstigte verzweifelt nach einer Lösung zu suchen, die sich früher im Leben schon einmal als hilfreich erwiesen hat und die er vielleicht nur ein wenig abwandeln müsste, damit sie zum aktuellen Problem passt.

«Falls wir so etwas finden, werden die Alarmglocken schon etwas leiser», fährt der Hirnforscher fort. Und wenn die ausgewählte Lösungsstrategie sich als angemessen erweist, der Chef besänftigt oder die Liebste zu einem neuen Versuch bereit ist, vielleicht sogar wieder lächelt, dann höre das Alarmläuten auf, und der Spiegel an Stresshormonen im Blut sinke wieder. Dann fällt uns «ein Stein vom Herzen», schreibt Hüther. «Schwein gehabt!»

Doch was bloß, wenn nicht? Wenn das Problem so neu, so drängend oder so gewaltig ist, dass unser Frontalhirn, wo wir vernünftige, weil überlegte Lösungen zusammenbasteln, wie gelähmt wirkt und jedenfalls diesmal keine Hilfe ist? Dann entlässt die Hirnanhangdrüse ein Hormon ins Blut, das seinerseits die Nebennieren dazu anstachelt, das Stresshormon Kortisol abzugeben. Dann wird aus der anfänglichen Angst schiere «Verzweiflung, Ohnmacht und Hilflosigkeit». Erstarrt hocken wir da wie das Kaninchen vor der Schlange. Währenddessen ist Hüther zufolge im Hirn «der Teufel los, alles geht durcheinander». Und auf der Stirn glitzert Angstschweiß.

Was für das Kaninchen noch sinnvoll ist, weil eine auf Bewegungsreize reagierende Schlange das Hasentier in seiner Starre vielleicht übersieht, erweist sich für den modernen, naturfern lebenden Menschen als fatal. Uns droht nicht mehr alle paar Wochen ein hungriger Säbelzahntiger zu fressen oder bei der Jagd ein Auerochse zu zermalmen – beides Gefahren, die nach Minuten mit unserem Sieg enden oder auch mit unserem Tod. Was uns heute ängstigt, plagt uns hingegen lange oder dauerhaft: ob Jobverlust, Fluglärm oder Einsamkeit im Alter. In der Folge resignieren wir und schleppen uns dauererschöpft durchs Leben, sind saft- und kraftlos und werden darüber nicht selten krank – Opfer einer unkontrollierbaren Stressreaktion. Das ist pure Biologie. Doch was bedeutet es für unser Leben, wenn wir permanent geängstigt sind und dennoch handeln und Entscheidungen treffen müssen? Der Volksmund weiß, dass dies keine günstige Ausgangslage ist, und hat die entsprechende Lebensweisheit hervorgebracht. Zu dumm, dass die Angst in einer solchen Krise meist der erste Einflüsterer ist, zumindest der lauteste – und gar nicht so selten auch der einzige.

Dennoch sollten wir uns gegen sie stemmen und nicht in Panik Dinge tun, die wir später bereuen würden. Angst sei grundsätzlich ein «schlechter Ratgeber, weil das Hirn unter Angst auf erprobte Notlösungen zurückgreift – und diese sind niemals kreativ», sagt denn auch Gerald Hüther. Im Rückgriff auf alte Verhaltensmuster mache man den entstandenen Schaden oft noch größer. «Und im Kontakt zu anderen Menschen ist das Ausleben von Angst ungünstig, zum Beispiel für unsere Beziehungsfähigkeit.»

Angst kann gar nicht anders, als im Hirn bewährte Reaktionsmuster zu aktivieren, denn sie soll uns erst einmal vor realen Gefahren retten. Doch es ist vertrackt: Oftmals führt ausgerechnet das vertraute Vorgehen oder Verhalten unter Angst dazu, dass wir jenen Problemen aus dem Weg gehen, die wir meistern müssten, damit wir uns irgendwann vor objektiv Ungefährlichem nicht mehr ängstigen: Wir flüchten vor einer drohenden, weil verbindlichen Partnerschaft, wir sagen eine wichtige Rede ab oder meiden eine Wanderung mit Unbekannten. Durchfluten uns Stresshormone, ist guter Rat insofern teuer, als er uns nicht wirklich erreichen und besänftigen kann. Um ein Problem kreativ und umsichtig lösen zu können, müsse «im Gehirn erst wieder Ruhe herrschen statt Alarm», sagt Hüther.

Mutig oder nur tollkühn?

Einen Trost für Geängstigte aber hat der Göttinger Hirnforscher auch parat: «Angst ist insofern ein toller Ratgeber, weil man durch sie spürt, dass man bisher falsch unterwegs gewesen ist und dass man etwas ändern muss.» Auf diese bisweilen bittere Herausforderung verzichten kann niemand, der noch alle seine Sinne beisammenhat. Der Mensch könne über seine Ängste nun mal nicht verfügen, urteilt der angenehm lebensnah denkende Philosoph Wilhelm Schmid; «verfügbar ist lediglich die Haltung, die zu ihr eingenommen wird». Besser, als die Angst abzuweisen, sei die Bereitschaft, «sie aufzunehmen, um sich auf das Leben zu besinnen und es neu zu orientieren».[16] Wenn die Angst nicht übermächtig und zur Dauerplage wird, kann der Mensch an furchteinflößenden Herausforderungen reifen und wächst dann sozusagen über sich hinaus. Manch einer sucht die Angst deshalb geradezu und fordert sie heraus – die einen aus Lust an Grenzerfahrungen, die anderen, weil sie ihr Leben öde finden.

Helge Timmerberg zum Beispiel geht für seine Reisereportagen gerne Risiken ein. Die besten Geschichten lägen nämlich «immer hinter der Angst». Der offenbar einschlägig erfahrene Journalist unterscheidet dabei eine gute von einer bösen Angst. Letztere «blockiert deinen Mut und deine Möglichkeiten» und sei «ein Psychodämon und ein Seelengift». Die gute Angst hingegen «bremst deinen Trieb, in offene Messer zu reisen» und sei «wie der Schmerz ein Warnsignal». Zu wenig Angst zu haben, ist nach Ansicht Timmerbergs krankhaft. Typisch sei Angstmangel für Spieler, Kriminelle und Draufgänger. «Die sind nicht mutig. Sie wissen nicht einmal, was Mut ist. Weil sie nicht wissen, was Angst ist.» Solche Leute seien «an zu wenig Angst erkrankt, wie andere an abgestorbenen Nerven».[17]

Tollkühnen Menschen müsste man also erst einmal Angst einjagen, damit sie überhaupt Mut beweisen können – wie dem dümmeren der beiden Söhne im Märchen «Von einem der auszog, das Fürchten zu lernen». Der Einfaltspinsel hockte selbst beim Vortrag von Schauermärchen in der Stubenecke und wunderte sich über die geängstigten Zuhörer im Raum: «Immer sagen sie: Es gruselt mir! Es gruselt mir!» Ihm aber gruselte es nicht. Hinter dem Vermögen, sich zu ängstigen, vermutete der Furchtlose eine Kunst, «von der ich nichts verstehe».[18] Ob allerdings – wie bei ihm schlussendlich – das Übergossenwerden mit einer Eimerfüllung kalten Wassers und glitschigen Gründlingen dazu ausreichen würde, den Puls in die Höhe zu jagen, müsste sich erst noch erweisen. Es käme auf einen Versuch an, vielleicht ja im Fernsehen. Ein neugieriges Publikum dafür ließe sich mühelos finden.

Gesundheit und Wohlergehen **57**

«Was uns nicht umbringt, macht uns nur härter.»

Das Lachen anderer Menschen darf uns ruhig infizieren – außer vielleicht während einer Trauerfeier. Ansonsten ist unser Körper gut beraten, Ansteckendes abzublocken. Denn die Welt da draußen ist feindlich, zumindest aus medizinischer Sicht. Dort lauern Heerscharen von Bakterien, Pilzsporen und Viren auf jede sich bietende Chance, Organismen wie den menschlichen zu besiedeln oder in sie vorzudringen. Stets wollen sie sich vermehren, so gut es irgend geht, auch wenn das bisweilen den befallenen Körper und damit auch sie selber tötet.

Ärzte diagnostizieren eine Infektion, wenn Erreger über die Haut oder die Schleimhäute ins Gewebe eingedrungen sind. Dank unserer Abwehrkräfte führten jedoch «nur die wenigsten Infektionen zu spürbarer Krankheit», sagt Werner Solbach, Direktor des Instituts für Medizinische Mikrobiologie und Hygiene am Universitätsklinikum Schleswig-Holstein. In diesen Fällen setzt sich unser Körper mit dem feindlichen Keim auseinander, freilich auf Kosten der übrigen Leistungskraft, weshalb wir uns dann schlapp fühlen. «Wenn der Körper es schafft, den Erreger abzuwehren – ob mit oder ohne Hilfe von Antibiotika –, ist er anschließend für eine längere Zeit vor einem Zweitangriff gefeit, manchmal sogar lebenslang», fügt der Lübecker Mediziner hinzu. Insofern habe jede Infektionskrankheit auch etwas Gutes. Vorausgesetzt freilich, sie bringt uns nicht um.

Dass wir ständig mit Keimen, darunter auch gefährlichen, in Kontakt kommen, lässt sich gar nicht vermeiden. «Unsere Lunge alleine hat die Oberfläche eines Tennisplatzes», sagt der Molekularbiologe Beda Stadler, Direktor des Instituts für Immunologie der Universität Bern. Mit jedem Atemzug bestehe deshalb die «große Chance, dass die Lungenschleimhaut mit ihr bis dahin unbekannten Keimen oder Allergenen in Kontakt kommt – und natürlich auch mit all dem, was der Körper bereits kennt». Unser Darm ist sogar massiv von Keimen besiedelt; ihre Zahl geht in die Billionen. Auf wie viele verschiedene Arten sich die Schar der Bakterien verteilt, können Fachleute nur schätzen: vielleicht auf 300, womöglich aber auch auf 1000, «so wenig Ahnung hat man», räumt Stadler ein. Eine von der Europäischen Union finanzierte Studie fand 2010 in jeder der 124 Testpersonen sogar bis zu 1100 verschiedene Arten von Darm-Mikroben, mindestens jedoch 160.[19]

Pausenlos steht unser Körper also unter dem Sperrfeuer von Mikroben. Schon deshalb laufe das Immunsystem «eigentlich ständig auf Hochtouren», fügt der Impfstoffexperte hinzu. «Es kann gar nicht anders, als fortwährend zu hundert Prozent aktiv zu sein.» Das hat einen wenig bekannten Grund: Die Schleimhaut von Darm und Lunge gehören im Grunde zu unserer Außenhaut; sie sind also keine Teile unseres inneren Körpers wie etwa die Leber, das Herz oder die Nieren. «Der Darm ist letztlich nur ein Rohr, das durch uns hindurchgeht.» Deshalb enthalte die Darmschleimhaut auch den allergrößten Teil unserer Antikörper vom Typ Immunglobulin A (IgA), die ansonsten in recht geringer Konzentration im Blutstrom mitschwimmen. In der Darmschleimhaut sind sie nur deshalb so stark konzentriert, damit dort die Barriere gegen potenziell bedrohliche Keime hält. Unsere Gesundheit wird also ganz wesentlich in der Darmwand verteidigt.

Damit das Immunsystem stets auf Zack ist, muss es sich ständig fortbilden, sonst vergisst es nämlich über kurz oder lang, was es an Abwehrmaßnahmen gelernt hat. «Schon wenn jemand ein Jahr lang keine Banane mehr gegessen hat und dies plötzlich wieder tut, muss seine Körperabwehr sich immunologisch mit der Frucht auseinandersetzen», sagt Stadler. Die Körperabwehr müsse dann quasi ihr «Gedächtnis für die richtige Immunantwort auf eine Banane auffrischen».

Der Fitness-Aufwand der Körperabwehr ist gigantisch. Pro Sekunde vollführt sie «etwa eine Million Genmanipulationen, um neue Antikörper herzustellen und die geeigneten zu vermehren. Und das alles nur, damit wir auf dem letzten Stand der Erkennung von eigener und fremder Körpersubstanz bleiben und möglichst immer die passende Immunantwort zur Verfügung haben», erklärt der Schweizer Immunologe die Größe der Herausforderung. Das gilt auch für schnöde Erkältungen. Über 200 verschiedene Viren können das in der Regel ungefährliche, wiewohl lästige Leiden auslösen. «Leider werden Erkältung und Grippe im Deutschen immer gleichgesetzt.» Damit aber stelle man das Influenza-Virus «auf die Stufe harmloser Schnupfenviren».

Doch auch den ungefährlichen Erkältungsviren muss unser Immunsystem möglichst ständig begegnen, um wirksam gegen sie vorgehen zu können. Je seltener unsere Abwehrkräfte in Kontakt mit diesen Erregern kommen, desto geringer ist unser Restschutz gegen das angreifende Virus – und umso größer deren Chance, sich in uns zu vermehren. Während der Lübecker Mikrobiologe Werner Solbach schon das Training der Körperabwehr durch Erkältungen sinnfällig «Immunjogging» nennt, sieht Stadler den Dauerkontakt mit immunologischen Reizen als maßgeblich an. «Wir müssen schon ständig mit den betreffenden Erregern oder mit allergenen Eiweißstoffen im Kontakt sein, nicht nur einmal im Jahr.»

Mit einigen gefährlichen Erregern sollte man sich sogar «möglichst nie auseinandersetzen, weil man gar keine oder nur eine geringe Chance hat, lebend davonzukommen, so etwa beim Aids-Erreger HIV». Oder es drohten zeitversetzt ernsthafte gesundheitliche Probleme wie bei manchen Kinderkrankheiten. «Wer bestimmte Infektionskrankheiten durchmacht, ist zwar nachher geschützt, trägt aber das Risiko von Spätfolgen.»

Bei Scharlach zum Beispiel wehrt sich das Immunsystem nämlich gegen Komponenten der bakteriellen Erreger mit Substanzen, die später die sogenannten Nieren-Tubuli – einen wichtigen Teil des Filterapparates der Niere – so stark schädigen können, dass der Betreffende eine neue Niere nötig haben kann. Stadler rät jedenfalls klar zur Impfung gegen Scharlach und einige andere Kinderkrankheiten: Das sei «in jedem Fall weniger gefährlich, als die betreffende Krankheit durchzumachen». Das sieht auch Stefan Kaufmann vom Berliner Max-Planck-Institut für Infektionsbiologie so. Mit Erregern in Kontakt zu kommen und zusätzlich eine leichte Entzündungsreaktion zu erleben, sei zwar gut für die Abwehrkräfte, weshalb leichte Erkältungen «förderlich sein» könnten. «Aber man muss nicht alle Krankheiten durchmachen, um gegen sie immun zu werden.»

Maßvoll gefordert und günstig gefördert wird das Immunsystem von Kindern auch dann, wenn sie beim Spielen mit Schmutz in Kontakt kommen. Ein gutbehüteter Steppke aus blitzsauberem Haushalt und mit stets gebürsteten Nägeln sollte aus medizinischer Sicht dringlichst mit «den Schmuddelkindern» spielen – auch wenn der 2011 verstorbene Liedermacher Franz-Josef Degenhardt mit seinem bekannten Lied vermeintlich davor warnte.[20] «Wenn ein Kind draußen im Schmutz spielt, ist das wegen der vielen Kontakte mit Keimen nichts anderes als ein Bodybuilding für die Abwehrkräfte», sagt der Mikrobiologe Hans-Jürgen Tietz, der in Berlin das Institut für Pilzkrankheiten leitet. «Denn der Keimkontakt stimuliert die Produktion von Antikörpern.»

So kommen immer wieder Studien zu dem Ergebnis, dass Kinder von Bauern – speziell von Tierhaltern – sich deutlich seltener mit Atemwegserkrankungen und Allergien herumplagen als Stadtkinder. Nach einer neueren und von der Deutschen Forschungsgemeinschaft geförderten Forschungsarbeit liegt dies offenbar auch daran, dass auf Höfen lebende Landkinder einer größeren Vielfalt von Keimen ausgesetzt sind. Ihre Körperabwehr muss also besonders flexibel sein – und zwar nicht nur auf Feldern, sondern auch im Stall und anderen Hofgebäuden.[21]

Gehärtet am Leben

Wenn Dinge, die uns nicht töten, uns lebenstüchtiger machen, dann beschränkt sich das nicht nur auf medizinische Phänomene. Vom Leben gestählt – so bezeichnen wir Menschen, die einiges an Misslichkeiten und mitunter auch an Katastrophen überstanden haben. Psychologen nennen solche Stehaufmännchen beiderlei Geschlechts *resilient*, was so viel wie widerstandsfähig bedeutet. Nicht nur hinterlassen die Wirren des Lebens bei ihnen keinen sonderlichen Schaden; die erlebten Härten bringen diese Menschen sogar voran und lassen sie reifen. Peter Schwenkow zum Beispiel, der Vorstandsvorsitzende des Konzertveranstalters Deutsche Entertainment AG (DEAG), hat mit seinem Unternehmen schon stürmische Zeiten erlebt. Nach der unglücklichen Übernahme eines Musical-Veranstalters im Jahr 2000 konnte Schwenkow seine DEAG «nur durch meinen persönlichen finanziellen Einsatz» retten, indem er «Immobilien und meine 20 Oldtimer» verkaufte und bei der Bank für sein Unternehmen bürgte.

So etwas kann auch einen selbstsicheren Geschäftsmann durchschütteln. «Ich habe monatelang schlecht geschlafen und ein schweres Herz gehabt», räumte der Berliner CDU-Abgeordnete und Hamburger Hochschullehrer in einem Zeitungsinterview ein.[22] Das habe ihn zwar «vorsichtiger», aber auch «selbstbewusster» gemacht. Doch «wenn ich jetzt mit einem Bein auf der Kliffkante stehen und mich einer mit der Waffe bedrohen würde, dann würde mich das weniger erschrecken» als zuvor.

Joachim Fuhrländer, eigenwilliger Chef eines nach ihm benannten Herstellers von Windkraftanlagen im Westerwald, stößt ins selbe Horn. «Es hat mich mal jemand gefragt, was schlimmer sei, Wind von hinten oder Wind von vorne», berichtet der Unternehmer mit den langen Haaren und dem Vollbart. «Rückenwind ist schlimmer, weil mir die Haare ins Gesicht fliegen und ich nichts sehe.» Doch Wind von vorne verschaffe auch einen klaren Blick. «Man muss dagegen ankämpfen», sagt er. Das mache Spaß, und man werde «stärker, wenn einem Dinge nicht immer in den Schoß fliegen».[23]

Überhaupt keinen Spaß bereiten hingegen Psychotraumen – einschneidende, schockierende Erlebnisse, die in ungünstigen Fällen und ohne gelingende Therapie einen Betroffenen lebenslang belasten können. Und doch spricht der US-Psychologe Richard Tedeschi von der Universität Charlotte in North Carolina von «posttraumatischem Wachstum». Sein Befund: Die Mehrzahl der Menschen mit extremen Erfahrungen wie einem überstandenen Gewaltverbrechen oder einer durchlittenen lebensbedrohlichen Krankheit hielten ihr Leben zwar einerseits für zerstört, zumindest in der alten Form. Doch gleichzeitig spürten sie, dass es sich in mancher Hinsicht «zum Besseren gewendet hat und seither reicher und befriedigender verläuft».[24]

Allerdings stellt Tedeschi eines klar: «Auf keinen Fall wollen wir suggerieren, dass ein Trauma etwas Gutes sei. Lebenskrisen, Verluste und Traumata sind nicht wünschenswert, und es wäre besser, wenn Menschen sie nicht erleben müssten.»[25] Noch zwei weitere Aspekte sind wichtig: Weder gelingt *allen* Trauma-Opfern ein wie auch immer empfundenes inneres Wachstum an der durchlittenen Pein, noch besteht das Leben der Glücklicheren hinfort nur noch aus Friede, Freude und Eierkuchen. Unheil mag uns härter werden lassen oder auch stärker, wie es in Friedrich Nietzsches (1844–1900) «Götzendämmerung» eigentlich heißt – schöner und lustiger muss das Leben danach nicht unbedingt sein.

«Besser ein Ende mit Schrecken als ein Schrecken ohne Ende.»

Schon im Alten Testament der Bibel (Psalm 73,19) ist von den anfangs noch glücklichen und reichen Gottlosen die Rede, die schließlich dennoch untergehen und «ein Ende mit Schrecken» nehmen – durchaus zur Freude jener Gottesfürchtigen, die «unsträflich» leben und tugendhaft ihre «Hände in Unschuld» waschen, wie es im selben Psalm heißt.

Ein Ende mit Schrecken will kein Mensch erleben; es sei denn, er kann sich noch Schlimmeres vorstellen, oder er hat einen Hang zu verwegenen Reden. Womöglich traf auf Ferdinand von Schill sogar beides zu. Wild entschlossen sprach der preußische Offizier und Freikorps-Führer am 12. Mai 1808 auf dem Marktplatz von Arneburg an der Elbe zu all jenen Spießgesellen, «die sich mit ihm gegen Napoleons Herrschaft erheben sollten».[26] Gegen das Heer des Franzosen-Kaisers ins Feld zu ziehen und dabei die eigene Haut wenigstens teuer zu verkaufen, sei besser als ein Schrecken ohne Ende, selbst wenn es das Leben koste, rief der Freiheitskämpfer seinen Leuten zu.

Und so verhielt es sich dann ja auch: Von einer Kugel getroffen, fiel Schill am 31. Mai 1809 in Stralsund. Angeblich wurde er dort, in der vorpommerschen Hansestadt, wenig später auf einem Friedhof an unbekannter Stelle verscharrt. Wenigstens wird sein Schrecken wegen des tödlichen Treffers nicht lange gedauert haben.

So sollte es immer sein – solange mit dem Schrecken nicht gleich auch das Leben endet. Vor allem aber sollte es für die üblichen Widrigkeiten unserer Tage gelten: für nervige Hetze, Ängste, Gereiztheit und andere Formen seelischer Belastung. Denn Stress, der beherrschbar ist und nicht von langer Dauer, kann die Gesundheit sogar fördern. «In Maßen können sonst potenziell gefährliche Stressreize dazu führen, dass körpereigene Schutzmechanismen ausgelöst werden», sagt Reinhard Wetzker vom Universitätsklinikum Jena und nennt als Beispiel die sogenannten freien Sauerstoffradikale. Das sind biochemisch äußerst reaktive Verbindungen, die eine große Rolle beim Entstehen von Diabetes, Alzheimer und anderen Leiden spielen und diverse Körperzellen schädigen, mithin stressen können. «In geringen Dosen jedoch aktivieren sie die Abwehrmechanismen des Organismus», fügt der Leiter des Instituts für Medizinische Molekularbiologie hinzu. Obwohl seit langem bekannt ist, dass lebende Zellen je nach Stressdosis unterschiedlich reagieren, seien die dabei ablaufenden molekularen Prozesse allerdings «noch weitgehend unverstanden».[27]

Folgen der Angst

Auf Dauer jedoch sollten uns Angst oder übermäßiger Erfolgsdruck lieber nicht peinigen. Denn permanenter Stress schädigt nicht nur den Körper, beispielsweise indem sich der Blutdruck auf einem ungünstig hohen Niveau einregelt. Er schwächt auch unsere Konzentration und behindert das Lernen. Und schließlich können Ängste sich im Hirn sogar hartnäckig festsetzen und chronisch werden.

Dabei wirken zwei Bereiche im Zwischenhirn unheilvoll zusammen: einerseits der zweiteilige Mandelkern (Amygdala), zum anderen der Hippocampus (griechisch: Seepferdchen). Während der Mandelkern über unser Angsterleben mitentscheidet, indem er Erregungen quasi emotional einfärbt, uns also überhaupt erst ängstlich sein lässt, überführt der Hippocampus Sinneseindrücke vom Kurzzeit- ins Langzeitgedächtnis. Ohne ihn könnten wir nicht lernen, also auch keine Angst. «Das ist aber auch die Gefahr», findet der Neurologe Christian Elger, Direktor der Bonner Uniklinik für Epileptologie. Hat sich eine noch situationsbezogene Furcht bereits verselbständigt und ist zu einem bedrückenden Angstzustand geronnen, «wird sie durch die Verbindung dieser Hirnstrukturen über lange Zeit stabil gehalten».[28] Ist ein Ende mit – untödlichem – Schrecken also besser als ein schrecklicher Dauerzustand? Und was ist so schlimm am Dauerschrecken?

Wenn wir akut in Stress geraten, fährt unser Kreislauf hoch – eine Folge davon, dass der Sympathikus, der erregende Teil unseres vegetativen Nervensystems, aktiv wird und über die Nebenniere Stresshormone ins Blut abgegeben werden. «Fast sofort schlägt unser Herz schneller und kräftiger, damit es in der gleichen Zeit mehr Blut durch den Körper pumpen kann», sagt Sonja Lehrke von der Abteilung für Klinische und Physiologische Psychologie der Universität Trier. Deshalb wird auch unsere Muskulatur besser durchblutet und unser Hirn als Folge der Cortisol-Ausschüttung aus der Nebennierenrinde besser mit Glukose, also Zucker, versorgt – alles Voraussetzungen dafür, dass wir die Stress-Situation optimal meistern können, zum Beispiel durch Angriff, Verteidigung oder Flucht.

Im Idealfall klingt der Stress danach bald wieder ab, «denn diese Notfallreaktionen dürfen und können auch nicht ewig dauern», betont Lehrke. «Es muss eine Erholungsphase kommen, damit unser Körper seine Energiespeicher wieder aufladen kann.» Für sie sorgt vor allem der Parasympathikus, der beruhigende Teil des vegetativen Nervensystems. Er schaltet quasi die Alarmklingel ab und gibt Entwarnung. Legte man das Sprichwort medizinisch aus, wäre dies also das Ende mit Schrecken – aber eben mit einem Schrecken, der nur kurz andauert, sodass der Körper sich rasch erholen kann.

Doch wehe, wenn nicht! «Dauerstress kann im Körper vieles verändern, macht sich aber bei jedem anders bemerkbar – je nachdem, wo die individuellen Schwachstellen liegen», erklärt die Psychologin das Grundproblem. Das hänge auch vom jeweiligen Charakter ab. Bei sehr leistungsorientierten Menschen zum Beispiel ist der aktivierende Sympathikus übermäßig aktiv. Er übernimmt immer dann das Kommando, wenn wir Herausforderungen zu meistern und Stress-Situationen zu bestehen haben.

Der Botenstoff im sympathischen Nervensystem ist das Noradrenalin. Eine seiner wichtigsten Aufgaben besteht darin, uns leistungsfähig zu machen – freilich innerhalb gewisser Grenzen. «Wenn jemand sozusagen immer mit dem Fuß auf dem Gaspedal steht und sich keine Pausen gönnt, kann das Noradrenalin irgendwann verbraucht sein, und das führt zur Erschöpfung, zum sogenannten Burn-out-Syndrom», sagt Lehrke. Denn wenn der unverzichtbare Botenstoff «nicht mehr ausreichend gebildet wird, sind wir bald platt». Die Folgen: Man zittert, ist nicht mehr leistungsfähig, kann sich kaum mehr konzentrieren und hat vielleicht auch einen zu schnellen Puls.

Übel wirkt sich auf Dauer auch ein Zuviel an Cortisol im

Blut aus, jenes Stresshormons, das von der Nebennierenrinde ausgeschüttet wird. Es hemmt zwar Entzündungen, weshalb wir oft erst nach dem Abflauen innerer Anspannung an grippalen Infekten erkranken, typischerweise im Urlaub. Doch Cortisol führt leider auch dazu, dass sich ungesundes Bauchfett bildet und sich zwischen den Organen des Unterleibs einlagert, woraus sich wiederum diverse andere Gesundheitsrisiken ergeben: zum Beispiel erst eine Fettleber, dann eine entzündliche Fettleber-Hepatitis und schließlich die gefürchtete Leberzirrhose. Anders als die Fettleber ist sie nicht heilbar; die Leberzellen sterben nämlich ab. Doch Dauerstress hat noch mehr ungute Folgen. «Man wird wegen des geschwächten Immunsystems zum Beispiel anfälliger für Infekte und sogar Krebs, bekommt Migräne und verschiedene Herz-Kreislauf-Leiden wie etwa Bluthochdruck», sagt Sonja Lehrke. Ein Schrecken ohne Ende, wie gesagt – zumindest bis zum Tod, der bei Kranken früher als üblich droht.

Oft verhindert chronischer Stress sogar, dass Leben überhaupt zustande kommt. Als der Trierer Psychobiologe Dirk Hellhammer vor einiger Zeit mögliche Ursachen für die Zeugungsunfähigkeit von Männern untersuchte, kam er zu einem Ergebnis, das ihn selber verblüffte: «Ausgerechnet die aktiven, dominanten Männer, die nix anbrennen ließen, hatten eine niedrigere Spermienzahl und niedrigere Testosteronwerte.»[29] Kann es also sein, dass ausgerechnet die sogenannten Alpha-Männer weniger fruchtbar sind, weil sie oftmals Dauerstress ausgesetzt sind? Erwarten würde so mancher eher das Gegenteil: Aggressive, angriffslustige Männer – netter ausgedrückt: konkurrenzfreudige Leistungsträger – sollten sich doch eigentlich als Erzeuger von Kindern hervortun.

Hellhammer konnte das Unfruchtbarkeitsrätsel schließlich aufklären: Bei den untersuchten «Aktivlingen, die sich in einem ständigen Arbeitsmodus mit hohem Stresspegel befinden, verteilt sich das Blut so, dass sich die Gefäße überall dort, wo es nicht lebenswichtig ist, zusammenziehen – auch in den Fortpflanzungsorganen». Dadurch würden die Hoden «weniger durchblutet», sodass dort, in den sogenannten Leydig-Zwischenzellen, weniger Testosteron entstehen kann. Und das lässt weniger Spermien heranreifen. Also hat Hellhammer den Möchtegern-Vätern ein klar umrissenes, viermonatiges Anti-Stress-Programm verordnet. Obendrein durchliefen die zeugungswilligen Männer mit ihren Frauen eine Therapie, die das Paarleben entkrampfen sollte. Über das Ergebnis freut sich der Versuchsleiter noch immer: «In diesen vier Monaten sind bei 7 von 15 Paaren Schwangerschaften eingetreten.»[30]

Wie aber findet man aus Dauerstress heraus? Sicher nicht dadurch, dass wir versuchen, Stress zu verlernen, denn ein anforderungsloses Leben ist gar nicht möglich. Der Mensch wäre längst ausgestorben, wenn er keinen Stress erfahren und bewältigen könnte. Während unsere Vorfahren noch Raubtiere und bisweilen gewaltsame Überfälle rivalisierender Gruppen abwehren mussten, haben wir heutzutage mit anderen Stressoren zu tun, die sich nicht immer umschiffen lassen. «Gut für unsere Gesundheit wäre es aber, erkennen zu können, welche Stressauslöser wir vermeiden und welche wir ausschalten können – etwa indem wir bestimmte Konflikte beenden oder uns ihnen entziehen», nennt Sonja Lehrke als denkbare Auswege. Die Frage sei also: Welchen Einfluss habe ich auf meinen Stress und wie kann ich ihn geltend machen. «Und bei Konflikten, die man halt nicht vermeiden kann, sollte ich mir sagen: Gut, dann eben mal Augen zu und durch, um dann die Energiereserven, die ich habe, optimal einzusetzen.»

Auf jeden Fall ist es einen beherzten und disziplinierten Versuch wert, den Dauerstress quasi herunterzuregeln. «Wenn man die Gefahr rechtzeitig erkennt, kann man seinem persönlichen Reaktionsmuster auf Stress noch gut begegnen», sagt die Psychologin. «Doch wenn man zu spät etwas unternimmt, können sich bereits chronische Schäden eingestellt haben.» Dann hat sich nämlich die sogenannte Stressachse unserer Hormondrüsen – also das physiologische Zusammenspiel von Hypothalamus, Hypophyse und Nebenniere – bereits dauerhaft verstellt. Deshalb sind manche seelisch ausgebrannten Menschen nach ihrem Burn-out nie wieder so leistungsfähig wie zuvor. Auch das Herz-Kreislauf-System kann bleibende Stress-Schäden davontragen.

Das sollte Anreiz genug sein, den Blick für ständig wiederkehrende, lästige Stressoren zu schärfen, auch wenn jeder einzelne davon nicht der Rede wert zu sein scheint. Lehrke verweist auf Forschungen, wonach alltägliche Frustrationen und Unannehmlichkeiten sich auf Dauer schädlicher auswirken können, «als wenn man ab und an mal ein kritisches, sehr forderndes Lebensereignis hat». Fachleute sprechen von «daily hassles», alltäglichen Ärgernissen und Schikanen, zum Beispiel ein immer lahmer arbeitender Computer oder ein ständig stichelnder Arbeitskollege.

Das im Sprichwort erwähnte «Ende mit Schrecken» hat aber noch eine andere Facette. Es kann auch bedeuten, dass jemand endlich sein Schicksal in die Hand nimmt und somit plötzlich kein Opfer der trüben Lage mehr ist. «Wenn man sich als tätig und dadurch vielleicht sogar wieder erfolgreich erlebt, dann werden im Hirn Belohnungshormone wie Dopamin ausgeschüttet. Das ist allemal besser, als hilflos zu verharren», sagt die Trierer Psychotherapeutin und verweist auf den Fachbegriff «erlernte Hilflosigkeit». Nach diesem 1967 erstmals an Hunden nachgewiesenen Prinzip schränken manche Menschen ihren Handlungsrahmen immer stärker ein und kämpfen gegen Missstände irgendwann nicht mehr an. Scheinbar ohne Alternative fügen sie sich am Ende resigniert in ihr Schicksal und werden depressiv. Und das gleicht nun wirklich einem endlosen Schrecken.

Mehr Last für weniger Lastesel

Längst sind die Folgen von Dauerstress auch ins Blickfeld von Arbeitsmedizinern und solchen Unternehmern geraten, die sich ehrlich um ihre Beschäftigten sorgen statt nur um den Schatten, den Krankentage auf den nächsten Jahreserlös werfen. Im Jahr 2009 blieben nahezu doppelt so viele AOK-Versicherte wegen Seelenleiden der Arbeit fern wie zehn Jahre zuvor. Und beinahe ein Drittel der Frührentner scheidet heutzutage aus dem Erwerbsleben, weil sie mit Depressionen, Suchtkrankheiten, Belastungsstörungen und anderen seelischen Problemen ringen.[31] Nach Einschätzung der Dienstleistungsgewerkschaft ver.di ist inzwischen jeder fünfte Beschäftigte ausgebrannt oder in anderer Weise psychisch krank. «Vor allem die Leistungsträger brechen weg», befand der Leiter des ver.di-Fachbereichs «Banken und Versicherungen», Klaus Grünewald, im März 2011 nach einem dpa-Bericht gegenüber der Wirtschaftszeitung «Euro am Sonntag».

Die Finanzkrise hat offenbar gerade in der Bankenbranche den Leidensdruck erhöht. Bei der Commerzbank zum Beispiel kümmern sich inzwischen mehr als 40 Sozialarbeiter und Psychologen um die rund 60000 Mitarbeiter. Schuld daran seien Arbeitsabläufe, «die immer schneller und komplexer werden», sagt Karin Goldstein, die bei der Bank zuständig für das Wohlergehen der Belegschaft ist.[32]

Auch wenn Gewerkschaften und Arbeitgeber die Bedeutung seelisch bedingter Arbeitsausfälle bisweilen unterschiedlich einschätzen: Die moderne Arbeitswelt belastet die Seele eindeutig stärker als vor 50 oder gar 100 Jahren. Wer seinerzeit als Heizer auf einem Dampfschiff schuftete oder sein Brot als Laufbursche verdiente, tat dies zwar hin und wieder ebenfalls unter hohem Zeitdruck oder nach einem unfairen Anschiss durch den Vorgesetzten, konnte die physiologischen Folgen davon aber weit besser abpuffern. Denn ein hart arbeitender Körper macht die ausgeschütteten Stresshormone zumindest weitgehend unschädlich. Das ist heute auch noch bei Bergleuten so oder beim umhersausenden Fahrradkurier, nicht aber bei einer gestressten Büroangestellten, die sieben von acht Arbeitsstunden vor dem Bildschirm hockt, während ihr Kreislauf immer wieder unter Volldampf steht.

Hinzu kommt der zunehmende Druck durch sogenannte rentabilitätsorientierte Anpassungen im Personalbereich – zu Deutsch: Immer weniger Beschäftigte sollen zunehmend mehr stemmen. So verteilt sich die Arbeit «auf immer weniger Schultern», beklagt Helmut Schröder, Mitherausgeber des «Fehlzeiten-Reports», den das Wissenschaftliche Institut der AOK jährlich zusammen mit der Universität Bielefeld veröffentlicht. «Von jedem wird Flexibilität und Mobilität gefordert, und viele Unternehmen erwarten ständige Verfügbarkeit von ihren Mitarbeitern.»[33] Diese Last trifft berufstätige Frauen besonders hart. Denn sie sollen nicht nur im Betrieb jederzeit einsatzbereit sein, sondern müssen sich in vielen Fällen zusätzlich um die Kinder kümmern, da die Erziehungsverantwortung «meist bei den Müttern abgeladen wird», wie Schröder auf Nachfrage anmerkt. Dadurch und wegen der zunehmenden Zahl von Elternpaaren, die nur am Wochenende gemeinsam für die Kinder da sein können, kommt zum Stress im Job nicht selten Beziehungsstress hinzu, der an den Nerven zerrt.

Und wehe, man erledigt seine Arbeit stets prima und pünktlich. Der Lohn dafür ist zweischneidig. «Gut zu sein, wird gewissermaßen zum Risiko», sagt Wolfgang Senf, Direktor der Klinik für Psychosomatische Medizin und Psychotherapie der Universität Duisburg-Essen. «Wenn Sie Ihre Arbeit gut machen, bekommen Sie einfach noch ein Projekt dazu.» Stete Überlastung kann aber auch bisher seelisch Gesunde psychisch, körperlich oder geistig auslaugen. Das sollte selbst solche Unternehmenslenker aufrütteln, die rein wirtschaftlich denken. «Schließlich vergeuden wir damit erhebliche Ressourcen, wenn Menschen chronisch erschöpft sind», warnt Senf.[34] Um die «Ressourcen» wäre das schade – um die Menschen deutlich mehr.

«Die beste Krankheit taugt nichts.»

Wie bitte? Sich krank zu fühlen, soll gut für etwas sein können? Aber sicher doch – und das wissen wir alle. «Ach, du Armer!», bekommen Kranke nämlich zu hören, wenn sie Verwandten oder Freunden ihr Leid klagen. Oder man gibt ihnen den einfühlsamen Rat, sich «jetzt mal ordentlich zu schonen». Und wer großes Glück hat, dem sagt der Chef sogar: «Jetzt kurieren Sie sich erst mal aus!» So viel Aufmerksamkeit erfährt man als Gesunder selten.

«Krankheiten können zu sehr vielem gut sein, sosehr sie uns auch zu schaffen machen», urteilt der Neurobiologe und Psychosomatiker Joachim Bauer vom Uniklinikum Freiburg. So erkrankten manche Männer oder Frauen, um eine gefährdete Bindung zu erhalten. «Dann kann der andere nicht von mir weg, weil er sich um mich kümmern muss», sagt Bauer, verweist aber darauf, dass dies unbewusst geschehe. Menschen

Gesundheit und Wohlergehen

könnten auch krank werden, «um einen Sinnverlust und innere Leere auszufüllen». Die Krankheit ermögliche es ihnen, sich wenigstens mit ihrem Leiden zu beschäftigen.

Dass Kranksein auch Vorteile bietet, lernen Menschen früh. Schon Kinder spüren, wie rührend ihre Mutter sich um sie bemüht, wenn sie mit Husten und Fieber zu Hause im Bett liegen. Sich von Mama umsorgen und vom sonst eher abwesenden Papa durch ein Mitbringsel beschenken zu lassen, tut fühlbar gut.

Doch viele Leiden sind Rufe nach Aufmerksamkeit, mehr oder minder und manchmal auch komplett. Dabei geht die Psyche den Umweg, durch ein Krankheitssymptom, das Fürsorge provoziert, eine ganz andere Not auszudrücken. So kann ein wenig beachtetes Kind psychosomatisch bedingte Bauchschmerzen entwickeln, statt sich über die empfundene Vernachlässigung zu beklagen. Denn damit würde es doch nur wieder auf taube Ohren stoßen – oder sogar bestraft werden. Dabei simuliert das Kind seine Krankheit nicht etwa, denn es leidet ja wirklich. Nur verschiebt es seine Pein unbewusst dorthin, wo die größte Aufmerksamkeit lockt, mithin der größte Krankheitsgewinn. Bei ihm unterscheiden Psychologen drei Varianten: erstens einen innerpsychischen, der dem Betroffenen nicht immer bewusst ist; zweitens einen äußeren, den die Gesellschaft dem Betroffenen zugesteht; und schließlich einen dritten, den gar nicht der Kranke selbst, sondern seine Pfleger oder Ärzte einheimsen.

Der primäre, innere Krankheitsgewinn besteht darin, dass der Leidende auf versteckte Weise ein seelisches Bedürfnis befriedigen kann. «Wenn zum Beispiel ein Kind enorme Wut auf seine Mutter hat, weil es sich ungerecht behandelt fühlt, sich aber nicht getraut, seine Wut und Gekränktheit direkt auszusprechen, oder wenn alle Versuche in dieser Richtung erfolglos waren, dann kann es mit einer Krankheit all diese Gefühle von Ohnmacht, Kränkung und Wut ausdrücken», schildert der Gießener Psychoanalytiker Hans-Jürgen Wirth dieses verbreitete Phänomen. Zudem äußerten sich in der Krankheit «auch die Schuldgefühle, die das Kind empfindet, weil es aggressive Phantasien gegen die Mutter hegt». Krank zu werden, sei insofern «auch eine Art der Selbstbestrafung». Demnach bildet die Krankheit einen Kompromiss – nämlich einerseits zwischen dem Wunsch, sich gegen die Mutter aufzulehnen und sich an ihr zu rächen, und andererseits der empfundenen Notwendigkeit, die als böse und ungehörig erscheinenden Wünsche zu unterdrücken.

Der primäre Krankheitsgewinn präsentiert sich in vielen Gewändern. So trennt sich eine Arbeiterin im Sägewerk womöglich durch nervöse Fahrigkeit einen Finger ab, weil sie dadurch unbewusst auf ein tiefer liegendes Problem aufmerksam machen kann – vielleicht ja auf ihr schlechtes Gewissen wegen des zu Hause nicht gut betreuten Kindes.

Joachim Bauer liefert zwei weitere Beispiele: Da überfällt immer wieder Schwindel einen Lehrer, «der angesichts schwieriger Situationen im Klassenzimmer zunehmend Angst hat und die Kontrolle verliert, aber nicht sagen kann und darf, dass ihm die Dinge über den Kopf wachsen». Oder der Pädagoge leidet – was häufig vorkomme – unter Bluthochdruck, statt seine Wut über die lärmenden oder vorlauten Schüler herauszubrüllen.

Zweites Beispiel: Eine Frau, die sich bei ihrem Partner nicht genügend geborgen fühlt, wird sexuell frigide, statt mit ihrem Mann über ihre unerfüllten Wünsche nach Zuwendung zu sprechen. Das kann oder darf sie aus ihrer Sicht nicht, «weil sie vielleicht gelernt hat, grundsätzlich keine Forderungen zu stellen», sagt der Freiburger Mediziner. «Umgekehrt gibt

Gesundheit und Wohlergehen

es das auch; dann entwickelt der Mann zum Beispiel eine erektile Dysfunktion» – wird also buchstäblich zum Schlappschwanz.[35]

Der Gewinn aus dem Leiden in beiden Fällen: Die körperliche Störung kann wie etwas von außen Kommendes auftreten, das scheinbar eigenständig vorgeht, ohne dass die eigentlich Verantwortlichen handeln und dafür dann auch einstehen müssen. Im Schulbeispiel sind das der Lehrer oder die Klasse, im zweiten Fall die Frau oder ihr Partner. Die sexuell desinteressierte Frau oder der impotent gewordene Mann können dann den beliebten Satz aussprechen: «Ich würde ja gerne, aber mein Körper macht einfach nicht mit.»

Dank des Leidens braucht in beiden Fällen also niemand einen Konflikt vom Zaun zu brechen und jemandem Vorwürfe zu machen. «Letztlich ersetzt die Krankheit damit auch ein Stück fällige Aggression», sagt Bauer. Leider gebe es Herkunftsmilieus, in denen man nicht gelernt hat, miteinander zu reden, und wo «stattdessen permanent nur Symptome eingesetzt werden, um zu kommunizieren». Man lässt nicht Blumen sprechen, wie in einer früher geläufigen Reklame; vielmehr sprechen Leiden durch die Blume.

Bei manchen Neurosen ist es ähnlich. Auch wer beispielsweise an Waschzwang leidet, gewinnt etwas: «Vordergründig will der Zwangsneurotiker den Schmutz zwar loswerden, indem er sich laufend wäscht, aber eigentlich beschäftigt er sich unablässig mit Dreck, weil darin eine Befriedigung für ihn steckt», beschreibt Hans-Jürgen Wirth die für Außenstehende so bizarr erscheinende Störung. Der verdrängte Triebwunsch, die Schmutzlust, werde im Symptom, hier dem Waschzwang, gebunden. «Da es gesellschaftlich geächtet ist, Dreck reizvoll zu finden, sucht sich der Zwangsneurotiker einen öffentlich gutgeheißenen Umgang mit Schmutz – das Abwaschen», sagt der Psychoanalytiker. Der Krankheitsgewinn liege hier darin, dass sich der Waschzwang-Neurotiker wenigstens mit Dreck beschäftigen darf, indem er seine Haut schrubbend und scheuernd davon zu befreien sucht – und sie so schindet.

Flucht ins Leiden

Der sekundäre, äußere Krankheitsgewinn folgt indirekt aus den Spielregeln der modernen Arbeitswelt. Angestellte und Freiberufler sehen sich permanent dazu gedrängt, in ihrer Leistung nicht nachzulassen oder sie sogar zu steigern. «Wer unter ständigem Zeitdruck sein Leben fristet, dem verschafft die Krankheit wenigstens eine Zwangspause», findet Wolfgang Altpeter, evangelischer Pfarrer im Ruhestand und Mitarbeiter der Hörfunkreihe «Lebenszeichen» beim Saarländischen Rundfunk. «Krankheit gibt die Berechtigung, es nun endlich genug sein lassen zu dürfen», und tauge zumindest dazu, «unser Verhältnis zur Zeit zu überdenken».[36] Anstößig erscheint es allerdings, wenn ein Verletzter nach dem Ausheilen seiner psychischen oder physischen Wunden nichts dafür tut, jemals wieder einem geregelten Berufsleben nachzugehen. «Hier ist der sekundäre Krankheitsgewinn, nämlich der Erhalt einer Rente, bisweilen so groß, dass der Kranke kein Interesse mehr daran hat, gesund zu werden, auch wenn er tatsächlich weiterhin an seinen Symptomen leidet», erklärt Hans-Jürgen Wirth die sogenannte Rentenneurose.

Eine ähnliche Verweigerung legen auch viele Psychotherapie-Patienten an den Tag. Auf die Frage, ob sie denn genesen möchten, antworten sie natürlich mit Ja. Und tatsächlich besteht für sie ja die Chance, ihrer Ängste oder inneren Konflikte Herr zu werden und nach einer Weile wieder ohne therapeutische Hilfe klarzukommen. Allerdings müssten sie sich dazu konsequenterweise ihren Problemen mutig entgegenstellen und die dabei aufbrechenden Emotionen aushalten. Doch so läuft es längst nicht immer. Stattdessen neigt ein Teil der Patienten dazu, «sich dem Fortschritt in der Therapie zu widersetzen», auch um sich so die Aufmerksamkeit und Fürsorge des jeweiligen Therapeuten möglichst lange zu sichern. Sie vermeiden es, «sich mit den unangenehmen und schmerzhaften Gefühlen, Konflikten und traumatischen Erfahrungen zu beschäftigen, die im Symptom gebunden sind». Damit meint Wirth jenen Anteil eines seelischen Leidens, das schmerzlich fühlbar oder gar sichtbar wird. Doch soll sich das Symptom in der Therapie auflösen, *muss* der Leidende sich mit den verdrängten Ursachen seiner Beschwerden beschäftigen. Einem Therapeuten obliegt es, seinen Patienten bei dieser Aufgabe zu begleiten und die verstörende Konfrontation mit bisher unbewussten Konflikten angemessen zu dosieren.

Ebenso spannend ist eine dritte Form des Krankheitsgewinns – und sie darf nicht pauschal als Ausdruck des sogenannten Helfersyndroms abgetan werden. «Anderen Menschen in Krisen beizustehen, sie in Krankheit zu pflegen und zu versorgen, ist eine der erfüllendsten Aufgaben, denen man sich widmen kann, weil sie das menschliche Urbedürfnis nach sozialem Kontakt und emotionaler Resonanz befriedigt», urteilt Hans-Jürgen Wirth.

Problematisch werde das Helfen dort, «wo es einen übertriebenen Charakter annimmt und der Helfer einen neurotischen Krankheitsgewinn aus seiner Arbeit zieht». Ein solcher Mensch sei selbst psychisch gestört und braucht den Kranken, um die eigene Neurose und innere Instabilität zu kompensieren. Solche Helfer – meist Frauen – sind sozusagen co-abhängig von denen, um die sie sich kümmern. «Sie können ihre Schutzbefohlenen nicht in die Selbständigkeit entlassen, ihnen also nicht wirklich helfen, sondern halten sie in der Krankenrolle fest.»

Ein ähnliches Beziehungsmuster ist das zwischen Alkoholikern und ihren co-abhängigen Lebensgefährten. So kann die erfolgreiche Entziehungskur eines Mannes seine Ehe gefährden, weil die Frau es nicht verwindet, wenn der zuvor von ihr abhängige Gatte gesundet und selbständig wird. «Der Co-Abhängige trinkt zwar nicht selber, braucht aber einen Partner, der von ihm abhängig ist oder irgendwelche Eskapaden macht», sagt Wirth und nennt ein Beispiel: Der Mann trinkt, seine Frau nicht, doch auch sie kommt aus chaotischen Familienverhältnissen und ist häufig dicht davor, seelisch zu entgleisen. «Für sie ist es deshalb wichtig, statt bei sich selber ständig nur bei ihrem Mann schauen zu können, was er wieder Schreckliches getan hat – auch mit ihr.» So könne die Frau alles Schlimme und Chaotische auf ihren Ehemann übertragen (Psychologen sagen: projizieren) und sich selber einreden, sie sei normal. «Das stabilisiert sie zwar, indem es ihr inneres Gleichgewicht aufrechterhält, trägt aber dazu bei, dass der Mann weiter trinkt.» Und das soll er ja leider auch.

Lohnende Plagen

Nicht nur die beste, sondern alle Krankheiten taugen übrigens dazu, Ärzte, Pflegerinnen, Physiotherapeuten und Krankenschwestern in Lohn und Brot zu halten. Zudem verhelfen sie der Pharmaindustrie sowie Apothekern zu gewaltigen Umsätzen. So wurden im Jahr 2010 in deutschen Apotheken rund 677 Millionen Fertigarzneimittel an Kassenpatienten abgegeben. Der Verkaufswert betrug insgesamt 31,9 Milliarden Euro, eine Milliarde mehr als 2009.[37] Dabei sind Arzneien, die in Krankenhäusern verabreicht oder Privatpatienten verordnet worden sind, noch nicht einmal eingerechnet, ebenso wenig wie in Apotheken frisch zubereitete.

Nur eine Minderheit der Krankenversicherten wird den forschenden Arzneimittelherstellern vorwerfen, dass sie Geld mit Medikamenten verdienen wollen – sie müssen es in einem marktwirtschaftlichen System sogar. Und davon profitieren unzählige Menschen, die an behandlungsbedürftigen Krankheiten leiden. Doch die Pharmaunternehmen dramatisieren so manche Befindlichkeitsstörung, die unvermeidlich zum Leben oder speziell zum Altern gehört, oder wirken – in selteneren Fällen – kräftig dabei mit, neue Leiden zu erfinden und nach internationalen Kriterien als Krankheit oder Syndrom klassifizieren zu lassen. Für solche werden dann – die Rettung naht! – bald neue Mittelchen aus dem Reagenzglas gezaubert.

Der Biologe und Wissenschaftsjournalist Jörg Blech hat dieser einträglichen Strategie der «Krankheitserfinder» ein erhellendes Buch gewidmet und erwähnt als Beispiel für ein erfundenes Leiden die männlichen Wechseljahre, das sogenannte Aging Male Syndrome.[38] Diese angebliche Menopause des Mannes sei «medizinisch abstrus», urteilt Werner Bartens, Medizinredakteur der *Süddeutschen Zeitung*, in einem Essay. Zum Glück sei sie von möglichen Betroffenen kaum akzeptiert worden – was Hormonhersteller und andere interessierte Kreise aber nicht davon abhalte, weitere lukrative Reparaturmedikamente zu ersinnen, vor allem für die alternde Gesellschaft. «Der Markt ist offen für weitere Krankheitsangebote», befindet der ausgebildete Arzt.[39] Schließlich gebe es «keine Gesunden», sondern «nur Menschen, die noch nicht genug untersucht worden sind». Und er schließt mit dem ironischen Satz: «Diagnosen sind für alle da.»

Ein traurig stimmender und gesellschaftlich kostenträchtiger Gewinn durch Leiden sei nicht verschwiegen, schon weil er in einer vergreisenden Gesellschaft immer häufiger angestrebt werden dürfte: Oft suchen alte Menschen mit unklaren psychosomatischen Beschwerden die Praxis eines Mediziners unbewusst deshalb auf, weil sie mit einem leibhaftigen Menschen reden wollen statt bloß mit ihrer Katze oder dem vergilbten Porträt des verstorbenen Lebensgefährten. Was sie juckt, ist nicht selten Einsamkeit. Der Pantomime und Körpersprach-Experte Samy Molcho vermutet sogar: «Ältere Menschen gehen auch deshalb öfter zum Arzt, um berührt zu werden.»[40] Als Kranker mit Leibweh oder einem schmerzenden Gelenk darf man eben damit rechnen, dass der Doktor Hand anlegt. Einen Wildfremden um eine Berührung zu bitten, käme den meisten Menschen hingegen niemals in den Sinn.

Positiv schlägt ein anderer Krankheitsgewinn zu Buche: der Anstoß und die Bereitschaft, den Warnschuss des Körpers ernst zu nehmen und seinem Leben eine Wende zu geben – zum Beispiel, indem der Herzinfarktpatient endlich das Rauchen aufgibt und öfter wandern geht, auch wenn seine Frau und sein Hausarzt ihm das schon seit Jahren immer wieder vorgeschlagen hatten. So gesehen, kann ein potenziell tödliches Leiden dem Betroffenen wenigstens vorerst das Leben retten. Der kranke Körper bietet Überleben an – auf Bewährung.

«Ein Indianer kennt keinen Schmerz.»

«Du Heulsuse, stell dich nicht so an!», könnte ein Vater zu seinem Sohn sagen, der ihm tränenüberströmt eine schwellende Beule am Kopf zeigt und auf etwas Trost hofft. Aber das erschiene dann doch allzu herzlos und röche derart streng nach alter, schlimmer Schule, dass man es in unseren Tagen zum Glück nur noch selten auf Straßen oder Fußballplätzen mit anhören muss. Die mitfühlendere, manchmal schlicht hilflose Variante ist der Rückgriff auf ein bekanntes Sprichwort. «Na, hör mal», versucht der Vater zu trösten, «ein Indianer kennt doch keinen Schmerz!» Woraufhin der Junge – meist im besten Apachen-Bewunderungsalter – vor einer kniffligen Wahl steht: Will er als echter Mann, mithin als Indianer gelten, oder weint er weiter, wie es die schmerzende Wunde nahelegt und seine Seele möchte – dann aber um den Preis, in Papas Augen künftig als Weichei zu gelten? Während der Junge über diese Frage grübelt, wischt er sich schon mal die Tränen weg. Und sein Vater atmet auf.

Es gebe «kaum ein Verhalten, das so sehr mit Klischees und Vorurteilen einhergeht, wie das Weinen», meint der Medizinpsychologe Ulrich Kropiunigg von der Universität Wien. «Freilich sind die strengen Sprüche schon aufgeweicht.» Der Indianer ohne Tränen komme heutzutage «einigermaßen ironisch daher».[41] Kropiunigg, der auch Psychotherapeut ist, erzählt in seinem Buch «Indianer weinen nicht» von einer Patientin namens Caroline, die aus einer Kaufmannsfamilie stammt und ab den 1950er Jahren dazu erzogen worden ist, mit ihren Gefühlen möglichst hauszuhalten und sie am besten gar nicht erst zu zeigen, «tapfer wie ein Indianer». Die Frau eiferte ihrem älteren Bruder nach, ihrem großen Vorbild, und wollte «mindestens so gut sein wie er». Gegenüber der Mutter weinte das Mädchen aus Rücksicht niemals: «Sie sollte meine Emotionen nicht spüren und sich nicht kümmern müssen.»

Carolines Geschichte dürfte kein Einzelfall gewesen sein vor 50 Jahren. Zum Glück gesteht sie sich Gefühle inzwischen zu und wagt auch, sie zu zeigen. Kropiunigg zufolge beneidet sie «Italiener und Griechen, die ihren Gefühlen freien Lauf geben». Dabei dürfte Caroline auch die Ureinwohner Nordamerikas bewundern, denn bei ihnen verhält es sich nicht anders. Das bestätigt kein Geringerer als der Urenkel Sitting Bulls (1831–1890), des legendären Stammeshäuptlings und Medizinmanns der Hunkpapa Lakota Sioux. «Wir empfinden Schmerzen genau wie alle anderen Menschen auch», sagt Ernie LaPointe. Ein Sprichwort wie das vom Indianer, der keinen Schmerz kenne, gebe es bei den Lakota Sioux nicht.

Die Vorstellung vom knochenharten Wilden hält er für einen «Mythos», der wahrscheinlich «von Hollywood oder von Karl May» begründet worden sei. «Weder unsere Vorfahren härteten sich gegenüber Schmerzen ab, noch tun wir das heute – im Gegenteil», betont LaPointe, der mal schmale Zöpfe, mal einen Pferdeschwanz trägt und mit seiner Familie in Lead im US-Bundesstaat South Dakota lebt, im Norden der Black Hills. «Emotionen jeglicher Art seien sehr wichtig in unserer Kultur», bekräftigt der Indianer. «Ist man verletzt worden, zeigt man Gefühle, heult und kreischt, und es fließen Tränen.» Hätte man das als Kind bloß gewusst!

Bewusst herbeigeführte, rituelle Schmerzerfahrungen aber hat es bei den Ureinwohnern Amerikas durchaus gegeben. «Bei sogenannten Sonnentanzzeremonien wurden den männlichen Indianern Gegenstände durch Haut und Muskeln gebohrt, um sich über die physische Realität zu erheben und somit auf spiritueller Ebene kommunizieren zu können», schreibt der Psychiater Alexander Bernhaut. Das Schmerzempfinden sei «dabei ausgeschaltet» gewesen oder «durfte nicht gezeigt werden».[42] Der in Wien praktizierende Mediziner spricht – eher schmunzelnd als bierernst – von seiner ärztlichen «Erkenntnis, dass viele von uns Männern schlichtweg und ohne unser eigenes Zutun zu gefühls- und schmerzfreien Pseudo-Indianern umfunktioniert wurden. Nennen wir es einfach Fehlprägung!»[43]

Doch wer hat die Ansicht, Indianer empfänden keine

Schmerzen, in die Welt gesetzt? Gut möglich, dass Ernie LaPointe recht hat mit seiner Vermutung, der Abenteuerschriftsteller Karl May (1842–1912) könne dahinterstecken. Es lassen sich dafür Belege finden, wenn auch keine Beweise. Welche vorlegen könnte vielleicht, wer Mays Gesamtwerk gelesen und präsent hat. Der fleißige Schriftsteller war übrigens nur ganze sechs Wochen in den USA, nämlich gemeinsam mit seiner Frau im Jahr 1908. Seine Ansichten über Indianer hatte er sich also weitgehend angelesen oder schlicht erfunden. Der Aussage, Indianer kennten keinen Schmerz, kommt eine Stelle in dem Buch «Der Schatz im Silbersee» sehr nahe. Dort heißt es:

«Ein Indianer wird von frühester Kindheit an in dem Ertragen körperlicher Schmerzen geübt. Er gelangt dadurch so weit, daß er die größten Qualen ertragen kann, ohne mit der Wimper zu zucken. Vielleicht sind die Nerven des Roten auch weniger empfindlich als diejenigen des Weißen. Wenn der Indianer gefangen wird und am Marterpfahle stirbt, so erträgt er die ihm zugefügten Schmerzen mit lächelndem Munde, singt mit lauter Stimme sein Todeslied und unterbricht dasselbe nur hier und da, um seine Peiniger zu schmähen und zu verlachen.
Ein jammernder Mann am Marterpfahle ist bei den Roten eine Unmöglichkeit. Wer über Schmerzen klagt, wird verachtet, und je lauter die Klagen werden, desto größer wird die Verachtung. Es ist vorgekommen, daß gemarterte Weiße, welche sterben sollten, ihre Freiheit erhielten, weil sie durch ihre unmännlichen Klagen zeigten, daß sie Memmen seien, welche man nicht zu fürchten brauche und deren Tötung für jeden Krieger eine Schande sei.»[44]

Im wilhelminischen Kaiserreich, als May diese Zeilen schrieb, war bei Erziehern ein Ziel besonders populär: die körperliche Ertüchtigung von Kindern und Jugendlichen. Ihr hatte sich schon zu Beginn des 19. Jahrhunderts Friedrich Ludwig Jahn (1778–1852) gewidmet. Ganz Patriot, wollte der «Turnvater» die Wehrkraft der Jungen steigern und sie zu Kriegern im Befreiungskampf gegen Napoleons Armee stählen. Vor allem deshalb eröffnete er 1811 auf der Berliner Hasenheide den ersten öffentlichen Turnplatz Preußens.

Seit jeher haben Mahner und Warner ihre angeblich verweichlichende, im Überfluss lebende Gesellschaft dadurch auf den Tugendpfad zurückführen wollen, dass sie sogenannte Naturvölker als leuchtende Beispiele vorführten. Das versuchte vor nahezu 2000 Jahren zum Beispiel Publius Cornelius Tacitus (um 58–120 n.Chr.), indem er seinen satten, verwöhnten und lasterhaften Römern die ungestümen Germanen vorhielt, die keinen Luxus kannten. So ist auch Karl Mays Schilderung der für Schmerz angeblich unempfindsamen Rothaut zu verstehen: als Sinnbild des unerschütterlichen Kämpfers.

Mutiges Weinen

Das Tränentabu für Jungs und erst recht für Männer, die als solche gelten wollten, wirkt bis heute nach. Noch 2011 konnte ein Bilderbuch mit dem Titel «Ein Mann, der weint» altbackene Gemüter provozieren. Anrührend schildern der Autor Mathias Jeschke und die Zeichnerein Wiebke Oeser, wie ein kleiner Junge beim Einkaufen mit der Mama auf der Straße einen weinenden Mann entdeckt und das Ungeheuerliche tut: Er fragt ihn nach dem Grund für die Tränen: «Ach, ich bin so traurig», antwortet der Mann und schnieft in sein Stofftaschentuch.[45]

Abends erzählt der Junge das verstörende Erlebnis seinem Vater, der gerade im Sessel sitzt und Zeitung liest, seinen Steppke aber ruhig anhört und lange anschaut. Schließlich nimmt er ihn dann auf den Schoß und drückt ihn tief gerührt an sich. Dabei hat er seinem Sohnemann zuvor stets eingeschärft: «Ein Mann weint nicht.» Es ist wie in Hans Christian Andersens Märchen «Des Kaisers neue Kleider»: Ein Kind muss ansprechen, was Erwachsene nicht sehen wollen – und hier vor allem nicht fühlen.[46]

Tränen in aller Öffentlichkeit: Dazu müssen Männer, vor allem alte und kruppstahlhart erzogene, sich auch heute noch durchringen, ebenso übrigens wie eine sich kühl gebende Geschäftsfrau, die am Konferenztisch mit den Wolfsrüden heulen will. «In der Arbeitswelt sind Tränen eine misstrauensbildende Maßnahme», bedauert der Publizist Peter Praschl. «Spätestens, wenn besprochen wird, wer den Führungsjob bekommen soll, wird man sich an sie erinnern. Und statt der Frau, die sich im Meeting mal gehen hat lassen, den forscheren Kollegen nehmen, auch wenn der dann und wann zu schlechten Manieren neigt.»[47]

Tränen sind also etwas für Mutige. Die nächste Stufe wäre es dann, auch Ängste einzugestehen – die Angst vor unauflösbaren Schmerzen, die Angst vor Hinfälligkeit und Kräfteverlust. «Alle Männer haben Angst», sagt der Mediziner Lothar Weißbach, wissenschaftlicher Vorstand der Stiftung Männergesundheit in Berlin und Spezialist für Prostatakarzinome. Allerdings fürchteten die Herrschaften nicht so sehr den Tod. «Sie haben Angst vor dem Leid, vor dem Versagen.» Der Mann müsse strahlen, fügt der angesehene Urologe hinzu. Den Makel des Krankseins mit umherzuschleppen, damit könne er «nicht umgehen» und vermeide aus schierer Angst den Arztbesuch.[48]

Tolle Hechte sind sie also, die Männer. In Wahrheit sei oft genug das starke eigentlich das schwache Geschlecht, heißt es auf den Internetseiten der Stiftung. «Der Mann stirbt etwa sechs Jahre früher als die Frau, wird doppelt so häufig chronisch krank, hält von Vorsorgeuntersuchungen wenig und geht nicht selten an seine körperlichen und psychischen Grenzen.» Noch immer gelte es als männlich, «Raubbau an der eigenen Gesundheit zu betreiben» – man darf hinzufügen: törichterweise.

Lieber bleiben die Herren auf vertrautem Terrain. «Von Mann zu Mann können wir hervorragend über Geschäfte, Politik, Sport und Sex sprechen, aber wenn es um unsere inneren Ängste geht, Ängste bezüglich unserer körperlichen und seelischen Verfassung, dann schweigen wir», schreibt Nicolaus Langloh, nicht mehr praktizierender Facharzt für Orthopädie und Rheumatologie, in seinem Buch über die Leiden alternder Männer.[49]

Erziehung zeitigt halt Spätfolgen. Sie beeinflusst sogar die Art, wie sehr uns etwas weh tut und wie wir damit umgehen. «Das Schmerzempfinden hängt von biologischen und biographischen Faktoren ab sowie davon, in welchem Kulturraum man aufgewachsen ist und lebt», sagt der Anästhesist Matthias Karst, der die Schmerzambulanz an der Medizinischen Hochschule Hannover leitet. So könnten in verschiedenen Kulturen unterschiedliche Vorstellungen von Tapferkeit und Mannhaftigkeit vorherrschen, die wiederum beeinflussen, wie viel Schmerz die betreffenden Menschen zulassen können, ohne sich etwas anmerken zu lassen.

«Zudem können wir mit unserem Willen sehr wohl unsere Haltung zum Schmerz verändern und damit auch jene Schmerzstärke, die wir gerade noch aushalten können», merkt der Facharzt für spezielle Schmerz- sowie Psychotherapie an.

Diese Schmerzgrenze könne, mit Blick auf das Sprichwort vom angeblich schmerzunempfindlichen Indianer, durchaus bei den einzelnen Indianervölkern verschieden sein. Und nicht nur bei ihnen. «Menschen aus sehr emotionalen Mittelmeer-Kulturen zum Beispiel finden es offensichtlich viel eher schmerzlich als rationalere Menschen aus dem Norden Europas, wenn sie nach einem Beinbruch ihre helfende Rolle in der Familie nicht mehr ausüben können – und so beklagen sie diesen Ausfall auch heftig», urteilt Karst. Der rationalere Nordeuropäer sage sich hingegen: «Na ja, dann sollen meinen Job halt mal andere erledigen.»

Frauen und der Schmerz

Die Biologie hingegen ist schuld daran, dass Männer – entgegen landläufiger Ansicht – sich weniger mit Schmerzen herumplagen müssen als das andere Geschlecht. «Frauen leiden etwa doppelt so häufig wie Männer an chronischen Schmerzen – und entweder im Zusammenhang mit anderen Leiden oder sogar in Form der chronischen Schmerzkrankheit», berichtet Karst. Dies sei nicht etwa die Folge davon, dass Frauen öfter oder eher zu Ärzten gehen, sodass diese die entsprechende Diagnose stellen können. Vielmehr gibt es dafür zwei biologische Ursachen. Zum einen macht das bei Frauen höher konzentrierte Sexualhormon Östrogen schmerzempfindlicher, wohingegen das in Männern stärker auftretende Hormon Testosteron das Schmerzempfinden senkt. Zum anderen funktioniert das in unseren Körpern eingebaute Schmerzabwehrsystem bei Frauen etwas schlechter als bei Männern. Mediziner sprechen hier von sogenannten Schmerzhemmbahnen vor allem im Rückenmark, in denen Nervenbotenstoffe ausgeschüttet werden können. Diese Neurotransmitter funken dem Schmerzalarm in Richtung Hirn quasi dazwischen, indem sie die ans Hirn gerichteten Schmerzreize eine Zeitlang unterdrücken oder wenigstens mildern.

Karst erklärt es genauer: «Signale werden nicht nur aus dem Gewebe zum Gehirn gesendet; es gibt auch permanent Signale vom Gehirn zum Gewebe und zum Rückenmark.» Diese Signale nehmen erheblich darauf Einfluss, welche und wie viel Information an die Schaltzentrale im Kopf gemeldet wird. Denn längst nicht jedes Ziepen oder Zwacken im Körper ist es wert, von uns empfunden zu werden. «Es handelt sich dabei um einen riesigen Filter», fügt der Schmerzmediziner hinzu. «Wir würden doch verrückt werden, wenn wir jedes Zwicken in uns bewusst miterlebten.»

Auf diese Weise schützt das zentrale Nervensystem sich selbst vor einer Überfrachtung aus Körpersignalen – schon weil «jener Arbeitsspeicher, den wir Bewusstsein nennen, sehr schlecht ist und pro Sekunde nur 50 bis 200 Kilobyte an Signalinformation bewältigen kann», erklärt Karst den Sinn der Schmerzhemmbahnen. Sind Menschen, zum Beispiel durch falsch behandelte Dauerschmerzen, übersensibel für Schmerzreize geworden, «dann funktioniert dieser Filter oft nicht mehr so gut, und es wird mehr Schmerz empfunden». Alte, demente Menschen litten häufig ebenfalls an stärkeren Schmerzen, «da ihre Schmerzabwehr nicht mehr so gut funktioniert».

Auch im Kampf oder bei emotional ähnlich aufgeladenen Verrichtungen ist es für unseren Körper – wie auch für unsere Überlebenschancen – vorübergehend besser, wenn wir Schmerzen nur eingeschränkt wahrnehmen. Fußballer oder andere Sportler wissen, dass Schmerzen während eines hitzigen Wettkampfes deutlich schwächer empfunden werden als hinterher, wenn alles entschieden ist. Verantwortlich dafür ist zum Beispiel das Stresshormon Adrenalin, sobald es ins Blut ausgeschüttet worden ist. Und das ergibt Sinn: Denn wer am Bein aus einer Hiebwunde blutet, braucht sich dafür nun wirklich nicht zu interessieren, solange er ums nackte Überleben kämpft. Vor Schmerzen stöhnen, von dadurch herbeigerufenen Helfern die Wunde versorgen lassen und sich danach schonen kann man auch später noch – falls der Kampf glimpflich für einen selber ausgegangen ist.

Hormonell verminderte Schmerzreize machen auch eine sogenannte Body-Suspension («Körperhängen») an Fleischerhaken erträglicher. Wer dieser Schrulle zuneigt und gerne von der Decke herabbaumelt, durchbohrt sich zuvor die Haut am Rücken, an den Knien oder anderen Körperstellen. «Diese Leute lassen sich dann zum Beispiel von einem Flaschenzug hochheben und hängen schließlich mit ihrem ganzen Gewicht nur noch an wenigen Haken – was normalerweise sehr weh tut, denn die Haut ist voller Schmerzfühler», sagt Matthias Karst. «Doch die Betreffenden erleben offenbar bei diesen Aktionen einen solchen inneren Adrenalin-Kick, dass sie es gut aushalten können.»

Ähnliches erleben jene Menschen auf den Philippinen, die sich an Ostern zur Schau ans Kreuz binden oder nageln lassen – zum Teil wiederholt seit etlichen Jahren. Solche Indianer kennen dann für eine gewisse Zeit wirklich kaum noch Schmerzen.

Erfolg und Scheitern

«Der dümmste Bauer erntet die dicksten Kartoffeln.»

In diversen Comics taucht ein wiederkehrendes Bildmotiv auf: Unbekümmert, mitunter selig, bisweilen auch schwadronierend, läuft ein Männchen über die Kante einer Felsklippe hinaus einfach weiter, also durch die Luft, ohne jeglichen Boden unter den Füßen. Doch plötzlich bemerkt es seine prekäre Lage, schaut entgeistert nach unten – und stürzt ab. Das ist auch im wahren Leben manchmal so: Wer beim Fotografieren der alpinen Bergwelt, berauscht vom Anblick, sehr nahe an die Abbruchkante eines Steilhangs tritt, wird seelenruhig sein Foto machen können – doch wehe, die Gefahr des drohenden Absturzes wird einem bewusst. Dann erweichen die Knie, und man sinkt ängstlich zu Boden, plötzlich zitternd und froh um jeden sicheren Halt.

Wissen kann also verunsichern. Dieser Umstand erklärt auch jene bekannte Spruchweisheit, wonach der dümmste Bauer die dicksten Kartoffeln ernte. Eine Variation davon ist der Ausruf: «Der hat ja mehr Glück als Verstand!», womit ein Mensch gemeint ist, dessen Erfolg angeblich ohne allzu große Vorkenntnisse über die betreffende Materie zustande gekommen ist – und damit nach landläufiger Meinung unverdient.

Hirnforscher wie Gerald Hüther erklären die Spruchweisheit auf überraschende Weise. Zunächst einmal findet der Göttinger Neurobiologe sie «wunderbar». Denn sie bedeute: «Je stärker man jemanden ausbildet in der Landwirtschaft oder in der Kindererziehung oder worin auch immer, desto stärker besteht die Gefahr, dass der Betreffende das Gefühl für sein Tun verliert, also für seine Äcker oder sein Kind.» Ein Übermaß an Wissen über Kartoffeln verhindere also womöglich, dass der Bauer sie überhaupt noch wahrnehme und das tue, was gut für sie ist. Der dümmste Bauer hingegen liebe seine Knollen. «Er achtet auf sie und bekommt so die größten – nicht obwohl, sondern weil er gar nicht so viel über sie weiß.»

Ein ähnliches Phänomen ist der vielbeschworene «grüne Daumen», den jemand hat: Bei manchen Menschen gedeihen die Zimmerpflanzen oder die Hortensien im Garten, obwohl die Betreffenden weder Gartenbau noch Bodenkunde studiert haben und auch nicht wissen, was sich hinter dem Turgor-Druck in Stängeln und Blättern oder der Feldkapazität des Erdreichs verbirgt. Denn auch hier gilt: «Ob jemand ein guter oder ein schlechter Gärtner ist, hängt weniger vom Wissen und den Kenntnissen ab, über die er verfügt, sondern von der Beziehung, die er zu seinem Garten und den dort wachsenden Pflanzen hat», schreiben Hüther und die Psychologin Jirina Prekop in einem Erziehungsratgeber – und auch die Pflanzenzucht zielt ja auf möglichst günstiges Aufwachsen.[1]

Dummheit muss man deshalb ja nicht gleich anstreben. Vielleicht ist ein gesundes Halbwissen mit einem Spritzer Bauernschläue der beste Kompromiss zwischen Bildungsarmut und Fachidiotie. Das zeigt sich beispielsweise beim Aktienhandel: Bei Tests haben sich unerfahrene Anleger im Vergleich zu Börsenprofis ziemlich gut geschlagen. «Beide Gruppen sollten die Entwicklung von Wertpapieren voraussagen und möglichst erfolgreich in Aktien investieren», berichtet der Psychologe Gerd Gigerenzer vom Max-Planck-Institut für Bildungsforschung in Berlin. «Erstaunlicherweise schnitten in diesen Untersuchungen die Laien oft besser ab als die Experten. Die Profis konnten ihr großes Wissen nicht für sich ummünzen, die Amateure hingegen profitierten von ihrem Halbwissen.»[2] Einen Trost für die Fachleute hat der Autor eines Buchs über Bauchentscheidungen immerhin parat: «Sie können die Sachlage im Nachhinein besser analysieren als Amateure.»

Von genauer Analyse sollte man vor allem dann die Finger lassen, wenn man etwas aus langer Erfahrung schon recht gut beherrscht. Darauf deutet das Sprichwort «Frisch gewagt, ist halb gewonnen» hin – was freilich nicht heißen soll, das man etwas riskieren sollte, wovon man keinen bloßen Schimmer hat. Aber wer als Billard- oder Golfspieler längst eingeübte Bewegungen durch langes, keineswegs erfrischendes Grübeln beim laufenden Turnier noch verbessern will, wird das erschrockene Nachsehen haben, wenn Kugel beziehungsweise Ball die falsche Richtung einschlagen. Und wer kennt das nicht, dass man vor einem Vortrag vor der ganzen Belegschaft oder dem Vorspielen vor der ganzen Schulklasse zu zittern beginnt, sich verhaspelt und vergeigt, weil man unter allen Umständen alles richtig machen und kein zurechtgelegtes Witzchen oder Detail auslassen will?

Die Psychologin Sian Beilock von der Universität Chicago hat dieses sonderbare Phänomen untersucht und darüber ein Buch namens *Choke* geschrieben, was so viel bedeutet wie «Abwürgen». Diese Art von Versagen könne dann «eintreten, wenn Personen zu sehr über Handlungen nachdenken, die gewöhnlich automatisch ablaufen». Fachleute sprechen von «Paralyse durch Analyse».[3]

Was das bedeutet, weiß jeder, der schon einmal die seit Jahren unveränderte Geheimnummer seiner EC-Karte falsch eingetippt hat und sie dann einfach nicht mehr weiß. Bauernschläue beweist in einem solchen Fall, wer sich ablenkt und zum Beispiel die Autos zählt, die an der Bank vorbeifahren, um dann spontan einen neuen Versuch zu starten – ganz nach dem Motto «Ran an die Kartoffeln». Möglichst aber sollte es kein dritter Anlauf sein: Scheitert dieser nämlich auch, ist erst einmal die Karte weg.

Drei Schlüsse aus alldem sind zu ziehen. Erstens: Zu viel nachdenken schadet, vor allem dann, wenn die Lösung im Grunde im Hirn abgespeichert ist. Zweitens: Der gescheiteste Agrarwissenschaftler muss sein theoretisches Wissen erst ins Feld führen, damit daraus Erfahrungen werden können, die zu einem Teller voller Bratkartoffeln taugen. Insofern geht Probieren wirklich über Studieren. Und drittens: Zu viel Detailwissen verschleiert den Blick aufs Ganze. Es macht uns zu Fachidioten mit eher geringem Ernteerfolg – in welcher Branche auch immer.

«Was du heute kannst besorgen, das verschiebe nicht auf morgen.»

Kein Roman geht leichter von der Hand als jener, dessen Einstieg man erst morgen schreiben will. Keine Garage baut man so mühelos wie die, für welche vor nächster Woche kein Stein bewegt werden soll. Und kein Vergnügen ist so süß wie eines, das man mühevoller Arbeit just in diesem Moment vorziehen kann. «Was du heute kannst besorgen, was dich niemand zwingt zu tun, das verschieb getrost auf morgen, heute lass die Hände ruhn» – so ließe sich das allzu menschliche Phänomen in Gedichtform schildern. Wissenschaftler nennen es weit weniger lyrisch Prokrastination, was von den lateinischen Wörtern «pro» und «cras» kommt und so viel bedeutet wie «für morgen».

Man kennt es ja von den angeblich so guten Vorsätzen in der Silvesternacht. Geradezu umstürzlerisch kündigen Millionen Bundesbürger jedes Jahr an, ihr Leben vom Kopf auf die Füße stellen zu wollen: keine Zigaretten mehr (außer natürlich der einen, die man – quasi zum Abschied – gleich noch rauchen wird), endlich weniger Überstunden (abgesehen von den zwölf zugesagten nächste Woche) und ran ans Werk beim hundertmal geplanten Traumhaus. Dabei wäre es bei vielen Menschen zur Abwechslung mal ein richtig guter Vorsatz, keinen mehr zu fassen. Denn je mehr Absichten man erklärt, umso schwieriger wird es, auch nur eine davon umzusetzen. «Jeder Vorsatz erhöht die Handlungshemmung, weil er das Gedächtnis für unerledigte Absichten belastet», urteilt der Persönlichkeitsforscher Julius Kuhl von der Universität Osnabrück. Der Gedächtnisspeicher für Unerledigtes wächst an wie der Papierstapel auf dem Schreibtisch: Auch dort sinkt mit jeder neuen Akte die Wahrscheinlichkeit, dass dieses Gebirge jemals schrumpfen wird. Irgendwann kommt es dann auf weitere zehn Vorsätze beziehungsweise Schriftstücke auch nicht mehr an.

Eine derart «erhöhte Handlungshemmung» sei nur dann kein Problem, «wenn man über sehr gute Fähigkeiten zur Selbstmotivation verfügt», sagt Kuhl. Ins Derbdeutsche übersetzt: Nur wer sich selbst ordentlich in den Hintern treten kann, kommt aus der selbstgestellten Aufschubfalle jemals wieder ohne fremde Hilfe heraus. Am besten sei es, man gewöhnt sich an, das Nötige oder fest Beschlossene «sofort zu erledigen», rät der Psychologe.

Doch viele Menschen schaffen das nicht von selbst. Und nicht wenige von ihnen sind an Universitäten eingeschrieben. Nicht umsonst versammelten sich im März 2011 Studenten mehrerer Universitäten zum wiederholten Mal zu einer gemeinsamen «Langen Nacht gegen aufgeschobene Hausarbeiten». Organisiert wurde das Ganze von den Schreibzentren der beteiligten Hochschulen, deren Mitarbeiter die Aufschub-Geplagten dabei beraten, wie man «exzellent schreibt», ohne sich zu Plagiaten hinreißen zu lassen. Wer universitäre Schreibzentren nutzen könne, müsse «keine Angst vor Überforderung haben», sagt Katrin Girgensohn, die wissenschaftliche Leiterin des Schreibzentrums der Europa-Universität Viadrina in Frankfurt (Oder).[4]

Entgegen einem Vorurteil sind notorische Aufschieber in aller Regel keine Faulpelze. «Jemand, der zum Aufschieben neigt, weiß, dass er ein Problem hat» – und das sei ein «wesentlicher Unterschied» zur Faulheit, befindet Fred Rist. Der Psychologe von der Universität Münster hat sich intensiv mit dem für viele Menschen sehr ernsten Problem beschäftigt und 2009 eine spezielle Ambulanz für Betroffene eingerichtet. Ob man mit großer Wahrscheinlichkeit zu diesem Kreis gehört, lässt sich durch einen Vortest im Internet ermitteln.[5]

«Ein Aufschiebender schaut sich gewissermaßen selber bei seinem Verhalten zu, ist aber ratlos», sagt Rist. Verdrängt werde das Problem keineswegs. «Verdrängt wird aber immer wieder, sich mit den persönlich wichtigen Aufgaben zu beschäftigen.» Zum Beispiel mit der lästigen Steuererklärung, die noch zu erledigen ist. Dann sage sich der Betreffende tagsüber, «heute mache ich mich endlich mal dran. Doch wenn er abends nach Hause kommt, wird er wieder andere dringende Dinge finden, die er vorziehen kann.» Passende Begründungen sind schnell zur Hand – zum Beispiel das Abendessen oder das Ruhebedürfnis nach der Arbeit. «Andere Betroffene gehen sogar lieber Unangenehmes an, das liegen geblieben ist», hat Rist oft genug erfahren müssen. «Sie schreiben Briefe, putzen die Wohnung, räumen den Kühlschrank aus. Doch was eigentlich zu tun war und am Morgen noch beschlossene Sache schien, tritt immer weiter in den Hintergrund.»

Das zum Anpacken ohne Verzug mahnende Sprichwort

stamme «aus einer Zeit, in der sich die Menschen um eine ordentliche Lebensführung bemühten oder sich bemühen sollten», vermutet Rist. Zwar gab es vor 100 oder 200 Jahren auch wichtige Dinge zu erledigen, «und diese Aufgaben waren lebensnäher und lebenswichtiger als vieles, was wir heute für bedeutsam halten». Gleichzeitig habe es damals aber viel weniger gegeben, was die Menschen von auferlegten oder selbstgewählten Pflichten ablenkte, zum Beispiel keine Handys oder Mails, kein Internet und kein Fernsehen: alles «Zeitdiebe», findet der Aufschub-Experte. Deshalb passe die Spruchweisheit viel besser ins 21. als ins 19. Jahrhundert oder gar in die Zeit davor.

Taktlos aufschieben

Wer das Verrichten einer Arbeit oder die Lösung eines Problems vertagt, handelt übrigens völlig normal. «Wir müssen das oft tun, denn sonst kämen wir im Leben gar nicht zurecht», sagt Rist. «Wir müssen nämlich imstande sein, unsere Prioritäten zu ändern.» Deshalb wende sich die Münsteraner Spezialsprechstunde gezielt an Menschen, «die unter ihrem Verhalten leiden und durch chronisches Aufschieben mit ihrem Leben immer schlechter zurechtkommen».

Auch viele Freiberufler schieben vor sich her, was das Zeug hält – Menschen also, die keiner festen Tages- und Arbeitsstruktur unterliegen und keine Vorgesetzten oder Kollegen als ständige äußere Taktgeber haben. Auf eine aufwendige Reportage, ein bestelltes Gemälde oder ein kompliziertes Gutachten könne der damit Befasste «erst einmal wochen- oder monatelang hinarbeiten, ohne dass jemand vom ihm ein Ergebnis fordert», erklärt Rist das Besondere dieser Erwerbsform. «Da ist die Gefahr des Aufschiebens groß.»

Was genau die Ursache dafür ist, nicht in die Gänge zu kommen, muss individuell ermittelt werden. «Viele Menschen haben tiefer sitzende Probleme, die zu einem Aufschieben führen», sagt Hans-Werner Rückert, der die psychologische Beratungsstelle der Freien Universität Berlin leitet.[6] Das kann die neurotisch gewordene Angst vor dem Urteil des Vaters sein, der als übermächtig empfunden wird und sowieso alles besser kann; oder die Furcht, nach Abschluss der Arbeit das beschützende Elternhaus verlassen zu müssen. In einem Ratgeber hat der Psychologe Ausreden aufgelistet, mit denen das Verschieben gerne begründet wird. Manchen fehlt gerade einfach die Zeit, und so dringend ist die Sache ja ohnehin nicht – morgen ist schließlich auch noch ein Tag. Andere wissen schlicht nicht, wo oder womit sie beginnen sollen oder finden die Aufgabe «zu anstrengend». Eine dritte Gruppe sage sich: «Ich arbeite unter Druck sowieso besser, also mache ich es später.»[7] Solche Haltungen können als schlechte Gewohnheit allmählich erlernt und durch fatale Belohnungen verstärkt worden sein – beispielsweise durch die Ermunterung einer überfürsorglichen Mutter («Klar, mein Junge, mach es dir erst mal bequem!»).

Perfektionismus, mithin die Sorge, das Arbeitsergebnis könne nicht optimal sein, scheint keine bedeutsame Ursache des Aufschiebens zu sein – «obwohl genau das in allen Ratgebern so steht», merkt Fred Rist an. «Bei unseren Untersuchungen fanden wir als wichtigeren Grund die externen Ansprüche an die Arbeit – zum Beispiel Erwartungen der Eltern an die Note für die Diplom- oder Doktorarbeit.» Auch die Angst vor dem Versagen und davor, für die abgelieferte Arbeit beurteilt zu werden, spiele eine große Rolle fürs Aufschieben.

Besonders raffiniert erscheint ein Akt der Selbstbehinderung, der ebenfalls hinter dem Aufschieben stecken kann. Wer Angst hat, das erforderliche Ziel nicht oder nicht ausreichend gut zu erreichen, kann sich sagen: Ich fange einfach sehr spät mit der Arbeit an; dann wird zwar meine Leistung nicht gut sein, aber ich kann mir dann ja einreden, sie wäre besser gewesen, wenn ich bloß früher angefangen hätte. «Das ist eine Art Selbstschutz-Manöver für ein ansonsten gefährdetes Selbstwertgefühl», urteilt der Inhaber des Lehrstuhls für Klinische Psychologie und Psychotherapie in Münster. Immerhin kann das vermeintliche Genie so weiter davon träumen, irgendwann einmal als Geistesgröße erkannt zu werden, entzieht sich aber dem Test, indem es stets für ungünstige Umstände beim Erbringen der Leistung sorgt. So bleibt auf ewig ungewiss, ob man jemals zu Besserem imstande gewesen wäre. Kein Roman ist grandioser als der nie begonnene – oder auch nicht vollendete.

Ohnehin sind wir Menschen bei unseren Vorhaben von Natur aus eher für die Kurz- als für die Langstrecke geschaffen – und als Schreiberlinge eher für die Kurzgeschichte als für den dicken Wälzer. Wir suchen nach schnellen Belohnungen, weil unser Hirn das seit Urzeiten sehr mag. Das ist die Kernthese Piers Steels von der Universität Calgary in Kanada. Auch der Verhaltensökonom hält wenig von der Perfektionismus-These beim Erklären der Aufschieberitis. Vielmehr habe sich dieses Problem in unserer modernen, schnelllebigen Gesellschaft nur deshalb zu einer «regelrechten Epidemie» entwickeln können, weil unsere Psyche den Spatz in der Hand ganz klar der Taube auf dem Dach vorzieht – sofern der dickere Vogel erst morgen, der dünnere aber schon heute zu haben ist.[8]

Wann aber wird aus der Neigung zum Handlungsaufschub ein echtes Gesundheitsrisiko? «Es gibt da eine recht gut festzulegende Grenze, ab der es krankhaft wird, weil echtes Leiden beginnt», sagt Fred Rist. «Sie liegt dort, wo man mit sich selber unzufrieden wird, das Leben durcheinandergerät, man andere belügen muss oder der Lebenspartner das ständige Aufschieben nicht mehr erträgt.» Wer beispielsweise das feste Gefühl habe, praktisch nie mehr als die Hälfte dessen zu erreichen, was realistischerweise erreichbar wäre, der leide in der Tat unter seinem Aufschieben – «und kann am Ende deshalb sogar depressiv werden». Ein niedergedrücktes Selbstwertgefühl, Hoffnungslosigkeit und Scham seien typische Anzeichen für diese schwere und bisweilen lebensgefährliche Form der Seelenpein. Sie fachgerecht zu behandeln, verträgt dann wirklich keinen Aufschub mehr.

«Der Glaube versetzt Berge.»

Bagger schaffen es allmählich mit der Schaufel, Erdbeben sekundenschnell mit Urgewalt. Aber der Glaube? Wie soll der denn Berge versetzen? Auch dieses Sprichwort wurzelt in der Bibel, was einmal mehr deren enorme Bedeutung für christlich geprägte Kulturen belegt. «Wenn ihr Glauben habt wie ein Senfkorn, so könntet ihr sagen zu diesem Berg: Hebe dich von hinnen dorthin! So wird er sich heben; und euch wird nichts unmöglich sein.» Diese Worte überliefert das Matthäus-Evangelium des Neuen Testaments (Matthäus, 17,20). Jesus, von dem sie stammen, spielte damit auf die geringe Größe des Senfsamens an, aus dem doch Großes und Bewegendes erwachsen könne. Dazu sei bloß der Boden rings um das Senfkorn stetig und mit Liebe zu wässern. Gilt das Bibelwort wirklich nur metaphorisch: der Pflanzensame als Sinnbild des Glaubens, den es zu nähren gilt? Oder können wir durch konzentriertes Hoffen, gebündeltes Wünschen und festen Glauben tatsächlich Gegenstände bewegen?

Jemand, der felsenfest behauptet hätte, allein durch Glauben Berge versetzen zu können, ist selbst Walter von Lucadou noch nie begegnet, dem Leiter der parapsychologischen Beratungsstelle in Freiburg. Telekinese, also das Bewegen von Gegenständen «durch eine gezielte Willensanstrengung», funktioniere nun mal nicht – weder bei Bergen noch bei Brotkrümeln oder Staubkörnern. Menschen, die so etwas glaubten, «liegen falsch», sagt der 1945 geborene Autor des Buchs «Psi-Phänomene». Scheinbar Übersinnliches geschehe unabsichtlich und unabhängig vom erstaunten Beobachter, vergleichbar einem Versprecher. «Dass Menschen etwas Beobachtetes auf sich selbst beziehen, passiert nun mal relativ leicht.»

Doch auch im übertragenen, metaphorischen Sinne lassen sich weder die Naturgesetze aushebeln noch das Schicksal bezwingen. «Ganz viele Leute sind zu optimistisch, wenn sie glauben, dass man allein durch starkes Wünschen, Wollen oder Beten Dinge regeln kann», sagt der Physiker und Psychologe, der als einer der führenden Erforscher parapsychologischer, also übersinnlicher Phänomene gilt. Diese verquere Vorstellung werde genährt durch einschlägige, bestens verkäufliche Bücher. Dazu gehören «Bestellungen beim Universum. Ein Handbuch zur Wunscherfüllung» und «Reklamationen beim Universum. Nachhilfe in Wunscherfüllung», beide verfasst von der 2010 im Alter von nur 46 Jahren verstorbenen Esoterik-Autorin Bärbel Mohr. «Die Ansicht, man könne sich das Universum geneigt machen, ist so alt wie die Menschheit», sagt von Lucadou dazu nur.

Das soll nicht etwa heißen, dass der Glaube an die sogenannte Gunst des Schicksals keine Kräfte wecken kann. Dasselbe gilt für das Vertrauen auf das eigene Können. Auch der Freiburger Parapsychologe weiß um den vorhersehbaren Misserfolg eines Menschen, der sich schon morgens eingeredet hat, heute werde «bestimmt wieder alles schiefgehen». Eine Prophezeiung wie diese erfüllt sich schon dadurch selbst, dass der

Betreffende sich meist unbewusst genau so verhält, dass seine Vorahnung wahr wird. Unter anderem daraus speisen sich die Beliebtheit und die vermeintliche Gültigkeit von Horoskopen.

«Aber positives Denken, Wünschen und Glauben reichen alleine auch nicht aus, um etwas zu schaffen», sagt Walter von Lucadou. Schon gar nicht, wenn das Wünschen übertrieben werde: «Gerade diejenigen, die besonders stark an etwas glauben, profitieren am wenigsten davon.» Das zeigten zum Beispiel Untersuchungen an Gläubigen, die zum Wallfahrtsort Lourdes fahren in der Hoffnung, dort geheilt zu werden. «Wer hingegen offen und nicht dogmatisch ist, sondern sich ohne große Erwartungen auf etwas einlässt und dabei allenfalls auf Glück hofft, der versetzt sozusagen am ehesten Berge mit seinen Wünschen – und dies ganz unabhängig davon, ob der Betreffende von Haus aus eher ein skeptischer oder ein gutgläubiger Mensch ist.»

Zum besseren Verständnis zieht der zweifach promovierte Wissenschaftler eine Parallele zum Lotto-Spiel: Auch dort funktioniere der verbohrte Glaube an Erfolg gerade nicht. Die Gewinnchance bei der Ziehung «6 aus 49 mit Superzahl» liegt nur bei etwa 1:140 Millionen. Glücksritter, die ihre allenfalls mikroskopisch winzige Chance durch verbissenes Tüfteln an siegreichen Zahlenkombinationen wahrmachen wollen, werden nach menschlichem Ermessen nie gewinnen; Glück lässt sich nun mal nicht erzwingen, sondern trifft den Lotto-Millionär quasi spielerisch.

Wer mit seinem Glauben Berge verrücken will, sollte also lieber von einer gewaltigen Trägheit des Gebirges ausgehen und mit zufallsbedingten Wendungen rechnen. Die Kundschaft der parapsychologischen Beratungsstelle in Freiburg glaubt nämlich eher selten unumstößlich an das Wirken von Kobolden oder an Außerirdische, die mit schöner Regelmäßigkeit am Himmel umherschwirren. Es sind vielmehr besorgte Menschen, die nachts ein unerklärliches Rütteln an der Schlafzimmertür hören, vermeintliche Ufos entdecken oder rätselhafte Stimmen im Kohlenkeller vernehmen, und sie sind weder verrückt noch weltfremde Sonderlinge. «Wer sich an uns wendet, hat in aller Regel keineswegs etwas beobachtet, was er gerne beobachtet hätte oder woran er gerne glauben würde», versucht von Lucadou ein verbreitetes Vorurteil zu entkräften. «Es geht vielmehr um zunächst unerklärliche Erlebnisse ganz normaler Menschen.» Nur eines sei sehr auffällig: «Wer in seinem religiösen Glauben oder in seinem Atheismus sehr fundamentalistisch ist, also sehr starr und festgelegt, der erlebt solche Phänomene nicht so häufig.» Doch das lasse sich gut erklären. «Wer nämlich nichts für ihn Unpassendes an sich heranlässt, wer die Welt durch einen festen Filter betrachtet und denkt, so und nicht anders muss es nun mal sein, der erlebt auch nichts davon Abweichendes.» Ähnlich geht es einem Pferd mit Scheuklappen: Gehwege müssen ihm wie eine spinnerte Idee vorkommen, sieht es doch immerzu nur die Fahrbahn.

Gott reicht nicht

Keineswegs übersinnlich ist das bekannte Phänomen, dass Hindernisse sich dann besonders gut aus dem Weg räumen lassen, wenn man fest daran glaubt, ein selbstgesetztes Ziel zu erreichen. «Das gilt in der Tat – aber nur, wenn man wirklich selber aktiv wird und die Dinge in die Hand nimmt», urteilt von Lucadou. «Das wird ja auch sehr schön deutlich an dem Spruch: Hilf dir selbst, dann hilft dir Gott.» Wer zum Beispiel an Zahnweh leidet und sich entschließe, das Übel an der Wurzel packen zu lassen, der «kommt nicht selten beim Zahnarzt an und stellt fest, dass die Schmerzen weg sind». Diese Wirkung sei eindeutig und nachweislich die Folge davon, dass der Betreffende aktiv geworden ist, die Rolle des passiv Leidenden verlassen hat. Ob das nun an ausgeschütteten, körpereigenen Schmerzmitteln wie den Endorphinen liege oder an etwas anderem, wisse kein Mensch, sagt von Lucadou. Zu wenig sei noch bekannt darüber, was dabei im Hirn passiert.

Das gelte auch für den Placebo-Effekt, bei der wirkstofflose Präparate dem Kranken bisweilen ähnlich gut oder sogar besser helfen als Arzneimittel – vorausgesetzt freilich, der Patient weiß nicht, dass er ein sogenanntes Schein-Medikament erhält. So kann ein bei Schmerzen eingesetzter Placebo (lateinisch für: «ich werde gefallen») den Körper dazu veranlassen, opiatähnliche Endorphine freizusetzen und die Pein so lindern. Selbst ein weißer Arztkittel und der tröstende Hinweis, das Mittel werde «prima helfen» und die Krankheit sei «bald wieder ausgestanden», vermögen einem besorgten Patienten zu helfen. Der heilende Effekt ist hierbei im Prinzip derselbe wie bei jenem eindrucksvollen Brimborium, das Voodoo-Priester oder afrikanische Medizinmänner veranstalten, um ihren Zauber zu befördern. Je kompetenter der Heiler erscheint, desto besser wirken die Pillen oder Pülverchen.

Doch auch die Haltung der Patienten zeitigt Effekte. Immer wieder machen Mediziner die Erfahrung, dass der Glaube an Heilung diese begünstigen kann, wenn auch nicht muss. «Menschen, die sehr überzeugt und mit festem Willen einen bestimmten therapeutischen Weg gehen, egal ob schul- oder alternativmedizinisch, haben bessere Krankheitsverläufe als jene, die immer hin- und herschwanken», konnte Christof Müller-Busch erfahren, bis 2008 Chefarzt für Anästhesie und Leiter der Palliativstation am Gemeinschaftskrankenhaus Havelhöhe in Berlin. Ob insofern «der Glaube Berge versetzen kann, weiß ich nicht, aber in der Medizin haben Glaube und Zuversicht eine wichtige, oft auch heilungsfördernde Wirkung».

Müller-Busch denkt dabei zum Beispiel an eine Frau, «bei der das Röntgenbild einen Riesenschatten auf der Lunge zeigte». Sie war gegen den Rat ihrer erfahrenen Ärzte fest davon überzeugt, dass es kein Krebs sein könne und lehnte es ab, den Verdacht überprüfen zu lassen. Und siehe da: «Wie durch ein Wunder war der Schatten nach einem Jahr verschwunden», sagt der Palliativmediziner, dessen Fachrichtung darauf abzielt, das Leiden unheilbar Kranker nach Kräften wenigstens zu lindern.

Immer wieder werden Ärzte überrascht – so von jener alten Dame, die wegen eines weit fortgeschrittenen Bauchfell-Karzinoms angeblich nur noch eine Lebenserwartung von wenigen Tagen oder Wochen hatte. Zum Sterben wurde sie in ein Hospiz verlegt. «Doch ein Jahr später musste sie dort entlassen werden, weil es ihr so gutging, dass sie im Wannsee schwimmen konnte», erinnert sich Müller-Busch. Wie kann das sein? Inzwischen weiß man, dass Arzneien keineswegs in jedem Körper die gleichen Effekte haben. «Ein Organismus muss ein Mittel auch akzeptieren, damit es optimal wirken kann.» Es bedürfe einer «Eigenleistung des Organismus». Unterm Strich hätten jedenfalls Kranke, «die sehr negativ und skeptisch eingestellt sind, häufig viel kompliziertere Krankheitsverläufe als jene, die gesund werden wollen und daran glauben». Womöglich verändern Zuversicht und Lebenswille den Hormonhaushalt und stärken die Körperabwehr.

Was sich bei kuriosen Heilungen abspielt, könne man am Einzelfall «nie erkennen», sagt Peter Herschbach, Leiter der Psychosozialen Onkologie am Klinikum rechts der Isar in München. Es gebe immer wieder spektakuläre Überraschungen, «aber es gibt auch das Gegenteil». Jedenfalls lasse sich aus dem Einzelfall «keine Hoffnung ableiten – weshalb es auch zum Beispiel nichts nützt, so viel Rad zu fahren wie Lance Armstrong und zu glauben, so werde man vom Hodenkrebs geheilt». Doch womöglich hat Armstrong ja fest an seine Heilung und die Rückkehr in den Radsport geglaubt. Manche Menschen mögen an ihre eigenen Überlebenskräfte glauben oder an ihre unsterbliche Liebe zum Lebenspartner, andere eben an die helfende Hand Gottes. «Viele Patienten sagen uns ganz klar, dass ihr Glaube für sie hilfreich bei der Krankheitsbewältigung sei. Und es gibt auch zahlreiche wissenschaftliche Studien, die das belegen», sagt etwa Arndt Büssing, Professor für Lebensqualität, Spiritualität und Coping (also Umgang mit Krankheiten) an der Universität Witten/Herdecke.[9]

Dass Menschen durch ihren festen Glauben zumindest eine Zeitlang über sich hinauswachsen können, hat Andreas Beck erfahren können, der am Klinikum Konstanz das Institut für Röntgendiagnostik und Nuklearmedizin leitet. Er ist nicht nur Arzt, sondern auch promovierter Theologe und hat 2004 das Buch «Wunderheilungen in der Medizin?» veröffentlicht, in dem er so manchen obskuren Heiler als Scharlatan entlarvt. Becks Schwester, eine «hundertprozentig naturwissenschaftlich orientierte» Frau, erkrankte vor Jahren unrettbar an Brustkrebs. «Sie hatte überall Tochtergeschwülste, konnte kaum laufen und saß im Rollstuhl», erzählt der Konstanzer Chefarzt. Doch dann entschloss sie sich zu einer Reise nach Medjugorje, einem Marienwallfahrtsort in Bosnien-Herzegowina. Als sie eine Woche später zurückkehrte, warf sie ihre starken Schmerzmittel weg und verkündete ihrem erstaunten Bruder, die Muttergottes habe sie geheilt. Eine Woche später war sie tot.

«Sie stand weit über ihrer Krankheit», sagt Beck. Das sei ein verbreitetes Muster angeblich wundersam Geheilter: «Sie bekommen Zeit geschenkt.»

Oft sieht es so aus, als könne auch ein eiserner Wille den Tod etwas aufschieben. Manche Menschen mit unheilbarem Leiden schaffen es jedenfalls, ihr Verscheiden gerade so lange zu verzögern, dass sie einen geliebten Menschen ein letztes Mal sehen oder etwas Ersehntes erleben können. Andere sterben ihrem langjährigen Ehepartner rasch hinterher, als erteilten sie ihrem Körper den Befehl zum Aufgeben. «Wenn zwei Menschen die gleiche aussichtslose Diagnose erfahren, kann es sein, dass einer von ihnen noch vier Wochen lebt und der andere vier Jahre», sagt Beck. Das zu erklären ist nicht leicht. «Es gibt Mechanismen in der Biochemie unseres Körpers, die wir noch nicht kennen», räumt der Röntgenmediziner ein.

Um zu verstehen, was bei noch nicht erklärbaren Heilungen von Tumor-Patienten passiert, hat die Arbeitsgruppe Biologische Krebstherapie am Klinikum-Nord in Nürnberg über Jahre versucht herauszufinden, ob die bekannten Fälle irgendwelche Gemeinsamkeiten aufweisen. Doch Fehlanzeige – jeder Fall scheint anders gelagert zu sein. Im Rückblick lasse sich grundsätzlich nicht beweisen, ob ein Kranker sein Leiden durch positives Denken und Willenskraft gemeistert hat – so jedenfalls sieht es der Mediziner Markus Horneber, der Leiter der Nürnberger Arbeitsgruppe. «Der Einfluss von Willenskraft wird leicht fehlinterpretiert, schon weil man die Fälle immer vom Ergebnis her betrachtet», sagt der Krebsforscher. Deshalb lasse sich auch von spektakulär Geheilten kein Verhaltensrezept abschauen, weil diese Glücklichen ihre Heilung allenfalls interpretieren könnten, nicht aber die wahren Gründe dafür kennten.

Berichte über spektakuläre Wunder- oder Selbstheilungen verzerren die Wahrnehmung der Leser oder Fernsehzuschauer selbst dann, wenn ihre Urheber das gar nicht bezwecken: Unweigerlich betonen sie die Ausnahme, die Abweichung von der Regel. «Natürlich gibt es Patienten, bei denen der Verlauf unglaublich scheint und auf jeden Fall unerwartet ist, und wo es uns so scheint, als ob Hoffnung, Glaube, Optimismus dazu beigetragen haben», sagt Lukas Radbruch, Direktor der Klinik für Palliativmedizin an der Uniklinik Bonn und Präsident der Europäischen Vereinigung für Palliativversorgung. «Aber diese wenigen Patienten bleiben eben im Gedächtnis, und bei vielen anderen ist trotz Hoffnung und Glaube der Verlauf der Erkrankung unaufhaltsam.»

Deshalb sei er «sehr zurückhaltend», wenn er von Patienten oder Angehörigen auf das Sprichwort angesprochen werde, wonach der Glaube Gewaltiges bewirken könne. «Die Kehrseite der Medaille ist dann nämlich, dass dies auch leicht in eine Forderung an den Patienten umschlagen kann», warnt Radbruch vor unbedachten Folgen. Dann heiße es nämlich: «Wenn du nur fest genug glaubst, wird schon wieder alles gut. Und wenn es nicht gut wird, hast du eben nicht fest genug geglaubt!» Das wäre dann auch bei all den vielen Toten der Fall, die trotz aller Zuversicht und innigem Heilungswunsch an ihrem Leiden gestorben sind. Anders als jene scheinbar Sterbenskranken, die dem Tod vorerst ein Schnippchen geschlagen haben, können sie keine Ratgeber schreiben oder gutbezahlte Vorträge halten. Und auch in Zeitungen tauchen sie anderswo auf.

«Jeder ist seines Glückes Schmied.»

Neben der Liebe und der Gesundheit gehört das Glück zu den Garanten der Aufmerksamkeit, wo immer es erwähnt wird. Hans im Glück, der gutgelaunte Trottel, ist uns schon als Kindern im Märchen begegnet, manchmal winkt uns in der Tat das Glück des Tüchtigen (weitaus öfter jedoch nicht), und die Glücksspirale dreht sich auch schon eine Weile, ohne dass wir Millionäre geworden wären. Kein Wunder, dass sich Bücher mit dem verheißungsvollen Begriff im Titel gut verkaufen und manchem Autor Wohlstandsglück verschaffen. Der Berliner Philosoph Wilhelm Schmid unterscheidet in einem handlichen Buch zum Thema beispielsweise das Wohlfühlglück vom Glück der Fülle; andere Verfasser behaupten, Glück komme «selten allein», oder verraten «Zehn Geheimnisse des Glücks» – wobei sechs ja auch schon gereicht hätten und man für zwölf noch dankbarer wäre. Vorausgesetzt freilich, Glück meint etwas Erfreuliches, und das war nicht immer so.

Denn ursprünglich hatte der im Mittelhochdeutschen noch «Gelücke» heißende Begriff «lediglich die Bedeutung von Schicksal, Ausgang einer Sache»[10]; ob Anlass zur Freude bestand, war damit nicht gesagt. Dazu musste man ausdrücklich zwischen gutem und schlechtem Glück trennen. Das ist heute noch der Fall im Englischen, wo man vor einer Prüfung «gutes Glück» (good luck) wünscht und hinterher womöglich feststellen muss, der Betreffende habe offenbar schlechtes Glück (bad luck) gehabt, mithin Pech.

Erst später wurde Glück im Deutschen zum erstrebenswerten Zustand oder doch wenigstens zum herbeigesehnten Moment. Damit erst war der Weg frei zu Glückskind und Glücksschwein, Glückskäfer und Glückspilz – und leider auch zu dem, was Wilhelm Schmid als um sich greifende «Glückshysterie» bezeichnet: «Viele Menschen sind plötzlich so verrückt nach Glück, dass zu befürchten ist, sie könnten sich unglücklich machen, nur weil sie glauben, ohne Glück nicht mehr leben zu können.» Dabei suchten und vermissten sie eigentlich erfüllenden Sinn im Leben.[11]

Ein Schwergewicht unter den bekannten Redewendungen

ist das Sprichwort vom erfolgversprechenden Schwingen des Schmiedehammers. Es soll auf den römischen Staatsmann Appius Claudius Caecus (340–273 v.Chr.) zurückgehen, der nach Worten des Geschichtsschreibers Sallust der Ansicht war: «Fabrum esse suae quemque fortunae» («Jeder ist seines Glückes Schmied»). So gesehen, ist Fortune Schwerarbeit, jedenfalls nichts für Faulenzer.

Über einen erfolgreichen Mann erzählt man sich denn auch bis heute, er habe «sein Glück gemacht». Dass dieser Weg einem jeden offenstehen müsse, forderte schon die Unabhängigkeitserklärung der USA, wie sie am 4. Juli 1776 von der Zusammenkunft der 13 Kolonien («continental congress») angenommen wurde. Im berühmten zweiten Satz des Textes heißt es nicht nur, dass alle Menschen als Gleiche geboren seien, sondern auch, dass ihr Schöpfer sie mit unveräußerlichen Rechten ausgestattet habe – und zu diesen gehörten jene auf Leben, auf Freiheit und auf das Streben nach Glück («Pursuit of Happiness»). Daraus leitet sich wohlgemerkt kein einklagbarer Anspruch auf Glück im Leben ab, sehr wohl aber auf die Chance, sein Glück zu verfolgen.

Doch kann wirklich jeder Mensch sein eigener Glücksschmied sein? Der Römer Caecus stammte jedenfalls aus einer reichen Patrizierfamilie. Dass sein Beiname «der Blinde» bedeutet, mag ihn für die beträchtlichen Unschärfen seines Spruchs entschuldigen. Falsch ist dieser zwar nicht, aber eben auch nicht richtig. Zwar appelliere er «zu Recht an die Eigenverantwortung jedes Menschen für sein Leben», sagt Benjamin Benz, Professor für Soziale Arbeit an der Evangelischen Fachhochschule Rheinland-Westfalen-Lippe in Bochum. Doch finde das Hämmern am Glück in einem persönlichen Umfeld statt, an dem ein Mensch «nur begrenzt mitschmieden kann». Hierbei kommen dem jungen Sozialwissenschaftler einige Zeilen

Heribert Prantls in den Sinn, «die ich nicht treffender formulieren könnte». Nach Ansicht des Redakteurs der *Süddeutschen Zeitung* wird mancher Erdenbürger «mit dem silbernen Löffel im Mund geboren, der andere in der Gosse ... Der eine erbt Talent und Durchsetzungskraft, der andere Aids und Antriebsschwäche ... Der eine kriegt einen klugen Kopf, der andere ein schwaches Herz ... Der eine ist gescheit, aber es fördert ihn keiner; der andere ist doof, aber man trichtert ihm das Wissen ein ... Der eine müht sich und kommt keinen Schritt voran, der andere müht sich nicht und ist ihm hundert voraus.»[12]

Ungleiche Chancen

Die Kombination aus Natur und Herkunft als «Gerechtigkeitsrisiko»: So sieht es auch Ernst-Ulrich Huster, der für die EU-Kommission jahrelang mit anderen Fachleuten Vorschläge erarbeitet hat, wie Europas Staaten soziale Ausgrenzung bekämpfen könnten. Zwar könnten Menschen ihren Handlungsspielraum mit entsprechendem Einsatz erweitern, doch die persönlichen Grenzen dabei seien höchst unterschiedlich. «Nicht jeder hat dasselbe Schmiede-Werkzeug», sagt der in Bochum und Gießen lehrende Politikwissenschaftler. Es stimme eben nicht, «dass jeder in seinem Tornister einen Marschallstab trägt und damit ins Leben losmarschieren kann», wie es der Franzosen-Kaiser und Feldherr Napoleon Bonaparte behauptet haben soll.

Einen wichtigen Unterschied machten auch die Umstände der jeweiligen Zeit, in der Menschen aufwachsen: Die Nachkriegsgeneration, zu der auch der 1945 in Welbsleben (Sachsen-Anhalt) geborene Huster gehört, hatte noch ganz andere Aufstiegsmöglichkeiten als die Jugend von heute – nicht zuletzt wegen der vielen Kriegstoten und des bald einsetzenden Wirtschaftsbooms. Und das galt auch für Kinder aus einfachen Verhältnissen. «Ich zum Beispiel bin als Flüchtlingskind Professor geworden und habe eine ganz ordentliche Karriere gemacht», sagt Huster. Das gebe es so nicht mehr: «Heute rekrutiert sich das Leitungspersonal wieder viel stärker aus dem Bildungs- und Besitzbürgertum.» Zudem sei das Kapital sehr ungleich verteilt: In Deutschland gehörten den oberen zehn Prozent der Gesellschaft über 60 Prozent der Vermögenswerte. In den USA sei die Finanzkraft sogar noch deutlich stärker konzentriert. Manche Menschen könnten schon deshalb «ganz anders loslegen als der große Rest». Ihre Glücksschmieden sind viel besser eingerichtet.

Mit eher schlichtem Werkzeug müssen zum Beispiel jene gut 1,7 Millionen Kinder unter 15 Jahren auskommen, die im September 2010 in einem Haushalt lebten, der Hartz-IV-Leistungen bezog. Das sei fast jedes sechste Kind in Deutschland, heißt es in einer Mitteilung des Instituts für Arbeitsmarkt- und Berufsforschung der Bundesagentur für Arbeit.[13] Ein besonderes Armutsrisiko trügen erstens Kinder mit mehreren Geschwistern, zweitens solche von Alleinerziehenden und drittens jene, deren Eltern oder Großeltern nach Deutschland eingewandert sind. Ähnlich ungünstig wirkt es sich aus, wenn die Mutter und der Vater der Kinder lediglich einen Haupt- oder gar Sonderschulabschluss vorweisen können.

Etliche Menschen schwingen ein derart brüchiges Glückshämmerchen, dass sie trotz Job als arme Arbeitende («working poor») gelten. Damit gehören sie zu jener Gruppe, deren Nettoeinkommen – gewichtet nach dem jeweiligen Haushaltsbedarf – weniger als 60 Prozent des mittleren Werts im jeweiligen Land beträgt. In Deutschland trifft das bereits auf 6,9 Prozent der Erwerbstätigen zu – ein Mittelwert in Europa. Die Armut unter Arbeitnehmern wachse, heißt es in einer Mitteilung der gewerkschaftsnahen Hans-Böckler-Stiftung, denn Geringverdiener seien «immer öfter Haupt- statt Nebenverdiener». Zu diesem Schluss jedenfalls kommt eine Untersuchung der Sozialforscher Henning Lohmann und Hans-Jürgen Andreß von den Universitäten Bielefeld beziehungsweise Köln.[14]

Nachweislich sind das Aufblühen der Intelligenz und damit zum Teil die späteren Lebenschancen eines Menschen auch abhängig vom sozialen Milieu, aus dem der Betreffende stammt. «Ich kenne den Fall eines Jungen mit Migrationshintergrund, der schwer kriminell geworden ist», berichtet Elisabeth Stern, Professorin für Lehr- und Lernforschung an der Eidgenössischen Technischen Hochschule (ETH) Zürich. Erst der Gefängnispsychologe habe festgestellt, dass der Junge einen hohen Intelligenzquotienten von 130 aufwies – der Durchschnittswert beträgt 100. Dennoch besuchte das Kind die ganze Zeit über die Hauptschule. «Die Lehrer haben es nicht erkannt», sagt die Psychologin. «Gerade bei Kindern aus bildungsfernen Milieus kann man Potenziale durch Intelligenztests entdecken.»[15]

Bei weitem nicht allein die Erbanlagen entscheiden also über das Gelingen eines Lebens – es ist die Umwelt, die auf der Klaviatur der Gene mal ein sehr angenehmes, mal ein düsteres Liedchen spielt. Gene sind keine unerbittlichen Diktatoren; sie können von äußeren Einflüssen – von günstigen wie auch abträglichen – ein- oder abgeschaltet werden. «In einer völlig gerechten Welt, wo alle Menschen ihr geistiges Potenzial optimal entfalten könnten, wären nicht 50 Prozent, auch nicht 80, sondern idealerweise 100 Prozent durch die Gene bestimmt», befindet Elisabeth Stern. Das sei ähnlich wie beim Heranwachsen: «In Ländern, wo nicht alle Kinder genug zu essen haben, müssen wir Größenunterschiede auch auf Ernährungsunterschiede zurückführen.»[16] Bei der Intelligenz geht es hingegen um emotionales und geistiges Futter: sprich liebevolle

Zuwendung und geistige Anregung, die zwar heraus-, aber nicht überfordert.

Dass der eine hier von seinen Bezugspersonen besser bedacht wird als die andere, zeigt sich auch beim persönlichen Wohlstand. Gerade für eine demokratisch verfasste, ökonomisch erfolgreiche Gesellschaft wie die deutsche ist es schwer zu akzeptieren, dass beunruhigend viele ihrer Mitglieder – warum auch immer – abgekoppelt sind vom vergleichsweise gutbetuchten Rest. Der Soziologe Heinz Bude von der Universität Kassel spricht von 1,5 bis 1,8 Millionen Menschen, die nach Ansicht von Jobcenter-Verantwortlichen inzwischen als «unverwendbar» für den Arbeitsmarkt gelten. An diesem Teil der Arbeitslosen «prallen sowohl die Anreize als auch die Sanktionen des Aktivierungsbetriebs ab», schreibt der Autor des vieldiskutierten Buchs «Die Ausgeschlossenen» in einem Zeitungsaufsatz.[17]

Dennoch dürfe der glücklichere Teil der Gesellschaft sehr wohl von den Müden und Resignierten wie auch von den Cleveren und Gerissenen im Lande erwarten, sich bei der Suche nach einer bezahlten Arbeit anzustrengen. Bude hält sie sogar für verpflichtet, eine Gegenleistung zu erbringen. Die «Zwangskunden der Jobcenter» sollten sich «als Unternehmer ihrer eigenen Beschäftigungsfähigkeit begreifen und deshalb nicht vor dem Fernseher warten dürfen, bis die Arbeit zu ihnen kommt, sondern sie sollen sich frisch geduscht und warmgelaufen zur Arbeit bewegen».

Allerdings dürfe man «nicht vergessen, dass die einzelne Person in den Grenzen ihrer Möglichkeiten zu respektieren ist» – und zwar auf Augenhöhe. Denn nichts sei «schlimmer für einen unfreiwillig Arbeitlosen, als das herablassende Mitleid oder das resignative Schulterzucken der anderen».[18] Der Soziologe fordert die Gesellschaft dazu auf, «Bewährungsräume ... für jene zu finden, die sich eine Bewährung nicht mehr zutrauen» – womit er im Sinne der Maxime «Fördern und Fordern» argumentiert. Um beim Bild zu bleiben, könnte ein solcher Bewährungsraum eine Schmiede sein, in der ein solider Hammer und ein stabiler Amboss bereitliegen. Aber kräftig zuschlagen und treffen muss der Glücksschmied schon selber.

«Ein blindes Huhn findet auch mal ein Korn.»

Es gibt nur wenige Kommentare, mit denen man die Freude eines Menschen über einen für ihn vielleicht nicht ganz so typischen Erfolg ähnlich wirksam zerstören kann wie mit diesem Sprichwort. Denn es unterstellt letztlich, dass nicht seine Bemühungen gefruchtet haben, sondern der Zufall zugeschlagen hat. Was immer an Stolz in einem lange Zeit erfolglosen Akteur gerade aufgekeimt ist, geht durch die ätzende Anmerkung ein wie eine Primel. Statt Lob erntet er für seinen Einsatz nur Häme und Spott. Und das kann noch stärker verletzen als ein neuerlicher Fehlschlag.

Viel netter bewerten die Angelsachsen das unverhoffte Gelingen, indem sie – durchaus aufmunternd – zum Glückspilz sagen: «Every dog has his day» (auf Deutsch in etwa: «Jeder Hund hat mal Erfolg im Leben»). Denn das kann auch bedeuten, dass letztlich doch beharrliches Bemühen sich ausgezahlt haben könnte. Und Beharrlichkeit ist allemal eine Leistung, gerade wenn bislang sämtliches Ringen um Erfolg vergebens gewesen ist. Motivationspsychologisch gesehen ist das eindeutig der sinnvollere Kommentar – wenn man sich denn unbedingt äußern und nicht einfach wortlos, aber lächelnd mitfreuen will.

Nehmen wir das Sprichwort wörtlich, stellt sich zunächst die Frage: Wie büßt ein Huhn seine Sehkraft ein? Von Verletzungen einmal abgesehen, kommen als Ursache dafür infektiöse wie auch nichtinfektiöse Ursachen in Betracht. Zum Beispiel können sich Hühner und Puten mit Geflügelpocken anstecken und dann erblinden; oft sterben sie daran sogar. Blindheit kann aber auch die Folge der sogenannten Marek'schen Krankheit sein. Diese ist hochansteckend und betrifft in ihrer chronischen und mit Lähmungen verbundenen Form vor allem drei bis fünf Monate alte Hühner. Eine Spielart des Leidens vermag einem befallenen Huhn auch das Augenlicht zu rauben. Ausgelöst wird die auch Geflügellähme genannte Krankheit durch einen Herpes-Erreger, den «Gallinen Herpesvirus 2».

Blind werden können Hühner jedoch schlimmstenfalls auch dann, wenn sie zum Beginn der Mast auf alte, von Kot durchsetzte Einstreu eingestallt werden und somit heftigen Ammoniak-Dämpfen ausgesetzt sind. Ausgasendes Ammoniak kann sehr schädlich für die Augen der Hähnchen und Junghennen sein, wenn ihre Großställe nicht ausreichend entlüftet und rechtzeitig gesäubert werden. In Deutschland sei es allerdings – anders als in manch anderen Ländern – üblich, Hühnerställe vor dem Einstallen einer neuen Mastgruppe komplett zu entmisten, sagt Silke Rautenschlein, die Direktorin der Klinik für Geflügel an der Tierärztlichen Hochschule Hannover. «Bei uns verlassen am Ende der Mastzeit nicht nur alle Hühner den Stall, sondern auch die alte Einstreu. Danach wird der Stall gereinigt und desinfiziert, und es schließt sich eine Leersteh-Phase an, sodass der Stall gut abtrocknen kann.» So soll auch verhindert werden, dass gefährliche Erreger aus einer älteren Gruppe von Hühnern auf die im Stall nachfolgende jüngere überspringen, da diese gegen die Keime womöglich nicht resistent ist.

Wie auch immer erblindetes Geflügel muss allerdings nicht unweigerlich verhungern: «Wenn Hühner, genau wie andere Tiere an bestimmte Futterstellen gewöhnt sind, können sie auch im Falle des Erblindens noch Futter finden», merkt Rautenschlein an. Wieso das möglich ist, erklärt die Biologin Inga Tiemann: «Hühner gehören zu den Vögeln und sind damit sogenannte ‹Augentiere› – das heißt, sie verlassen sich vor allem auf ihre visuelle Wahrnehmung», sagt die Haushuhn-Fachfrau, die an der Universität Düsseldorf lehrt und obendrein den Wissenschaftlichen Geflügelhof des Bundes Deutscher Rassegeflügelzüchter im rheinischen Rommerskirchen leitet.

Doch Hühner können auch gut hören, riechen und tasten. «Insbesondere mit dem Schnabel erfühlen sie ihre Umwelt», sagt Tiemann. Denn wie in der menschlichen Hand sind auch im Hühnerschnabel viele Tastkörper lokalisiert, mit denen das Huhn Größe und Form, aber auch Festigkeit und Oberflächenbeschaffenheit des Futters wahrnehmen kann. «Durch diese taktilen Fähigkeiten ist es ihm möglich, auch in völliger Dunkelheit Futter zu erfühlen und es als solches zu identifizieren», fügt die Wissenschaftlerin hinzu. Da Hühner «wahre Künstler im Futtersuchen» seien, fänden sie deshalb auch unabhängig vom Ort mal ein Korn.

Freilich könnte das selbst in einem großen Hühnerstall auch zufällig geschehen, solange die blinde Henne nur lange genug herumpickt. Da geht es dem Geflügel nicht anders als selbst klarsichtigen Fachleuten des Menschengeschlechts, deren Prognosen ja auch nur gelegentlich zutreffen. Sie müssen halt nur viele abgeben, bis eine davon sticht. Steter Misserfolg ist nämlich unwahrscheinlich. «Ich kenne Börsenprofis, die sagen jedes Jahr einen Börsenkrach voraus. Und alle sieben bis acht Jahre haben sie tatsächlich recht», sagt Walter Krämer, Leiter des Instituts für Wirtschafts- und Sozialstatistik an der Technischen Universität Dortmund. «Das ist wie eine Uhr, deren Zeiger fest eingeklemmt ist: Einmal am Tag zeigt sie die richtige Zeit.» Mithin werden selbst kaputte Uhren fündig – stolze 365-mal im Jahr.

«Hochmut kommt vor dem Fall.»

Es war ein weiter Weg für John Lennon, bis er im Sommer 1964 den Song «I'm a loser» vollbringen konnte. Mit dem verzagten Lied stempelte sich der damals knapp 24-Jährige kurzerhand zum Versager. Dabei hatte er als Jugendlicher und ganz junger Mann in Liverpool und Hamburg so stark und unverwundbar gewirkt und eine hämische Haltung gegenüber großen Teilen seiner Umwelt kultiviert – so wie viele Menschen, die selbst früh verletzt worden sind. Als Sechsjähriger hatte Lennon seinen Vater Alfred aus den Augen verloren, einen Seemann, der schon vorher nur selten zu Hause gewesen war. Als Lennon 18 war, kam seine Mutter durch einen Verkehrsunfall ums Leben, ausgerechnet in einer Zeit, als wenigstens John und sie einander endlich halbwegs so nahestanden, wie es bei Eltern und ihren Kindern sein sollte.

Der US-amerikanische Pop-Journalist Richie Unterberger hat zu Recht geschrieben, «I'm a loser» steche schon deshalb aus dem damaligen Werk der Beatles hervor, weil der Song eine der ersten Kompositionen der Liverpooler Gruppe sei, «deren Liedtext ernsthaftere Dinge anspricht als frische Verliebtheit». Es gehe in dem Stück nicht nur um einen jungen Mann, der von einer Frau zurückgewiesen wird, sondern um jene «Heuchelei, auch dann noch ein Lächeln vor sich herzutragen, wenn für einen gerade die Welt zusammenbricht». Außerdem werde darin ein selbstkritischer, sich selbst bemitleidender Mann hörbar, der schlechter von sich denke als sein privates Umfeld.[19] Mit ungewöhnlich tiefer Stimme gelangt Lennon in dem Lied zu der Einsicht: «Es stimmt also doch: Hochmut kommt vor dem Fall» («And so it's true, pride comes before a fall»). Der Rhythmusgitarrist der Beatles war intelligent genug zu solchen Schlüssen.

Zur Untugend hat sich Hochmut allerdings erst mit der Zeit gewandelt; ursprünglich war er etwas Erfreuliches, nämlich ein Zeichen von Zuversicht. In einem bezaubernden mittelhochdeutschen Gedicht verwendete Jakob von Wart (1272–1331), Freiherr und Schweizer Minnedichter, die Wörter *Hochmut* und *hochgemut* in ihrer damaligen Bedeutung noch ganz typisch – und dies offenbar, als es ihm nicht allzu gut ging. Denn der Dichter spricht von «grosser swere» in seinem Leben und schließt dann an: «Gen der lieben hat ich wol gedaht / Das si mir solte hohgemuete geben / O we nu krenket si den minen muot.» So sind sie manchmal, die Frauen: Erst geben sie den Kerlen Anlass zu süßester Hoffnung, nur um wenig später – unerforschlich genug – ihren Mut zu kränken. Was nutzte es dem armen Baron von Wart zuvor also, dass ihn die Minne «uberkomen» hatte, und zwar «gewalteklich», wenn sie ihm doch bald danach glatt die «froide und hohen muot benomen» hat?[20] Keine Frage, der arme Mann war nun geknickt.

Etwa 500 Jahre später erklärte der Bibliothekar und Germanist Johann Christoph Adelung (1732–1806) den Hochmut als Gegenbegriff zum Unmut, und zwar in seinem wegweisenden «Wörterbuch der hochdeutschen Mundart», dem ersten großen deutschen Wortverzeichnis. Darin schreibt Adelung, der «hohe, erhabene Muth» stehe für die Freude und die «Fertigkeit, stets vergnügt zu seyn».[21] Wer hohen Mutes war, nahm das Leben also heiter und gelassen. In unseren Tagen indes wird unter Hochmut nicht mehr große Freude oder auch eine «erhabene, edele Gesinnung» (Johann Christoph Adelung) verstanden, sondern Selbstüberschätzung, Anmaßung und Arroganz, und genau diese Haltung verurteilt auch die Spruchweisheit, Hochmut komme vor dem Fall. Sie geht auf das Buch der Sprichwörter im Alten Testament zurück. In einer modernen Übersetzung heißt es: «Hoffart kommt vor dem

Erfolg und Scheitern

Sturz und Hochmut kommt vor dem Fall.»[22] Schon in Martin Luthers deutscher Version von 1545 steht zu lesen: «Wer zugrunde gehen soll, der wird zuvor stolz; und stolzer Mut kommt vor dem Fall.»[23]

Brust raus, Nase hoch!

Zu hoffärtigen, also hochmütigen Menschen passt ihre stolze Körperhaltung. Sie gehen und stehen häufig betont aufrecht und tragen zusätzlich die Nase hoch, als wollten sie über ihre Zeitgenossen erhaben sein. Diese Menschen sind buchstäblich gespannt; sie drücken das Kreuz durch – der äußere Ausdruck einer inneren Haltung, die nicht selten rigide, unflexibel und starr erscheint und häufig das Ergebnis harter Erziehung ist. Allerdings trägt auch ein freudig erregter Mensch seinen Kopf hoch; anders als Leute, die das Haupt hängen lassen, als hätten sie sich aufgegeben.[24]

Hochmut kann die Folge unverkrafteten Erfolges sein wie bei Neureichen, die gar nicht mehr wissen, wohin mit ihren Penunzen, und obendrein glauben, nichts könne ihnen je wieder etwas anhaben. Möglichen Misserfolg blenden sie aus. So ähnlich scheint es dem Schlagersänger Matthias Reim ergangen zu sein. Nach dem Geldsegen durch seine Platte «Verdammt, ich lieb dich» hob der 1957 geborene Hesse aus Korbach ab – ob nun bloß über- oder doch schon hochmütig. Er sei sich jedenfalls wie König Midas vorgekommen. «Ich dachte, alles, was ich anfasse, wird zu Gold», sagte Reim in einem Interview. So etwas geschehe zwangsläufig. «Man hat nur noch Fans und Jasager um sich und die *Bravo* ruft jeden Tag an. Irgendwann glaubst du denen, dass du der Größte bist.» Am Ende drückten den Sänger 13 Millionen Euro Schulden, weil er nahezu blindlings seinem Manager die Geldgeschäfte überlassen hatte.

Nach einer Privatinsolvenz bezeichnete er sich im Januar 2011 wieder als schuldenfrei.[25]

Wer selber Hochmut einräumt und seinen Fall durch Demut gerade noch verhindern will, sollte seine Reue sehr glaubhaft demonstrieren – überzeugender jedenfalls, als es Karl-Theodor zu Guttenberg im Frühjahr 2011 gelingen wollte. Wegen eines schwerwiegenden Plagiatsvorwurfs hatte der Bundesminister der Verteidigung (oder Selbstverteidigung, wie seinerzeit gerne geunkt wurde) seinen von der Universität verliehenen Doktorgrad gerade zurückgegeben, da bewies er am 23. Februar 2011 bei einer Aktuellen Fragestunde im Bundestag dummerweise erneut zumindest Ungeschick.

Zunächst schien es im Berliner Reichstagsgebäude so, als habe zu Guttenberg aus dem Wirbel um seine unsolide Doktorarbeit etwas gelernt, denn er sagte: «Ich war sicher so hochmütig zu glauben, dass mir die Quadratur des Kreises gelingt – und zwar, politische Leidenschaft und Arbeit sowie wissenschaftliche und intellektuelle Herausforderungen als junger Familienvater miteinander in Einklang zu bringen.» Für ihn habe das «offenbar eine Überlastung» dargestellt.[26] Doch in derselben Fragestunde meinte der Baron die Frage der SPD-Abgeordneten Barbara Hendricks in einer Weise beantworten zu müssen, die neuerlich für Unmut bei seinen Kritikern sorgte. Hendricks hatte vom Minister wissen wollen, wie sich die Studierenden an den Bundeswehr-Hochschulen je wieder ein Vorbild an ihm nehmen können sollten. Und da sagte der angeschlagene, wenngleich noch immer populäre Politiker tatsächlich: «Ich gehe davon aus, dass das Beispiel des eigenen Umgangs vielleicht auch beispielgebend sein kann für andere.» Das klang erneut hochfahrend – demütig jedenfalls nicht. Offenbar fand zu Guttenberg es vorbildlich, auf seinen Doktorhut verzichtet zu haben, wenn auch nur unter höchstem Druck

Erfolg und Scheitern

und ganz klar, um seinen Kopf entgegen aller Wahrscheinlichkeit zu retten.[27]

Noch war der Minister ja auch nicht gefallen – das geschah erst am 1. März. Der Rechtsexperte der *Süddeutschen Zeitung*, Heribert Prantl, ließ sich am selben Tag noch zu dem Wortspiel hinreißen: «In zwei Wochen ist aus dem Gefeierten ein Gefallener geworden, aber gefällt hat er sich selbst, nicht zuletzt durch seine Gefallsucht.»[28] Wer eine hohe Meinung von sich hat, will schon deshalb oben bleiben. Guttenberg: ein Fall für sich.

«Nomen est omen.»

Menschen mit dem Namen Wucherpfennig können es in Deutschland zu allerhand bringen. Sie vermieten Autos, decken Dächer, verkaufen Grabmale oder legen als Hochschul-Professor das Neue Testament aus. Einer hat es sogar geschafft, in den Thüringer Landtag gewählt zu werden. Vielleicht muss man das gar nicht erstaunlich finden. Doch eine ganze Reihe von Familiennamen erleichtert einem das Leben eher als einer, der so klingt, als feilsche man um jeden Cent oder kassiere seine Mitmenschen über Gebühr ab. Wer bei einer Autovermietung namens Wucherpfennig die Preise für einen Pkw oder einen Lieferwagen studiert, dürfte das mit einem Grinsen tun, zumal dann, wenn sie ihm zu hoch erscheinen: «So, so, der Herr Wucherpfennig nimmt es aber von den Lebendigen, kein Wunder bei diesem Namen.» Bei «Auto Schmidt» käme wohl niemand auf einen solchen Gedanken.

Unser Name läuft uns voran wie ein Herold, und einige von dessen Botschaften klingen nun mal erfreulicher als andere. Das ahnten schon die Römer oder zumindest der römische Komödiendichter Plautus (254–184 v.Chr.), der in einem seiner Stücke über «Die Perser» schrieb: «nomen atque omen», zu Deutsch: Namen und zugleich Vorbedeutung. Später ist daraus das bekannte «nomen est omen» geworden. Und daran, dass der Name Vorzeichen oder gar Programm sei, ist in der Tat viel Wahres.

Wer seinen Sohn heute Adalbert oder Erich und seine Tochter Gertrud oder Erna nennt, geschweige denn Fürchtegott und Thusnelda, der sollte sich über eines klar sein: Leicht haben dürfte es der Sprössling damit nicht, mit Sicherheit aber schwerer als nötig – und das trotz einer modischen Renaissance betagter Vornamen wie Anna, Maximilian und Sophie. Wer so heißt wie die Leute unter Kaiser Wilhelm II., dem eilt nicht gerade der Ruf eines flotten Modernisierers oder Internet-Bloggers voraus. Psychologen und Soziologen haben den prädestinierenden, also vorbestimmenden oder gar vorverurteilenden Effekt von Vornamen schon vor fast 40 Jahren beschrieben. Der englische Titel ihrer Studie ließe sich mit «Namens-Klischees und Lehrer-Erwartungen» übersetzen.[29]

Damals mussten 80 Lehrerinnen und 80 Lehramtsstudentinnen die Kurzgeschichten von Fünftklässlern bewerten, wobei die Vornamen der Schüler über den Aufsätzen willkürlich vergeben worden waren – mal ein attraktiver, geläufiger Name, mal ein ungewöhnlicher, weniger gut klingender. Es erwies sich, dass die Aufsätze im Durchschnitt deutlich besser bewertet wurden, wenn die Vornamen der Verfasser positiv besetzt waren. Dieser Zusammenhang war bei Jungennamen deutlicher als bei solchen für Mädchen und zeigte sich ebenfalls klarer, wenn erfahrene Lehrerinnen urteilen mussten und nicht etwa Referendarinnen. Einen ähnlichen Effekt konnten US-Wissenschaftler 2008 im Hinblick auf ethnisch auffällige Vornamen nachweisen. In diesem Fall waren 130 Lehrkräfte aufgefordert, das Verhalten und den Leistungsstand von Fünftklässlern einzuschätzen. Die Versuchsteilnehmer gingen bei europäisch anmutenden Vornamen von deutlich besseren Leistungen und Eigenschaften aus als bei afro-amerikanisch klingenden.[30]

Doch wie kommt es zu solchen Vorurteilen? In seinem Buch über «Entwicklungs- und Sozialpsychologie» nennt der Psychologe Kevin Durkin von der Strathclyde-Universität im schottischen Glasgow zwei mögliche Gründe dafür: Einmal sei denkbar, dass mit wohlklingenden und beliebten Namen ein höherer gesellschaftlicher Status verbunden wird; zum anderen könne jemand aus dem Namen auf Erziehungs- und Fürsorgedefizite schließen – was natürlich nicht der Fall sein müsse.[31] Jedenfalls legt Durkin werdenden Eltern nahe, sie «sollten es sich zweimal überlegen, ihrem Neugeborenen einen Vornamen wie Adolf, Spangberta oder Firklebugg überzubraten». Wobei er auf Nachfrage schmunzelnd einräumt, die beiden letzten Namen aus einer Laune heraus erfunden zu haben. Wem es jedoch schnuppe sei, ob sein Kind wegen eines belasteten oder wunderlichen Namens möglicherweise Nachteile erfahre, der müsse halt damit rechnen, auch sonst nicht für den Allerfürsorglichsten gehalten zu werden.

Manche der Fallstricke, die bei der Namensvergabe lauern, sind alles andere als offenkundig. David Figlio, Wirtschaftswissenschaftler an der Universität von Florida in Gainesville, hat vor einigen Jahren anhand von Daten eines Schulbezirks in Florida untersucht, welche Schüler im Laufe ihrer Schulzeit dazu neigen werden, den Unterricht zu stören und sich respektlos gegenüber Lehrern zu verhalten – was Jungs im Allgemeinen öfter tun als Mädchen. Dabei stieß Figlio auf ein «Alarmzeichen», das bei Jungen mit ihrem Vornamen zu tun hat. Tragen diese nämlich einen, der zwar geläufig ist, auf den sonst aber weit überwiegend Mädchen hören, stören sie den

Unterricht etwa 1,3-mal so häufig wie Jungs mit einem klar männlichen Rufnamen.[32]

Dieses Phänomen zeigte sich bei Vornamen wie Courtney (zu 94 Prozent von Frauen getragen), Alexis (90 Prozent), Jamie (81), Ariel (80) und Dominique (66 Prozent). «Am wahrscheinlichsten geraten die Jungs in Schwierigkeiten, wenn sie einen Namen haben, auf den in derselben Klasse auch ein Mädchen hört», fand Figlio heraus. Interessanterweise werden die Jungs erst nach der Grundschulzeit zu Störenfrieden. Offenbar spielt das erst ein oder zwei Jahre später erwachende sexuelle Bewusstsein eine große Rolle dabei, aber auch die nun offensichtlicher werdende Zugehörigkeit zum männlichen Geschlecht, die von den Mitschülern auch erwartet werde.

Dem stehen dann aber die eher mädchenhaften Vornamen entgegen, mit denen zumindest ein Teil ihrer Träger zunehmend hadert – umso mehr, wenn die Jungen von ihren Klassenkameraden auch noch als Mädchen verspottet werden. Wie der US-Ökonom vermutet, könnten einige der betroffenen Jungen sich deshalb vornehmen, «das drohende Mädchen-Image schon vorbeugend abzuwehren» und Verhaltensweisen betonen, die sehr deutlich gängigen Männerklischees entsprechen. Wenn der Name schon nicht eindeutig den Mann ankündigt, müssen es halt Raufereien und Schläge richten.

Vielen Eltern dürfte nicht bewusst zu sein, welche Folgen ein als hübsch oder süß geltender Vorname für ihr Baby später haben kann. Nicht nur sind die Bildungschancen in der Gesellschaft ungleich verteilt – manche Kinder bekommen durch ihren auffälligen oder allzu modischen Vornamen noch ein zweites Stigma verpasst, das die Nachteile ihrer sozialen Herkunft noch verschärfen kann.

In Deutschland hat dieses Problem die Erziehungswissenschaftlerin Astrid Kaiser von der Arbeitsstelle für Kinderforschung der Universität Oldenburg untersuchen lassen. Übers Internet wurden 2008 rund 2000 Grundschullehrer beiderlei Geschlechts befragt und alle komplett ausgefüllten Fragebögen – etwa jeder vierte – detailliert ausgewertet. Generelles Ergebnis: Der überwiegende Anteil der anonym bleibenden Befragten nimmt Schülerinnen und Schüler anhand ihrer Namen nicht neutral wahr, sondern verbindet mit diesen positive oder negative Eigenschaften. Vergleichsweise freundlich, leistungsstark und verhaltensnormal erscheinen den befragten Lehrerinnen Kinder mit Vornamen wie Charlotte, Sophie, Marie, Hannah, Alexander, Maximilian, Simon, Lukas oder Jakob. Man meint sie förmlich vor sich zu sehen, die gediegenen Altbauwohnungen oder adretten Einfamilienhäuser, in denen diese Kinder leben. Hingegen stehen Schüler mit den Namen Chantal, Mandy, Angelina, Justin oder Maurice bei ihren Erziehern eher in bescheidenem Ansehen und gelten tendenziell als leistungsschwach, verhaltensauffällig und als die Kinder wirtschaftlich schwacher Eltern.

Als besonders schwierig stufen Pädagogen offenbar die Kevins dieser Welt ein. Ihr Sturmlauf an die Spitze von Namensregistern hat mit Kevin Costners Film «Der mit dem Wolf tanzt» aus dem Jahr 1990 großen Schub erfahren. Bis dahin hatten sie gerade einmal den 12. Platz unter allen Vornamen belegt, zumindest in der Tabelle Knud Bielefelds. Der schleswig-holsteinische Hobbyforscher ermittelt die Popularität von Vornamen auf Basis verschiedener Quellen und blickt dabei zurück bis ins Jahr 1890.[33] Schon ein Jahr nach Costners Filmerfolg erreichten die Kevins in Bielefelds Hitliste sogar Platz 1, sehr wahrscheinlich durch den Streifen «Kevin allein zu Haus». Es wäre reizvoll zu untersuchen, ob Bildungsbürger sich weniger von Kassenschlagern in der Welt des Kinos zu modischen Namen anstiften lassen als die sogenannte Unterschicht.

Kevin – aus schlechtem Haus

In der Studie der Universität Oldenburg hat sich «Kevin» jedenfalls als Klischeename für einen verhaltensauffälligen Schüler erwiesen. Ein Lehrer schrieb sogar in seinen Fragebogen, das sei «kein Name, sondern eine Diagnose!». Drastisch zeigt diese Einschätzung, wie schnell und häufig zu Unrecht Schüler «in Schubladen gesteckt werden, aus denen sie nur schlecht wieder herauskommen», bedauert Astrid Kaiser diese Ungerechtigkeit. Der überwiegende Teil des Lehrpersonals verbinde Persönlichkeitsmerkmale mit Vornamen, ohne sich dessen bewusst zu werden. Nur ein sehr geringer Anteil halte kritische Distanz zu vorverurteilenden Annahmen. Die Ergebnisse der Studie zeigten deshalb, «wie wichtig es ist, Pädagogen stärker für die Gefahr solcher Vorurteile zu sensibilisieren».

Ob die befragten Lehrerinnen – und vermutlich auch Lehrer – allerdings bereit wären, hier bewusst gegenzusteuern, steht auf einem anderen Blatt. Die von Kaiser mit der Studie betraute Mitarbeiterin sah sich jedenfalls hinterher einer Woge von Protesten gegenüber und war nach Worten ihrer Professorin «so fertig von den vielen Angriffen von Lehrerinnen», dass sie «Nachteile im Referendariat» befürchtete. Kaiser erklärt die Reaktionen damit, dass «man sich emotional ertappt fühlt und natürlich als Lehrperson die subjektive Norm hat, gerecht zu sein». Es sei unangenehm herauszufinden, dass man es nicht immer ist, trotz aller aufrichtigen Mühe.

Ein Vorname verführt jedoch nicht nur dazu, auf die soziale Herkunft seines Trägers zu schließen, sondern auch auf dessen Geburtsjahr. Wer eine Gruppenreise gebucht hat und die Liste der Teilnehmer erhält, kann sich kaum freimachen von der Versuchung, das Alter der Mitreisenden anhand ihrer

Vornamen abzuschätzen. Ein 30-Jähriger auf Frauensuche, der auf der Liste nur Elfriedes, Kunigundes oder Wilhelmines entdeckt, wird wahrscheinlich laut fluchen. Eine mitreisende Maike, Lisa oder Natascha hingegen dürfte seine Vorfreude befeuern.

Diesen Effekt konnte eine 2006 veröffentlichte Diplomarbeit aufzeigen, die Udo Rudolph betreut hat, der Inhaber des Lehrstuhls für Allgemeine und Biologische Psychologie an der Technischen Universität Chemnitz. Robert Böhm und Michaela Lummer überschrieben ihre Arbeit mit «Ein Vorname sagt mehr als 1000 Worte». Die beiden Studenten hatten 149 Müttern und Vätern unterschiedlichen Alters und Geschlechts einen langen Fragebogen vorgelegt. Anhand von 60 typischen männlichen und weiblichen Vornamen sollten die Versuchsteilnehmer Alter, Attraktivität, Intelligenz und Religiosität der Namensträger beurteilen und obendrein angeben, warum sie ihren eigenen Kindern die gewählten Namen gegeben hatten und keine anderen. Indem sie die statistische Häufigkeit von Vornamen zwischen 1965 und 2004 zu Rate zogen, unterschieden die beiden jungen Psychologen moderne von altmodischen und zeitlosen Vornamen.

Zentrales Ergebnis: «Die Träger moderner Vornamen wurden dabei stets jünger eingeschätzt als solche mit altmodischen», sagt Robert Böhm. Zudem wurde von dem geschätzten Alter auf die Attraktivität und – in geringerem Maße – auch auf die Intelligenz des Besitzers geschlossen. Das Fazit: Je jünger, desto attraktiver, und je attraktiver, desto intelligenter. «Das wahrgenommene Alter ist somit die zentrale Information im Vornamen», fügt Udo Rudolph hinzu. Zwar seien moderne Vornamen bei den Testpersonen auf den höchsten Zuspruch gestoßen, doch könnten «Zeitgeistkinder unter der Schnelllebigkeit des Namensgeschmacks leiden». Werdenden Eltern empfehlen die Chemnitzer Wissenschaftler deshalb zeitlose Vornamen, etwa Alexander, Michael oder Anna – sicher ist sicher.

«Gut Ding will Weile haben.»

Ohne Engel zu sein, bringen es manche Zeitgenossen fertig, selbst in teuflisch schwierigen Lebenslagen Geduld walten zu lassen. Nichts kann sie aus der Ruhe bringen oder aufgeben lassen; sie machen einfach weiter, beharrlich wie eine gutgeölte Tunnelbohrmaschine. Kommt man mit solcher Langmut schon zur Welt? Oder kann erst das Leben den Menschen geduldig machen?

«Wie immer bei der Erziehung ist ein entscheidender Punkt, welche Vorbilder das Kind hat, in welcher Umwelt es groß wird – womit ich die Familie meine, aber auch, ob man auf dem Land oder in der Stadt heranwächst», sagt Martin Hautzinger, der an der Universität Tübingen die Abteilung für Klinische Psychologie und Psychotherapie leitet. Wegweisend für das Kind sei «zu sehen, wie die Eltern in der Lage sind, Bedürfnisse aufzuschieben, wie sie mit Anforderungen umgehen, ob sie dabei hektisch werden». Allerdings unterschlägt der Psychologe auch den Einfluss der Biologie nicht: «Es gibt nun mal Menschen, die sind von ihrem Temperament her hektischer, ungeduldiger als andere, deren Hirn anders vernetzt ist.» Ob dafür letztlich die Erbanlagen oder Erfahrungen – auch bereits im Mutterleib gemachte – ausschlaggebend sind, sei ungeklärt. Tierstudien zeigten immerhin, «dass man hektische Individuen herauszüchten kann».

Deutlich werden die Wesensunterschiede geduldiger und ungeduldiger Menschen bei der Fähigkeit zum Belohnungsaufschub. Gemeint ist die Bereitschaft, für eine größere Belohnung in der Zukunft auf eine sofort gewährte, aber kleinere verzichten zu können. Bausparer etwa sammeln für ihr Traumhäuschen Geld an, das für schnellen Konsum ausfällt. Auch umjubelte Konzertpianisten wie der Chinese Lang Lang haben viel Zeit für beflissenes Üben opfern müssen – und tun es weiter.

Geduldig zu sein, klingt in diesen Fällen nach einer Tugend. Dazu würde passen, dass führende Manager, angesprochen auf eine persönliche Schwäche, auffallend oft «Ungeduld» angeben. Doch was wie ein Makel aussehen soll, könnte auch die geschickt getarnte Koketterie mit einer Eigenschaft sein, auf die der Betreffende im Grunde stolz ist. In solchen Fällen sei «nicht Ungeduld gemeint, sondern der Wille zur raschen Lösung eines Problems und der Unwille zum Auf- oder Wegschieben», sagt Martin Hautzinger. So verstanden, bezeichnet auch er sich als ungeduldig. Ungeheuer viele Leute schöben Probleme vor sich her, «weil sie überall ein Risiko sehen, das sie sorgt». Solche Zauderer seien aber nicht geduldig, sondern «schlicht unfähig, Probleme zu lösen».

Geduld, wie sie in der Arbeitswelt wünschenswert ist, darf also nicht mit Betulichkeit oder endloser Grübelei verwechselt werden. Doch in vielen Unternehmen schütten die Führungskräfte das Kind mit dem Bade aus und drücken übermäßig aufs Tempo: Statt geduldiges Arbeiten zu fördern, erzeugt das Betriebsklima Hektik, Stress und Versagensangst. «Wenn ein Betrieb dafür sorgt, dass keine ständige Arbeitshetze besteht, dass Leute nicht ständig unterbrochen werden, nicht dauernd neue Aufgaben bekommen, obwohl die alten noch nicht fertig sind, dann würden die Beschäftigten sicher intensiver an einer Aufgabe arbeiten», sagt die Psychologin Gisela Mohr von der Universität Leipzig. Die Mitarbeiter solcher Firmen seien nicht nur zufriedener und begingen weniger Fehler, sondern erzielten auch bessere Arbeitsergebnisse. «Unterbrechungen und Zeitdruck verlangen nämlich nach zusätzlicher Aufmerksamkeit oder sogenannten psychischen Ressourcen, und diese sind nun mal beschränkt.»

Unternehmer, die ihre Mitarbeiter am effektivsten einsetzen möchten, stehen jedoch vor einem Dilemma: «Auf der einen Seite möchte man schnell und innerhalb kürzester Zeit Ergebnisse sehen; auf der anderen Seite ist es langfristig gut, wenn man umsichtige Mitarbeiter hat, die möglichst über die Ränder ihres Arbeitsbereiches hinaus mitdenken», sagt der Hirnforscher Gerald Hüther von der Universität Göttingen. Erforderlich hierfür sei aber «eine entspannte Situation, in der die Mitarbeiter nicht ständig unter Erwartungsdruck stehen». Unternehmen sollten ihren Mitarbeitern deshalb «Freiräume schaffen, in denen geistiges, kreatives Arbeiten auch möglich wird».

Denn unter Druck wird unser Frontalhirn unspezifisch erregt; es gerät sozusagen ganz aus dem Häuschen. Dann herrscht Aufruhr ausgerechnet in der Schaltzentrale, wo alle Sinnesinformationen zusammenfließen und wo normalerweise die komplexesten Handlungsstrategien zum Lösen von Problemen ersonnen werden. «All das, was von dort aus gesteuert wird, klappt dann nicht mehr», urteilt Hüther. Dann versagen wir dabei, vorausschauend zu denken, können komplizierte Handlungen nicht mehr gut planen und haben Schwierigkeiten, uns noch in andere Menschen hineinzuversetzen. Mit Chaos im Vorderhirn schaffen wir es obendrein nicht länger, Frustrationen auszuhalten und innere Impulse unter Kontrolle zu bringen, schreien zum Beispiel unseren Ärger blindlings heraus, ohne Rücksicht auf die Folgen.

Darunter leidet am Ende auch das Unternehmen. Nach

Ansicht des Neurobiologen zwingt ein Chef seine Mitarbeiter «zum Rückgriff auf einfache Bewältigungsstrategien», wenn er ihnen jede Zeit für entspanntes Nachdenken nimmt oder sie sogar verängstigt. Statt komplexer Lösungen werden dann bewährte bevorzugt, bisweilen auch primitive. In normalen Zeiten, wenn die Geschäfte gut laufen, braucht ein Unternehmen deshalb nicht gleich aus dem Ruder zu laufen; alles wird weiterhin auf die vertraute Weise erledigt, «weil wir das schon immer getan haben», wie es dann gerne heißt.

Womöglich lässt sich die Zitrone sogar noch etwas stärker auspressen. «Um die Effizienz zu steigern und noch vorhandene Ressourcen auszuschöpfen, mag es ein geeignetes Mittel sein, Konkurrenz- und Leistungsdruck zu verstärken und bisweilen sogar Angst zu schüren», räumt Hüther ein. Doch auf die Kreativität und den Innovationsgeist von Menschen «wirkt dieser Druck wie ein zäher Ölfilm, der sich über eine sprudelnde Quelle legt». Denn indem stressende Vorgesetzte ihrer Belegschaft keinen Freiraum für kreative Ideen lassen, bleibt wertvoller Gehirnschmalz ungenutzt. Gut für den Profit des Unternehmens ist das zu keiner Zeit. Und bei turbulenten Märkten schlingert der Firmendampfer dann nicht nur, sondern zerschellt am nächsten Riff.

Geduld oder Leben

Vor allem Ärzte sollten sich Zeit lassen – und lassen können. Der renommierte US-Kardiologe Bernard Lown beklagt in seinem ungemein lesenswerten Buch über «Die verlorene Kunst des Heilens», dass viele Mediziner sich beim Reden mit ihren Patienten so wenig Zeit lassen. In seinen Augen ist das einer der größten ärztlichen Kunstfehler überhaupt. Denn 75 Prozent der für eine korrekte Diagnose maßgeblichen Informationen ließen sich allein durch Zuhören und gezielte Nachfragen an den Patienten gewinnen. «Die Zeit, die man in die Erhebung einer sehr genauen Krankengeschichte investiert, ist niemals vergeudet», schreibt Lown. Geduldiges Zuhören spare sogar Zeit.[34] Auch diagnostische Irrtümer geschähen so deutlich seltener. «Je älter ich werde, umso mehr Zeit lasse ich mir mit meinen Urteilen», schreibt der 1921 geborene Initiator und Mitbegründer der Organisation «Ärzte gegen den Atomkrieg». Davon profitieren offenbar auch die von ihm Behandelten: «Je weniger ich mich beeile, umso älter werden meine Patienten.»[35]

Einer Studie zufolge haben angehende kanadische Mediziner ihre Patienten im Durchschnitt bereits nach 15 Sekunden zum ersten Mal unterbrochen.[36] Eilige Ärzte schauen ihre Kundschaft nur flüchtig an und tippen während des Gesprächs ihre Befunde gleich in den Praxis-Computer. Ein verräterisches Zittern der Patientenhände, feucht werdende Augen oder ein ausweichender Blick beim Beantworten einer heiklen Frage kann der Doktor so womöglich gar nicht wahrnehmen. Allerdings müssten Ärzte für mitfühlendes und langmütiges Zuhören auch angemessen bezahlt werden. Den Preis dafür sollte die Versichertengemeinschaft gerne zahlen, denn die Kosten würden sich dank treffenderer Diagnosen höchstwahrscheinlich sehr rasch amortisieren. Ein Hektik verbreitender Arzt hingegen wird vieles Wesentliche aus dem Mund seines Patienten niemals erfahren. Gut Ding sollte also Weile haben – es könnte Leben retten.

Lernen und Lehren

«Nicht für die Schule, sondern fürs Leben lernen wir.»

«Lebenslanges Lernen», so schallt es von überall her. «Geistige Flexibilität tut not», tönt es ebenfalls aus den Lautsprechern, wo immer Bildungspolitiker und Unternehmer vom Arbeiter oder Angestellten der Zukunft sprechen. Keiner könne sich mehr davor drücken, seine Fertigkeiten laufend auf Vordermann zu bringen, um ... ja, wozu eigentlich?

Vielleicht dazu, um auch in einem Jahr noch – oder erstmals – einen sogenannten festen Job zu haben, auch wenn dieser Sicherheit nur vorgaukelt. Womöglich auch, um für die Wirtschaft weiterhin verwertbar zu sein – oder endlich wieder. Was wir gestern gelernt haben und heute können, wird morgen schon vergessen sein. Das passt zu einer Welt, in der die Telefontarife alle zwei Monate wechseln, ein Rechner nach zwei Jahren veraltet und alle drei Tage eine neue Programmversion herunterzuladen ist.

Das also ist das Leben, auf welches die Schule die verbliebenen Kinder im grauhaarigen Deutschland vorbereiten soll. Schafft sie das denn? «Ja, sofern damit die in der Schule erworbenen Kulturtechniken gemeint sind, zu denen ich auch strukturiertes Denken zähle», sagt Markus Melchers, philosophischer Berater in Bonn. «Der Schulstoff selbst mag immer schneller veralten, aber Sozialverhalten, Lernen in der Gruppe, das Sich-Vergleichen und -Messen mit anderen bereiten in der Tat auf das Leben in der modernen Gesellschaft vor – wenn auch nicht jeden.»

Melchers Einschränkung gilt am ehesten für Kinder aus sogenannten sozialen Brennpunkten. Immer öfter müssen Lehrer einen erheblichen Teil ihrer Kräfte und der Unterrichtszeit dafür aufwenden, um im Klassenraum halbwegs für Ruhe zu sorgen. «Schulen scheitern daran, dass es Lehrern und Schülern über weite Strecken nicht mehr gelingt, eine Unterrichtssituation herzustellen, die erfolgreiches Lernen überhaupt erst ermöglicht», urteilt der Mediziner und Psychologe Joachim Bauer von der Uniklinik Freiburg.

Aus diesem Grund erlebten Lehrer, Schüler und deren Eltern etliche Schulen «als Orte des Grauens …, denen man, kaum hat man sie morgens gezwungenermaßen betreten, so schnell es geht wieder entkommen möchte», fügt Bauer hinzu, der auch das Institut für Gesundheit in pädagogischen Berufen (IGP) des Bayerischen Pädagogenverbandes BLLV leitet. Letztlich aber scheitere die Schule «an der Unfähigkeit der Beteiligten, die wichtigste Voraussetzung für gelingende Bildung zu schaffen: konstruktive, das Lernen befördernde Beziehungen».[1]

Aus Sicht von Hirnforschern gibt es keinen Grund, warum ein Kind sich weigern sollte, sein Wissen und Können zu erweitern. Im Gegenteil: Von Natur aus lernen Kinder ungeheuer gerne, und sie lieben Menschen, die ihnen die Welt erklären, wohlgemerkt in ihrer Sprache. «Man muss beim Lernen nicht unbedingt Freude haben, aber dann ist es leichter und schöner», sagt der Neurobiologe und Medizin-Nobelpreisträger Eric Kandel. Deshalb müssten Lehrer bei ihren Schülern vor allem Aufmerksamkeit erreichen. Sie bewirke nämlich, dass im Hirn Serotonin und Dopamin ausgeschüttet würden. «Nur wenn diese beiden Hormone beteiligt sind, entstehen die Nervenzellverbindungen, die für das Langzeitgedächtnis notwendig sind.» Allerdings sei es hierfür ebenso wichtig, den Lernstoff fleißig zu wiederholen, etwa vor einem Vokabeltest.[2]

Erziehen zum Werten

Eine Schule, die erfolgreich sein will, muss bei ihrer Kundschaft Interesse an der vermittelten Sache wecken und Bezüge zu ihrer Lebenswirklichkeit herstellen. «Schüler lernen für eine Zukunft, die niemand kennt», sagt der Pädagoge Volker Ladenthin von der Universität Bonn. «Sie lernen also auf Vorrat – ein Lernen, zu dem wir Erwachsene gar nicht mehr bereit sind.» Schulkinder müssten deshalb darauf vertrauen können, dass das, was die Lehrer lehren, auch wirklich wertvoll ist. Wann aber ist das der Fall? «Wenn man es jetzt als wichtig empfindet; wenn es einem die Welt erklärt; wenn es selbst in einer ungewissen Zukunft Bestand hat», antwortet der Erziehungswissenschaftler. «Wenn Lehrer dies jedes Mal zeigen, dann lehren sie etwas Wertvolles.» Bestimmte Werte hingegen sollten sie den Schülern nicht eintrichtern. Denn welche sollten das in einer Gesellschaft mit so vielen verschiedenen Lebensstilen auch sein? Erstrebenswert sei vielmehr eine «Erziehung zum Werten»[3]. Ladenthin meint damit die Fähigkeit, sich mit unterschiedlichen Wertvorstellungen auseinanderzusetzen und «sich bewusst zu entscheiden, sie anzunehmen oder abzulehnen».

Mit Gold aufzuwiegen sind Pädagogen, die es schaffen, bei den Schülern Sinn zu stiften. Den Geometrie-Satz des Pythagoras ($a^2 + b^2 = c^2$) oder den Zweck des Lackmus-Tests (Säure-Base-Unterscheidung) kann man stumpfsinnig pauken, ohne etwas zu begreifen und das Wesentliche zu behalten. Man kann aber auch lernen und durch Ausprobieren erfahren, wozu beide im Leben nützlich sein können, zumindest im Beruf. Dies mit Herz, Kopf und Hand zu vermitteln, ist die vornehme Aufgabe von Lehrern.

Zur Wahrheit gehört aber auch, dass wir etliches lediglich

als Basis für die nächsten Lernschritte büffeln, im Grunde also nicht fürs Leben. «Die gesamte Grundschulzeit ist eigentlich ein Lernen für die Schule; andernfalls könnte man ja danach schon ins Leben treten», gibt Ladenthin zu bedenken. Aber auch auf der Gesamtschule oder dem Gymnasium beschäftigten sich Schülerinnen und Schüler notgedrungen mit Grundlagen, die sie nur dann nutzen können, wenn sie später weiter lernen, etwa im Studium. Lateinische Grammatik zum Beispiel «kann man im Leben nicht brauchen». Wer später kein Latein studiere oder es nicht privat vertiefe, werde sich ärgern, lateinische Grammatik gepaukt zu haben. Wer aber gelernt habe, mit ihr lateinische Texte zu übersetzen, für den hat sie einen Sinn gehabt.

Das Sprichwort könnte also ebenso gut heißen: «Nicht fürs Leben, sondern für die Schule lernen wir» (auf Latein: Non vitae, sed scholae discimus). Genau so sprach im ersten nachchristlichen Jahrhundert Seneca, unter anderem Schriftsteller und wichtiger Erzieher des späteren römischen Kaisers Nero. «Er hat das kritisch gemeint», sagt Heinz-Elmar Tenorth, bis 2011 Professor für Historische Erziehungswissenschaft an der Berliner Humboldt-Universität. Da es damals keine allgemeinbildenden Schulen gab, hatte Seneca mit seinem Spott die römischen Philosophenschulen im Auge. Sie zieh er einer «unmäßigen Sucht» nach Gelehrsamkeit. Mehr Lebens- statt nur Schulweisheiten auf dem Lehrplan wären ihm lieber gewesen.

Tenorth wirbt gleichwohl um Nachsicht mit der immer wieder kritisierten Schule unserer Tage. Die weit überwiegende Zahl der Schüler bereite sie durchaus aufs Leben vor und stehe «in dieser Frage zu Unrecht in schlechtem Ruf». Die Schule lehre die Kinder kulturelle Basistechniken, «ohne die man nicht nur schlecht aufs Leben vorbereitet, sondern in der heutigen Welt handlungsunfähig wäre. Dass wir Einzelheiten des Lernstoffs später vergessen, widerspricht dem nicht.»

Trotz seiner Schulzeit an einem altsprachlichen Gymnasium könne er selber heute keine altgriechischen Texte von Platon oder Aristoteles im Original mehr lesen und verstehen, sondern sei froh für eine deutsche Übersetzung. Auch beherrsche er keine Kurvendiskussion aus der Mathematik mehr, keine Integralrechnung und auch keine Verfahren zum Testen der statistischen Signifikanz. «Es wäre völlig überzogen zu erwarten, dass wir uns an solche Dinge nach etlichen Jahren noch erinnern können sollten», meint Tenorth. Er wisse aber noch, dass es solche Rechenprozeduren gebe und wozu man sie einsetzen könne. Details hingegen müsse man sogar vergessen können – und das «möglichst gelassen».

Forderungen, die Schule habe Kindern ganz lebenspraktische Dinge beizubringen, kann er wenig abgewinnen. Den Umgang mit Geld zum Beispiel lernten die Kinder auf dem Schulhof, indem sie einander begehrte, aber selber nicht benötigte Spielfiguren oder Sammelbilder verkaufen oder austauschen. «Davon hat mir schon mein Enkel erzählt, als er fünf Jahre alt war.» Die Schule solle vielmehr das lehren, «was man nur in Schulstunden lernen kann». Das spreche nicht gegen lebensnahe Beispiele. «Jeder vernünftige Pädagoge macht das, aber er bleibt eben nicht beim Beispiel stehen, sondern verdeutlicht damit die entscheidenden Prinzipien.»

Für Tenorth liegt der «Clou der Schule» darin, dass sie den Schülern systematische Einsichten vermittelt. «Sie ist eine eigene Welt und muss das auch sein, denn man lernt fürs Leben nur dann, wenn man die Chance hat, sich eine Weile in einem solchen Schonraum zu bewegen.» Es sei deshalb «gut und richtig, dass das Schultor sich für die Zeit des Unterrichts schließt und die Welt draußen bleibt». Schon das aus dem Griechischen stammende Wort für Schule drückt diese Sonderrolle der Lehranstalten aus, denn es bedeutet Muße und meint damit auch freie Zeit zum Nachdenken. Fragen der Nützlichkeit oder gar wirtschaftlichen Verwertbarkeit stellen sich hier gar nicht. Auch deshalb ist Tenorth gegen ein Abitur schon nach zwölf Schuljahren. «Kinder brauchen die Zeit, um sich auszuprobieren, auch um ungestraft Fehler machen zu können. Später im Beruf geht das so nicht mehr.» Was ziemlich dumm ist. Denn wer bei Patzern gleich mit Konsequenzen droht, fördert ihr Vertuschen. Der Knall am Ende ist dann umso lauter – schlimmstenfalls im Kernkraftwerk.

«Morgenstund hat Gold im Mund.»

Aurora soll schuld daran sein, dass eingefleischte Frühaufsteher, sogenannte Lerchen, sich in ihrer Lebensweise bestätigt fühlen dürfen, wann immer sie lesen, Morgenstund habe «Gold im Mund». Selbiges soll nämlich auch die römische Göttin der Morgenröte im Mund getragen haben, und obendrein bedeckte güldnes Haar ihr Haupt. Die für Morgenmuffel nervige Spruchweisheit würde damit auf die lateinische Redensart «Aurora habet aurum in ore» zurückgehen (von *os*, lateinisch für Mund, wovon auch das Wort *oral* abgeleitet ist).

Doch möglicherweise ist alles mal wieder ganz anders. Vorläuferin der goldvollmundigen Morgenstunde könnte auch das 1497 von Erasmus von Rotterdam in einem Brief verwendete Sprichwort «Aurora musis amica» sein, zu Deutsch: «Aurora ist der Musen Freundin.»[4] Etwa 150 Jahre später soll der lateinische Spruch in Philipp Harrsdörfers «Schauspiel Teutscher Sprichwörter» wie folgt übersetzt worden sein: «Morgenstund hat Brot im Mund; morgens studiert man am besten.» So verstanden könnte bald viel Gold (also verdientes Geld) in die Hände bekommen, wer schon am frühen Morgen arbeitet, statt sich noch im Bett zu fläzen. Dass vom frühen Aufstehen aber letzten Endes ganz andere profitieren könnten als der zeitig aus den Federn Steigende selber, zeigt ein 80 Jahre alter Reim Bertolt Brechts: «Ach, des Armen Morgenstund/Hat für den Reichen Gold im Mund.»

Wie auch immer, die alte Spruchweisheit findet sich jedenfalls in vielen Kulturen in überraschend ähnlicher Form. Till Roenneberg von der Münchner Ludwig-Maximilians-Universität hat da so seine Zweifel. Der Chronobiologe vom Institut für Medizinische Psychologie befasst sich intensiv mit dem täglichen Auf und Ab von Wachheit und Schläfrigkeit und anderen physiologischen Rhythmen bei Lebewesen. Für ein Buchprojekt hat er «Freunde in allen Teilen der Welt gebeten, aus möglichst vielen Kulturen Sprüche über Frühaufsteher für mich zu sammeln».[5] Das Ergebnis wird Nachteulen, als die Morgenmuffel gelten, gehörig wurmen – zumindest, wenn sie an Gott glauben. Im Französischen nämlich hilft der Allmächtige den zeitig Wachen, «steht ihnen bei und lenkt ihre Hand». Auch Spanier lernen schon früh, dass Gott bei jenen ist, «die früh aufstehen». Kleine Russen wiederum bekommen zu hören, dass Freunde der Morgenröte schmackhafte Pilze sammeln können, während die Schläfrigen und Faulen sich später mit Brennnesseln begnügen müssen. Und selbst den Chinesen legt eine Lebensregel nahe, wer früh die Augen schließe und früh das Bett verlasse, dürfe auf gute Gesundheit hoffen.

Warum bloß heißen derart verschiedene Kulturen zeitiges Aufstehen gut? Die Antwort ist simpel: Rings um die Erde haben bis vor ein oder zwei Jahrhunderten – und vielerorts ja noch heute – die meisten Menschen von kleinbäuerlicher Landwirtschaft gelebt. Und wenigstens damals, als es noch keine Scheinwerfer gab, brauchten Bauern Sonnenlicht, um ihre Felder bearbeiten zu können. Die Frühaufsteher-Moral sei deshalb verständlich in Kulturen, «in denen die gesamte Bevölkerung sehr ähnliche Ruhe- und Arbeitszeiten hat und in denen die Produktivität vor allem auf Tageslicht angewiesen ist», sagt Roenneberg. In diesem Fall hänge die Verfügbarkeit von Ressourcen nicht nur vom Raum ab – also davon, *wo* man Nahrung finde. Auch die Zeit, also *wann* man auf Essbares stößt, entscheide über den Erfolg. Menschen, die in Konkurrenz zu ihren Nachbarn oder gar feindlichen Sippen Früchte oder Pflanzen sammeln mussten, liefen also besser schon bei Tagesanbruch los als erst nach dem Mittagsschläfchen. Vielerorts ist das auch heute noch so.

Auf das Handeln zur rechten, weil am meisten erfolgversprechenden Zeit spielt auch das sinnverwandte Sprichwort vom frühen Vogel an, der allein den Wurm fange. Denn an heißen Sommervormittagen haben die gemeinten Regenwürmer sich längst wieder ins kühlfeuchte Erdreich zurückgezogen, sodass späte Vögel schlicht leer ausgehen. «Im Sommer kommen Regenwürmer, wenn überhaupt, in erster Linie in der Nacht an die Bodenoberfläche», bestätigt Johannes Bauchhenß diese Deutung. Und er sollte es wissen, denn der Biologe hat bei der Bayerischen Landesanstalt für Bodenkultur und Pflanzenbau jahrzehntelang auch den segensreichen Beitrag der Regenwürmer zur Fruchtbarkeit von Äckern und Feldern erforscht.

Nicht aufgeweckt, sondern schläfrig

Spätestens mit dem Aufkommen industriell geprägter, vom Tageslicht unabhängiger Arbeitsrhythmen hat der frühe Morgen als idealer Arbeitsbeginn an Überzeugungskraft verloren. Doch noch immer beginnen die Bürozeiten oftmals morgens um acht und enden unnötig früh gegen 16 Uhr, zumindest auf Ämtern. Schlimmer noch: Auch die Kinder müssen morgens früh zur Schule – aus biologischer Sicht ein Irrsinn sondergleichen. Vor allem für die älteren unter ihnen hat Morgenstund nämlich keinen goldigen, sondern einen offenen Mund – man könnte auch sagen: einen zum Gähnen weit aufgerissenen. Wider jede schlafmedizinische Erkenntnis zwingen Kultusminister die Schüler zu einem Schulbeginn meist zwischen 7.45 und 8.15 Uhr, mancherorts mit der sogenannten nullten Stunde sogar um 7.15 Uhr. So müssen viele Kinder wegen weiter Anfahrtswege bereits um 6 Uhr oder gar noch zeitiger aufstehen. «Das ist für sie biologisch nicht früh, sondern mitten in der Nacht», urteilt der Regensburger Schlafforscher Jürgen Zulley.

Insofern sorgen nicht nur überzogener Fernsehkonsum und spätes Zubettgehen dafür, dass viele Kinder im Unterricht übermüdet und unkonzentriert sind, sondern auch der unnötig frühe Schulbeginn. In diesem Zustand sollen sie begreifen, worin sich die zweite von der ersten binomischen Formel unterscheidet oder was es mit dem Zitronensäure-Zyklus auf sich hat. Ebenso bedenklich: Da Erlerntes sich im Schlaf verfestigt, stört ein Wecker, der das Schulkind vorzeitig aus der Nachtruhe reißt, auf Dauer den Lernerfolg

Am schwersten tun sich Jugendliche zwischen 14 und 18 Jahren dabei, um 6.30 oder 7 Uhr aus den Federn zu kommen. «Jugendliche vor 9 oder 9.30 Uhr zu unterrichten, ist ziemlich kontraproduktiv», sagt Till Roenneberg. Oft hört er zwar von Lehrern das Argument, die Jugendlichen seien selber schuld an ihrer Müdigkeit, weil sie zu lange aufblieben und sich in Diskotheken herumtrieben. Doch das sei falsch. Der Einschlafreiz komme bei Jugendlichen nun mal «spät in der Nacht». Als Spätschläfer können sie bis zum frühen Morgen gar nicht auf ihr nötiges Schlafpensum kommen. Langschläfer hingegen können das sehr wohl schaffen, sofern sie abends regelmäßig früh entschlummern – weshalb es die beiden Begriffe Lang- und Spätschläfer sauber zu trennen gilt: Auch Frühaufsteher können nämlich Langschläfer sein.

Roenneberg steht mit seiner Kritik am frühen Schulbeginn längst nicht alleine da. Auch eine Studie von US-Forschern der Northwestern University in Evanston bei Chicago kommt zu dem Ergebnis: Der frühe Schulbeginn raubt Teenagern im Schnitt rund zwei Stunden Schlaf und macht sie so zu schlechteren Schülern.[6] Wenigstens sollten Lehrer deshalb davon absehen, in den ersten beiden Stunden Klassenarbeiten zu schreiben. Und wer etwas gegen das zunehmende Übergewicht von Schülerinnen und Schülern machen möchte, sollte ebenfalls alles dafür tun, dass die Kinder wenigstens ausschlafen können, wenn ihre Eltern sie schon abends nicht von der Glotze loseisen können. Denn wie die Kinderärztin Judith Owens und die Psychiaterin Mary Carskadon von der Brown University im US-Bundesstaat Rhode Island nachweisen konnten, verleitet Schlafmangel am Folgetag dazu, mehr zuckerhaltige Nahrungsmittel mit hohem Kaloriengehalt zu verzehren. Außerdem wirken solche Kinder mal lethargisch, mal übernervös, unkonzentriert und unaufmerksam, was von ihren Eltern leicht als sogenannte ADHS-Störung missverstanden werden kann – und dummerweise von Ärzten auch.[7]

Aus schlafmedizinischer Sicht wird das Problem des frühen Schulbeginns noch verschärft dadurch, dass Kinder und Jugendliche «sich zu wenig im Freien aufhalten und ihnen deshalb natürliche Zeitgeber fehlen», vor allem natürliche Helligkeit. «Kinder brauchen mehr Tageslicht», mahnt Till Roenneberg. In seiner Kindheit, also vor etwa 50 Jahren, habe man sich noch «40 bis 50 Prozent länger draußen aufgehalten». Heute jedoch hockt der Nachwuchs stundenlang vor Computer-Spielen, sieht fern oder hört Musik im Zimmer. Auch deshalb schlafen Kinder abends später ein als noch Mitte des 20. Jahrhunderts, bekommen morgens aber nicht den Zusatzschlaf, den sie eigentlich brauchen.

Die Befunde sind klar. Doch leider werde «immer so getan, als sei der Mensch kein biologisches Wesen und es lasse sich alles mit Disziplin regeln», bemängelt Roenneberg diese Haltung. Darunter leide die Wirksamkeit des Schulunterrichts, der «unsere Messlatte sein muss». Für ihn steht fest: Durch den frühen Schulbeginn sind ein «konzentriertes Empfangen von Wissen und ein konsolidiertes Lernen nicht möglich».

Nun fragt man sich, wieso die immer mal wieder aufkeimende Debatte um einen späteren Schulbeginn nicht fruchtet. Sollte Roenneberg recht haben mit seiner Vermutung, dass Lehrer und Kultusbeamte das Schlafbedürfnis von Schülern zu selbstgerecht beurteilen? Nach Ansicht des Münchner Chronobiologen wählen Menschen sich ihre Berufe auch nach den eigenen Schlafvorlieben aus, und in Ämtern seien Frühaufsteher nun mal relativ häufig anzutreffen. «Die Leute, die über die Schulzeiten bestimmen, sind kein repräsentativer Querschnitt der Bevölkerung.» Das ist schade. Denn von ausgeschlafenen Schülern würden die Lehrer und von ausgeruhten Beschäftigten die Unternehmen Vorteile haben. Die Gleitzeit mit der darin eingebetteten Kernarbeitszeit ist immerhin ein erster Schritt.

Doch den größten Nutzen hätten die Morgenmuffel selbst: Für sie geht es um nicht weniger als um Gerechtigkeit. Denn wer als Frühaufsteher geboren ist, erzielt bessere Noten und hat später auch im Beruf im Durchschnitt mehr Erfolg, wie Studien zeigen konnten. Einige davon gehen auf den Biologen Christoph Randler von der Pädagogischen Hochschule Heidelberg zurück, der sich mit den Schlafgewohnheiten von Studierenden beschäftigt hat und damit, wie diese beim wenige Jahre zurückliegenden Abitur abgeschnitten haben.

Sein entscheidender Befund: Bekennende Frühaufsteher hatten das Gymnasium mit deutlich besseren Abschlusszeugnissen verlassen – für unser auf größtmögliche Gerechtigkeit zielendes Schulsystem ein unrühmlicher Befund. Denn er bedeutet ja keineswegs, dass Frühaufsteher «intelligenter sind und systematischer oder disziplinierter gelernt» hätten, beugt der Biologie-Didaktiker Fehldeutungen vor. «Es heißt nur, dass diese jungen Leute das Glück hatten, in jenen Stunden des Tages herausgefordert zu werden, in denen sie munter waren.» Spätschläfer schon so früh im Leben systematisch zu benachteiligen und ihren Schöpfergeist und ihre Intelligenz zu behindern, kann sich die Gesellschaft eines rohstoffarmen Landes wie Deutschland nicht leisten.

Krank durch Schlafmangel

Kultusminister, Behördenleiter und Unternehmer sollten die im Tagesverlauf wechselnde Leistungsfähigkeit und die Schlafbedürfnisse ihrer Schüler, Mitarbeiter oder Angestellten aber noch aus einem ganz anderen Grund stärker beachten. Wer nämlich dauernd zu wenig schläft, will heißen: weniger als fünf bis sechs Stunden pro Nacht, der bekommt rund 1,5-mal so wahrscheinlich einen Herzinfarkt und 1,25-mal so oft einen Schlaganfall wie ausreichend Schlafende. Das haben Forscher der britischen Universität von Warwick kürzlich herausgefunden, indem sie 15 Studien mit insgesamt 475 000 Probanden aus acht Ländern analysierten.[8]

In Deutschland erleiden pro Jahr etwa 280 000 bis 290 000 Bundesbürger einen Herzinfarkt; das durchschnittliche persönliche Jahresrisiko eines Menschen liegt demnach bei etwa 0,35 Prozent (3,5 von 1000 Menschen, Lang- wie Kurzschläfer eingerechnet). Erhöhte sich die Wahrscheinlichkeit eines Herzinfarkts bei dauerhaftem Schlafmangel tatsächlich um nahezu die Hälfte, mag das zunächst nach wenig klingen: Hochgerechnet auf ein Volk von 82 Millionen wäre es aber kein Kinkerlitzchen.

Warum zu wenig Schlaf auf Dauer die Gesundheit beeinträchtigt, wird der Studie zufolge «noch nicht völlig verstanden». Offenbar senkt ein konstantes Schlafdefizit im Blut den Gehalt des appetitzügelnden Hormons Leptin und erhöht darin die Konzentration des appetitfördernden Hormons Ghrelin. Dadurch isst der Unausgeschlafene mehr als nötig, verbraucht aber gleichzeitig weniger Energie und nimmt deshalb zu, was wiederum die Zuckerkrankheit (Diabetes mellitus) fördert und in der Folge Ablagerungen an den Gefäßwänden (Arteriosklerose). Sogenannte Gefäßverkalkungen wiederum begünstigen Herzinfarkt und Schlaganfall. Die Neigung von immer mehr Menschen, zu spät in die Federn zu kriechen, sei eine «tickende Zeitbombe» für die Volksgesundheit, zieht Studienleiter Francesco Cappucino als Fazit.[9] Das Gleiche gilt für notgedrungen zu frühes Aufstehen – auch wenn es die Hersteller von Weckern freuen mag.

Womöglich ist der gerade in Chefetagen verbreitete Schlafmangel eine Ursache des eher ungesunden Lebens von Führungskräften. Wie das Institut für Demoskopie in Allensbach im Auftrag des Wirtschaftsmagazins *Capital* ermittelt hat, schlafen zumindest die 519 befragten Vorgesetzten aus Politik, Wirtschaft und Verwaltung im Schnitt lediglich sechs Stunden und zehn Minuten pro Nacht. Damit schlummern sie etwa eine Stunde weniger als die Durchschnittsbevölkerung, wie diverse Umfragen ergeben haben. Wohlgemerkt: Auch die

Angaben der Manager beruhen auf nicht selten trügerischer Selbsteinschätzung. Zudem gilt es gerade bei ihnen als schick, auf mangelnden Schlaf hinzuweisen. Was ist man doch für ein toller Hecht, wenn man sich von Langschläfern absetzen kann, die in ihrem muffigen Faulpelz vermeintlich nutzlos ihr Leben verdämmern.

Spitzenpolitiker schlafen nach der Allensbach-Umfrage übrigens am wenigsten: ein Drittel von ihnen nur fünf Stunden pro Nacht. Und Chancen auf eine Führungsposition habe, wer lange schlafen wolle, ohnehin nicht, meinte die Mehrheit der Befragten.[10] Wir werden also von Übermüdeten regiert, verwaltet und bewirtschaftet. Und diese Leute scheinen auch noch stolz darauf zu sein. Schlaf, Deutschland, schlaf!

«Aller Anfang ist schwer.»

«Fangen Sie einfach mal an!» Oder auch: «Schreiben Sie einfach drauflos!» Das sind Sätze mit Donnerhall. Beginnen – schon das fällt vielen Menschen schwer. Und dann soll es auch noch einfach sein! Wer zum ersten Mal im Leben eine Mauer hochziehen oder aus dem Stegreif ein Soufflé zubereiten soll, kann sich immerhin mit dem sehr bekannten Sprichwort trösten, wonach aller Anfang schwer ist. Der eine oder andere Bücherwurm mag auch den französischen Schriftsteller und Philosophen Albert Camus (1913–1960) kennen, der einmal schrieb: «Die meisten großen Taten, die meisten großen Gedanken haben einen belächelnswerten Anfang.»[11] Das soll offenbar trösten oder ermuntern, sagt indes noch gar nichts darüber aus, ob der erste Schritt zur Tat oder der erhoffte Geistesblitz zur Abwechslung auch mal mühelos gelingen könnte.

Doch in der Regel wird er das nicht, wenigstens keinem

Grünschnabel. Für sogenannte Naturtalente gelten andere Regeln – wobei sich bei genauerem Hinsehen für deren vermeintliches Genie oftmals schnöde Gründe finden lassen: Üben muss am Ende jeder, auch die beste Geigerin der Welt. Darauf dürfte der Dichter Theodor Fontane (1819–1898) angespielt haben, als er einmal bemerkte: «Gaben, wer hätte sie nicht? Talente – Spielzeug für Kinder. Erst der Ernst macht den Mann, erst der Fleiß das Genie.»[12] Und erst der Schweiß den Erfolg.

Bloß – warum ist das Beginnen so schwer? «Häufig schon deshalb, weil die Betroffenen sich noch gar nicht klar darüber sind, wann genau sie mit einer Arbeit anfangen wollen», sagt die Motivationspsychologin Anja Achtziger von der Zeppelin Universität in Friedrichshafen. «Sie machen sich nicht bewusst, welches eine günstige Situation wäre, um in die Gänge zu kommen», etwa beim Versuch, endlich abzunehmen oder Sport zu treiben. Wie die Forschung zeige, klappe das viel eher, «wenn man sich zum Beispiel fest vornimmt, morgen früh mit dem Laufen anzufangen oder morgen beim Frühstück nur die Hälfte zu essen». Ohne solche vorgedachten Fixpunkte «vertrödelt man die Sache häufig». Wer zum Beispiel endlich ein schon lange geplantes Bild malen möchte, «der sollte den Vorsatz fassen, morgen Vormittag – beim ohnehin vorgesehenen Gang in die Stadt – den benötigten Pinsel zu kaufen», rät Achtziger. «Mit einem solchen Handlungsplan für zielförderndes Verhalten wird die Sache eher erledigt.» Es gehe letztlich darum, ein schwer fassbares Projekt in klar umrissene Teilaufgaben und möglichst logische Handlungsschritte zu zerlegen.

Dieser Rat betrifft freilich keine Routineaufgaben. «Ziele setzt man sich und braucht man ja auch nur, wenn es gerade nicht um Gewohnheitshandlungen geht», sagt Achtziger. Denn vertraute Aufgaben sind einfach zu erledigen, so etwa das Zubereiten des Morgenkaffees, den viele Menschen noch im

Halbschlaf kochen. «Es sind die ungewohnten Ziele, die man planen muss.» Für ihr Erreichen hat das Hirn nämlich noch keine gutgeölten Automatismen entwickeln, also noch keine Nervennetzwerke ausprägen und verschalten können, die uns manchmal drei Kilometer weit mit dem Auto fahren lassen, ohne dass wir irgendetwas davon mitbekommen, zumindest auf bekannten Strecken. Mit einer Routine zu beginnen, ist deshalb viel einfacher als mit Ungewohntem – und das lässt sich für den Einstieg in eine größere Aufgabe prima nutzen.

Ein Beispiel: Viele Menschen tun sich schwer damit, den ersten Satz eines Briefes, einer Semesterarbeit oder einer Rede fürs Vereinsfest zu formulieren. Der Einstieg ist entscheidend; er fängt die Leser oder eben nicht. Genau deshalb soll der Auftaktsatz der beste aller denkbaren sein: spritzig, klug und witzig. «Doch diese Hürde ist wahrscheinlich zu hoch», sagt Anja Achtziger. Am wichtigsten sei in einem solchen Moment, «ins Zielstreben überhaupt mal hineinzugehen», also mit dem Schreiben anzufangen. Das gilt auch für routinierte Autoren. Wer also partout keinen originellen Einstieg in die Vereinsrede findet, zergrübelt sich lieber nicht länger das Hirn, sondern geht besser dazu über, den Jahresrückblick zu verfassen. Wegen der unabänderlichen Chronologie der Ereignisse lässt er sich vergleichsweise simpel abarbeiten. Und schon ist man einen wichtigen Schritt weiter – oder «drin», wie es umgangssprachlich heißt.

Die anfängliche Hemmung wächst leider mit dem Anspruch der Aufgabe. Je größer er ist oder je unübersichtlicher ein Projekt erscheint, desto stärker bremst uns die Ehrfurcht oder gar die Abscheu davor. Immerhin wird uns das Vorhaben über Tage, Wochen oder gar Monate binden. «Am Anfang einer Handlungskette ist der notwendige Energieaufwand maximal», sagt Julius Kuhl von der Universität Osnabrück. Jeder beabsichtigte Handlungsschritt belastet nämlich das Absichtsgedächtnis – jenen Ort im Hirn, wo Pläne oder Ziele bewusst gespeichert und sozusagen wachgehalten werden müssen. «Herrje, ich wollte doch noch einkaufen, und dann muss ich ja auch noch zum Schuster, und zu Hause wartet seit Tagen die schmutzige Wäsche.» So ungefähr erinnert uns dieser Plänespeicher an noch Unerledigtes, das wir uns vorgenommen haben.

Dummerweise bremst uns das, was noch zu erledigen ist, auch umso länger, «je mehr Handlungsschritte noch vor einem liegen», sagt Kuhl und nennt ein Beispiel: «Bittet man Versuchspersonen, so rasch wie möglich die Wochentage rückwärts aufzusagen – zum Beispiel von Sonntag bis Freitag oder von Sonntag bis Dienstag –, dann ist die Reaktionszeit bis zum Aussprechen des ersten Wortes – nämlich Sonntag – umso länger, je mehr Wochentage aufgezählt werden sollen.» Man könnte hier an einen Hochspringer denken, der einen umso größeren Anlauf nehmen muss, je höher er kommen will, und der sich vor dem ersten Schritt umso länger konzentriert, um Kraft zu sammeln.

Eine Fallgrube darf hier nicht unerwähnt bleiben: «Wer sein Absichtsgedächtnis ständig mit immer neuen schwierigen Aufgaben belastet, aber nicht in der Lage ist, ab und zu auch die positive Energie zur Umsetzung einzelner Handlungsschritte aufzubringen, der wird zum Zögerer», schreiben Julius Kuhl und Jens Uwe Martens in ihrem Buch über die «Kunst der Selbstmotivierung».[13] Der von allerlei Absichten Belastete denke «immer mehr über die Schwierigkeiten und Probleme nach, spricht vielleicht auch sehr gern und enthusiastisch über seine Ideen, Ideale und Visionen, ‹vergisst› aber zu handeln». Jeder kennt solche Leute. Für sie ist der Anfang nicht nur schwer; sie werden ihre fulminante Schauspielerkarriere oder den Bau ihres Gartenhäuschens – zweifellos ein Wendepunkt in der Architekturgeschichte – höchstwahrscheinlich niemals mehr beginnen.

«Not macht erfinderisch.»

Singvögel wie Amsel oder Blaukehlchen trällern ihre schönsten und buntesten Liedchen, wenn es ihnen sozusagen um gar nichts geht – ein Phänomen, auf das der Verhaltensforscher Konrad Lorenz schon vor über 60 Jahren hingewiesen hat. Nur wenn die kleinen Sänger ganz entspannt vor sich hin singen können und weder um ein Weibchen balzen noch einen Konkurrenten vertreiben müssen, kommt die Schönheit ihres Gesangs voll zur Geltung. «Lorenz sprach davon, die Vögel seien dann vom Ernst des Lebens gleichsam abgerückt und produzierten ihre Melodien ganz spielerisch», sagt der Göttinger Neurobiologe Gerald Hüther. Warnrufe und ängstliches Piepsen klingen hingegen schrill.

Dass Hirnforscher wie er sich für die Umstände des Vogelgesangs interessieren, hat einen simplen Grund. Generell steigt in der Arbeitswelt von heute der Druck auf die Menschen; mehr oder zumindest dieselbe Leistung wird in kürzerer Zeit verlangt. Wer nicht spurt und eine ordentliche *Performance* bringt, wie es heute so schön hässlich heißt, dessen Job ist in Gefahr. Arbeitnehmer wissen das und sind zunehmend auch ohne Krankheitsanzeichen bereit, dem Druck durch die Einnahme von Psychopharmaka zu begegnen. Nach einer repräsentativen Umfrage für den DAK-Gesundheitsreport 2009 räumt jeder 20. Arbeitnehmer (fünf Prozent) ein, vorsorglich schon einmal aufputschende, konzentrationsfördernde oder beruhigende Arzneien eingenommen zu haben, um den Ansprüchen am Arbeitsplatz besser zu genügen. Und fast jeder Fünfte kennt jemanden, der schon einmal «Medikamente zur Steigerung der geistigen Leistungsfähigkeit oder zur Aufhellung der Stimmung ohne medizinisch triftige Gründe eingenommen» hat oder einnimmt.[14]

Auch wenn Doping am Arbeitsplatz nach Einschätzung der DAK-Studie «noch kein sehr weit verbreitetes Phänomen»[15] ist: Sollte sich das verallgemeinern lassen, wäre hier die Rede von gut zwei Millionen Beschäftigten in Deutschland. Und bis zu 800 000 von ihnen dopen sich regelrecht, indem sie fortwährend und sehr gezielt Wohlfühlmedikamente schlucken, die sie auf Umwegen beziehen, also nicht über die Apotheke. Befragt worden sind im Auftrag der Krankenkasse rund 3000 Arbeitnehmer im Alter von 20 bis 50 Jahren.

Der Arzneikonsum setzt früh ein. Bedenklich viele Zappelphilippe, die es unter Menschen schon immer gab, erhalten von überbesorgten, ratlosen Eltern Medikamente wie Ritalin, um sich besser konzentrieren zu können. Und nach einer Studie der Universität Mainz zum sogenannten Hirndoping haben drei bis fünf Prozent der volljährigen Schüler und Studierenden in Deutschland schon einmal Psycho-Stimulanzien eingenommen, «um ihre geistige Leistungsfähigkeit zu steigern».[16] Die Einnahme solcher Pillen «scheint sich in Kreisen, die unter Leistungsdruck stehen, auszubreiten», sagt die Philosophin Elisabeth Hildt von der Forschungsstelle Neuroethik/Neurophilosophie der Hochschule. Dabei sei nicht klar, was die Mittel bei gesunden Menschen anrichten. Und noch wirksamere Stoffe seien wohl nur eine Frage der Zeit. Der arbeitsmarktkonforme Mensch wird eben nachgefragt. Auf Leistung kommt es nun mal an.

Großer Stress kann auch im Sport aus Könnern schlotternde Memmen machen, die in ihrer Not plötzlich außerstande sind, göttliche Rückhand-Returns oder geniale Pässe zu schlagen. «Was zählt, ist auf dem Platz», ist ein geflügeltes Wort beim Fußball. Verglichen mit den Stürmern sind die Verteidiger und auch die defensiven Mittelfeldspieler noch fein raus, da ihre Bilanz nicht aus erzielten Toren besteht, sondern allenfalls aus sträflich zugelassenen – und hierbei ist die Schuldfrage schwer zu klären. Doch Angreifer wie Mario Gomez, Luca Toni oder Miroslav Klose kennen allesamt düstere Zeiten, in denen ihnen nicht *ein* lausiger Treffer gelingen will, und mit jedem Spiel, das ihrem Tordruck keine Linderung verschafft, vergrößert sich die Not. Woher nun Zielwasser nehmen?

Schon halb verloren hat, wer sich als glückloser Mittelstürmer selber unter Erfolgsdruck setzt oder übermäßige Erwartungen von außen nicht pünktlich vor dem Spiel abschütteln kann. «Wir wissen aus Untersuchungen, dass wir unter negativ empfundenem Druck nur 60 Prozent unserer Leistungsfähigkeit abrufen können, weil die Leistungsfreude fehlt», sagt der von Augsburg aus tätige Management- und Persönlichkeitstrainer Jörg Löhr.[17] Der 94-fache Handballnationalspieler berät seit Jahren auch Spitzensportler dabei, mit stressigen Situationen fertigzuwerden. So hat er in der Saison 2010/11 den Kickern des Erstbundesligisten Werder Bremen geholfen, den drohenden Abstieg zu verhindern – was auch immer der Grund dafür gewesen sein mag, dass es gelang.

Löhr kann von einem Gespräch mit dem Kapitän eines Eishockey-Erstbundesligisten berichten, der ratlos war, weil seine Mannschaft «keine Drei-Meter-Pässe mehr» an den Mitspieler brachte. «Das ist die Angst, Fehler zu machen und den Erwartungen nicht zu entsprechen», urteilt der Erfolgscoach. Auch das Ausscheiden der deutschen Nationalfußballerinnen bei der WM 2011 und ihren Leistungsabfall erklärt er zum Teil durch die hohen Erwartungen an die vormaligen Weltmeisterinnen sowie das ungewohnte Spielen vor Zigtausenden im Stadion und Millionen TV-Zuschauern – für Männer-Teams der Bundesliga etwas völlig Normales. «Von diesem öffentlichen Druck kann man sich nicht freimachen», sagt Löhr und liefert ein weiteres Beispiel. «Ein Klub, der gerade noch um die Meisterschaft spielte, spielt plötzlich um den Abstieg.» Und das mit denselben Spielern.

Wie gut also, dass wir uns den – oder die – Erfinder des Rades vor über 5000 Jahren als Menschen vorstellen dürfen, die des ewigen Schleppens von Baumstämmen, Steinen und Früchten zwar überdrüssig waren. Doch unter Druck haben sie wohl kaum gestanden. Kein Herrscher in Mesopotamien, kein Fürst in Mittel- oder Osteuropa kann den klügsten Köpfen seines Volkes an einem Mittwochmorgen befohlen haben, «jetzt aber mal schleunigst bis Freitag das Rad zu erfinden». Und das liegt nicht daran, dass es diese Wochentage seinerzeit nicht gab. Vielmehr hatte sich bis dahin niemand ein Rad vorzustellen vermocht.

Ohne beweisen zu können, dass es auch nur annähernd so war, sei eine Spekulation gewagt: Mit einem Grashalm im Mund, die Arme hinter dem Kopf verschränkt, lag ein pfiffiger Mensch auf einem sanft geneigten Hang des Kaukasus. Plötzlich sah er, wie seine kleine Tochter ein paar ziemlich runde Kiesel aus dem nahen Fluss den Berghang hinunterkullern ließ. Das beschäftigte ihn, bis der Zündfunke einer genialen Idee in seinem Hirn aufglomm. Wenige Tage später lag vor ihm das erste hölzerne Scheibenrad der Welt. So hatten die Not der Mühsal und die Gunst der Muße in einem findigen Kopf etwas Großes vollbracht.

«Gras wächst nicht schneller, wenn man daran zieht.»

Selbst Gärtnern, die das Gras wachsen hören, gelingt eines nicht: Es schneller sprießen zu lassen, indem sie an den zarten Halmen zerren. Die Versuchung dazu ist groß, wie fast jeder weiß, der schon einmal den Inhalt von Grassamen auf entblößte Erde gestreut hat: Zweimal pro Stunde späht der durchschnittliche Sämann nach dem Wuchsfortschritt, wenigstens an den ersten drei Tagen. Keine Frage, Gärtnern ist eine Geduldsprobe.

Insofern hat es viel mit dem Aufziehen von Kindern zu tun. Zwar zerren Eltern, die noch alle Tassen im Schrank haben, nicht an ihrem Nachwuchs; doch er*ziehen* wollen die meisten Mütter und Väter ihn sehr wohl. So wird der kleine Mensch zum Zögling, und anders gehe es auch gar nicht, urteilte Immanuel Kant (1724–1804): «Der Mensch ist das einzige Geschöpf, das erzogen werden muss», verkündete er gleich zu Beginn seiner Königsberger Vorlesung «Über die Erziehung», erstmals gehalten 1776/77.[18] Hier irrte der zeitlebens kinderlose Philosoph allerdings, was auch Löwen-, Delphin- oder Bäreneltern wüssten, wenn sie denn etwas *wissen* könnten. Auch viele junge Säugetiere werden erzogen, zumindest angeleitet.

Reizvoll ist es, das deutsche Wort «erziehen» mit dem lateinischen Begriff *ex ducere* – im Englischen *to educate* – zu vergleichen. Der Lateiner führt etwas aus Menschenkindern *heraus*, bringt etwas aus ihnen *hervor*. Man könnte auch sagen: Er macht etwas aus ihren Anlagen, wobei er sie lediglich leitet. In Deutschland *zieht* man hingegen, manchmal sogar noch an den Ohren. Immerhin werden auch diese dadurch nicht größer.

Ungeduld und überzogene Erziehungs- wie auch Bildungsziele treiben viele Eltern dazu an, ihre Sprösslinge großem

Lernen und Lehren

Druck auszusetzen, was den Lernstress in der Schule zusätzlich erhöht. Dass es sich dabei meist um Väter und Mütter aus gesellschaftlichen Schichten handelt, in denen die Kinder ohnehin schon privilegiert sind, macht die Sache nicht besser, höchstens noch absurder.

Hierzulande sei die «Bildung darauf ausgelegt, eine intellektuelle Druckbetankung zu vollziehen», hat der Psychologe Stephan Grünwald in einem Interview bemängelt.[19] Möglichst viel Bildung in kurzer Zeit zu vermitteln, sei «nicht kreativitätsfördernd». Die Eltern seien überängstlich, dass ihre Kinder irgendetwas an Lebenschancen verpassen könnten; sie «fürchten sich, dass aus ihren Kindern nichts wird», sagt der Mitbegründer des Kölner Marktforschungsinstituts Rheingold. Aus dieser Angst heraus sicherten sie ihre Kinder doppelt ab. Doch damit würden diese nicht nur überfrachtet, sondern verlören auch «den Raum, selbst zu spähen: Wo zieht es mich hin, was begeistert mich».

Längst profitiert eine Schar von Lerntherapeuten, Kursanbietern und Ratgeberautoren von der Hysterie ratloser Eltern. Das weckte auch den Unmut des Erziehungswissenschaftlers Wolfgang Bergmann, bis zu seinem Tod 2011 Leiter des Instituts für Kinderpsychologie und Lerntherapie in Hannover: «Eltern und eine ganze soziale Kultur ziehen eifrig an demselben Strang und rufen: Fördern, fördern – wo es doch um etwas ganz anderes ginge, nämlich darum, den wachen kindlichen Geist zu beflügeln, ihm kleine Glanzlichter aufzustecken, an denen die Kinder Freude haben, sodass sie mit ihrem tagtäglichen Erfahrungssammeln am liebsten die ganze Welt umarmen und be-greifen würden.»[20]

Bergmann verdeutlichte seine Kritik am Förderwahn, zumal dem bei Kleinkindern, an einem Beispiel: Eine Dreijährige findet eine Blume und ist ganz verzückt davon, betastet und beschnuppert sie, betrachtet die Farben und die Form der Blütenblätter, leckt vielleicht sogar daran und erlebt so ein kleines Wunder. Im Hirn des Kindes ist dabei jede Menge los; etliche Nervennetzwerke sind aktiv und tauschen Botschaften aus, weil diverse Sinne (Hören, Riechen, Tasten, Sehen und Schmecken) Signale ins Oberstübchen schicken. «Jetzt lernt dieses Kind», schrieb Bergmann in seiner späten Schrift «Lasst eure Kinder in Ruhe» weiter. «Ach wenn ich aufzählen könnte, was alles es jetzt gleichzeitig lernt, dann würden die nächsten fünf Seiten dieses Buchs nicht reichen.»

Und dann folgt sein gar nicht mehr wonniger Zusatz, man könne jetzt nur hoffen, das betreffende Kind sitze «nicht gerade in einer Kita mit Förderunterricht». Dann sei nämlich zu befürchten, dass sich eine Erzieherin neben das kleine Mädchen hockt, «ganz spielerisch und freundlich natürlich», und auf Englisch sagt: ‹Look, this is a flower. Say it again: a flower.›» Die unsanfte Unterbrechung lasse das «volle plastische und lebendige Bild der Blume» im Kopf des Kindes schlagartig erlöschen, «und an seine Stelle tritt eine dürre Vokabel – eine englische, nicht die in Mamas und Papas Sprache, sondern in einer fremden».[21] Was, bitte schön, fragt der leider viel zu früh verstorbene Erziehungsexperte, soll daran förderlich sein?

Verunsichert bis aufgescheucht von Leistungsvergleichstests wie PISA sind viele Eltern beflissen auf der Suche nach Förderprogrammen für ihre Schul-, nicht selten sogar für ihre Vorschulkinder. Sie wollen um Gottes willen keine «offenen Zeitfenster» frühkindlicher Entwicklung verpassen. Diese nämlich sollen ihre Sprösslinge unbedingt – und man möchte sarkastisch hinzufügen: lohnbringend – nutzen, um erstklassige Abiturnoten und noch viel tollere Jobs zu ergattern, glänzendere jedenfalls als ihre Mitbewerber in diesem Rattenrennen um die beeindruckendsten Nachrufe am Ende beispielloser Karrieren.

In ihrem Buch «Auf Schatzsuche bei unseren Kindern» haben die tschechische Psychologin Jirina Prekop und der Göttinger Hirnforscher Gerald Hüther sich mit dieser fragwürdigen Erziehungsmaxime erstaunlich vieler Eltern gleich im Vorwort beschäftigt. Ihrer Ansicht nach wird durch das ganze oft hektische Herumschrauben am Nachwuchs wie am Bildungssystem «das Kind mit dem Bade ausgeschüttet». Womöglich bewirkten die vielen Förderprogramme und Bildungsinitiativen in Schulen, Kindergärten und Elternhäusern ja gar nicht das, was sie erreichen sollen. «Kinder sind keine Maschinen, die man nur ordentlich schmieren muss, damit sie gut funktionieren, und erst recht keine Computer, die man richtig programmieren muss, damit man vernünftig mit ihnen arbeiten kann.»

Am Ende käme es noch so weit, dass der Physiker und Schriftsteller Georg Christoph Lichtenberg (1742–1799) recht behalten würde mit seinem Ausspruch: «Ich fürchte, unsere allzu eifrige Erziehung produziert nur Zwergobst.» Es dürfe deshalb nicht sein, dass «wir im Eifer unserer Bildungs- und Förderungsbemühungen unsere Kinder zu Gefäßen machen, denen mit Hilfe immer effizienterer Verfahren immer mehr Wissen eingeflößt werden soll». Schließlich wachse auch das Gras nicht schneller, wenn man daran zerre. Vielmehr wisse jeder Gärtner, «dass seine Pflanzen niemals feste und starke Wurzeln entwickeln können, wenn er an ihnen herumzieht, dass er sie gießen und düngen, auch von Unkraut freihalten muss, damit sie wachsen und gedeihen können», urteilen Prekop und Hüther.[22]

Womit Eltern ihre Kinder am besten fördern und für ihr geistiges und seelisches Wachstum sorgen können, ist neben ihrer Liebe für Sohn oder Tochter ein gutes Vorbild, das auch von sich selber nicht mehr fordert, als es leisten kann. Denn der Apfel fällt nicht weit vom Stamm. Oder wie es auch gerne heißt: Wie der Herr, so das Gescherr.

«Was Hänschen nicht lernt, lernt Hans nimmermehr.»

Das «Wolfgangerl», besser bekannt unter Wolfgang Amadeus Mozart, musste schon mit vier Jahren Musikunterricht über sich ergehen lassen. Womöglich gefielen ihm die Lektionen ja sogar. Vater Leopold hatte jedenfalls Pläne mit dem Kleinen und betätigte sich gleich selbst als Lehrer. Im Jahr 1760 also begann der kleine Salzburger gemeinsam mit seiner fünf Jahre älteren Schwester «Nannerl» Violine, Klavier und Komposition zu erlernen – und machte bald schon von sich hören. Bereits 1761 konnte Leopold Mozart einige vom Sohnemann ersonnene Stücke aufzeichnen: ein Andante, zwei Allegros und ein Menuetto. Ob das Wolfgangerl später kein berühmter Komponist geworden wäre, wenn erst der herangereifte Wolfgang auf Notenpapier zu kritzeln begonnen hätte, wird stets ein Rätsel bleiben. Doch das frühe Tonsetzen trug immerhin dazu bei, dass Mozarts nur 35-jähriges Leben trotzdem eine Menge berühmter Musik hervorgebracht hat.

«Früh übt sich, was ein Meister werden will», behauptet ein bekanntes Sprichwort; einer ähnlich geläufigen Variante zufolge sollte sich früh krümmen, «was ein Häkchen werden will». Wobei sich Kinder – anders als Metallstifte – weder selbst noch mit elterlicher Hilfe krümmen sollten, weil sonst zeitlebens verbogene Menschen dabei herauskommen, mit denen weit weniger Sinnvolles anzufangen ist als mit Haken. Sympathischer klingt deshalb eine dritte Version, nach der ein Mensch sich schon als «Hänschen» anzueignen habe, was Hans im späteren Leben beherrschen soll. Falls das stimmte, wäre jedes Seniorenstudium vergebliche Liebesmüh – und etwa 22 000 Gasthörer jenseits der 50-Jahr-Grenze und 14 000 über 55-Jährige, die regulär studieren, würden in Deutschland die Ohren sinnlos aufsperren.[23] Man darf also Zweifel haben.

«Was Hänschen – oder auch Hannchen – nicht lernen, lernen Hans und Johanna im späteren Leben zumindest immer schwerer», rückt der Erziehungswissenschaftler und Psychologe Albert Wunsch den alten Spruch zurecht. «Einem Kind kann man mit zwei Jahren noch problemlos Chinesisch beibringen, wenn man sofort damit beginnt; Jahre später ist der nötige Aufwand deutlich größer.» Zunächst aber legt sich das Baby fest auf das, was gemeinhin Muttersprache genannt wird. Der Spracherwerb geht einher mit dem Heranreifen des Hörsystems, das sehr früh in der Kindheit beginnt. «Schon Neugeborene können hören, wenn auch längst nicht optimal», sagt die Entwicklungsneurobiologin Anna Katharina Braun. Immerhin könnten Babys schon Silben und Sprachlaute unterscheiden, und zwar «alle Laute, die wir Menschen überhaupt erzeugen können».

Erst sechs bis neun Monate nach der Geburt verliert der Säugling diese universelle Fähigkeit und spezialisiert sich auf jene Laute, die zur alltäglich vernommenen Sprache gehören. Daraus folgt für Braun: «Wir müssen mit Säuglingen sprechen. Auch das Lallen, in das wir beim Anblick eines Babys verfallen, ist wichtig, weil es die Silben dehnt – und das passt gut zum kindlichen Hörsystem, weil es noch nicht so schnell funktioniert wie das erwachsene.» Einzige Bedingung: Die gelallten Silben sollten auch tatsächlich zur Muttersprache gehören. «Ob man dann lautmalerisch Wauwau oder korrekt Hund sagt, ist in diesem Kindesalter erst einmal zweitrangig, denn die Silbe wau kommt in unserer Sprache ja vor.»

Frühe Prägung

Das wichtigste Zeitfenster, das nicht ungenutzt verstreichen sollte, ist jenes für die vertrauensvolle Bindung des Kindes, in der Regel an die Mutter. «Es scheint sich durch Studien immer mehr zu erweisen, wie wichtig ein liebevoller Kontakt zur ersten Bezugsperson im Leben ist – wobei dies nicht die Mutter sein muss, und natürlich können es auch zwei oder drei Menschen sein, aber es muss sich eben immer um dieselben Personen handeln», sagt die Direktorin des Biologie-Instituts der Universität Magdeburg. Wenn schon im Säuglingsalter die emotionale Bindung nicht funktioniere, werde das Folgen für das ganze Leben haben.

Die Neurobiologin denkt dabei an neuere Studien wie jene an rumänischen und russischen Waisenkindern, die nach ein paar Jahren Aufenthalt im Heim adoptiert wurden. «Je länger diese Kinder in einer Umgebung aufgewachsen sind, wo es nicht möglich war, eine enge Bindung zu Bezugspersonen aufzubauen, umso weniger beherrschen sie die emotionale Grammatik – leider auch dann, wenn eine liebevolle Familie sie adoptiert hat.» Ihre Hirne hätten schlichtweg nicht gelernt, etwas mit jenen Gefühlen anzufangen, die ihnen die Adoptiveltern entgegenbringen. Bedauerlicherweise scheint sich dieser Mangel durch eine Gesprächs- oder Verhaltenstherapie auf der kognitiven, also bewussten Ebene nur sehr schwer beheben zu lassen. Und auch die Psychoanalyse oder andere tiefenpsychologische Ansätze bewirken Braun zufolge «vermutlich nur wenig, wenn schon der Säugling keine engen Bindungen gelernt und verinnerlicht hat». Die emotionalen Verschaltungen im Hirn seien über Bewusstseinsprozesse unglücklicherweise kaum zugänglich.

Für die meisten Menschen mit einer früh erworbenen Bindungsstörung gilt, dass sie Mühe haben oder gar bei dem Versuch scheitern, einen Lebenspartner zu finden – «trotz oftmals intensiver, verzweifelter Suche, denn die Betroffenen leiden sehr unter ihrem Alleinbleiben», bedauert die Magdeburger Wissenschaftlerin. «Doch es geht immer schief, schon weil sie sich immer wieder zielsicher dieselben falschen Partner aussuchen, sodass man sich manchmal an den Kopf greift und sich fragt, ob diese Menschen eigentlich gar nichts dazulernen. Womöglich – aber das ist jetzt schiere Theorie – sind sie da einfach falsch geprägt worden.»

Am besten also wäre, Hänschen und Hannchen könnten die folgenden Fragen mit Ja beantworten: Werden sie, wenn sie im Bettchen angstvoll weinen und schreien, umgehend und teilnahmsvoll von der Mutter oder vom – hoffentlich ebenfalls vertrauten – Vater getröstet? Und erfolgt dieser Trost wenigstens nahezu verlässlich? Fühlen sich die Kinder buchstäblich angenommen, erfahren also viel beruhigenden Körper- oder sogar Hautkontakt? Nur dann nämlich verinnerlicht das Neugeborene seine engste Bezugsperson sicher, entsteht ein festes inneres Bild dieses tröstlichen Menschen, sodass der Säugling und später das Kleinkind darauf vertrauen können, dass die Mutter wiederkommt, wenn sie mal für kurze Zeit in einem anderen Raum beschäftigt und deshalb nicht zu sehen ist.

«In der Kindheit und Jugend werden im Gehirn die Nervenzell-Netzwerke angelegt, die später darüber entscheiden, wie eine Person ihre Umwelt einschätzt und interpretiert, wie sie Beziehungen gestaltet und wie sie mit den Herausforderungen umgeht, die das Leben bereithält», sagt der Mediziner und Neurobiologe Joachim Bauer von der Uniklinik Freiburg.[24] Hier im Oberstübchen gut verdrahtet zu sein, ist das günstigste Rüstzeug für ein gelingendes Leben.

Wird beispielsweise ein frischverliebter Mensch vom unsicher gebundenen Beziehungstyp mal einen Tag von seiner Liebsten nicht angerufen, wallt in ihm viel leichter Verlustangst auf als bei einem sicher gebundenen Zeitgenossen. Dieser denkt vielleicht auch kurz darüber nach, warum der Freund oder die Freundin sich nicht meldet, lässt sich davon aber nicht kirre machen, solange sich ein Dutzend denkbarer Gründe für das Schweigen finden lassen. Beim unsicheren Typ aber lodert Panik auf: Liebt sie mich nicht mehr? Hat sie etwa noch einen anderen? Wenn also Kinder «in der Frühphase des Lebens keine liebevollen, sicheren Bindungen hatten», werden sie sehr wahrscheinlich – wenn auch nicht zwingend – «im späteren Leben auf schwierige Lebensereignisse mit einer weitaus stärkeren Aktivierung ihrer Stressgene reagieren als andere», urteilt Bauer. Die naheliegende Folge sei ein «erhöhtes Risiko von depressiven und psychosomatischen Erkrankungen».[25]

Lehren für Hans

Menschen, die als Kind unter ungünstigen Umständen heranwuchsen, dürfen aber hoffen: Zwar sei ein Verhaltensmuster umso stabiler, je früher es angelegt worden ist, sagt der Göttinger Hirnforscher Gerald Hüther. «Aber alles Erlernte kann man ändern, indem man neue Erfahrungen macht.» Nur brauche man dazu in manchen Fällen einen Helfer, zum Beispiel einen einfühlsamen und persönlich gut passenden Psychotherapeuten. Insofern könne auch der große Hans durch förderliche Erlebnisse und Mut machende Beziehungen noch umlernen.

Der Neurobiologe verdeutlicht es an einem Beispiel: «Die für Hänschen sich toll anfühlende Erfahrung, dass es möglich ist, faul vor sich hin zu leben, kann auch noch der 80-jährige Hans auflösen, indem er merkt, wie viel Spaß es machen kann, sich mit etwas intensiv zu beschäftigen.» Auch das Hirn eines betagten Menschen schütte in so einem Fall noch Belohnungshormone aus, so etwa den Nervenbotenstoff Dopamin, der dem Gehirn dabei hilft, Neues zu lernen. Eigentlich müsse die Spruchweisheit deshalb lauten: «Ungünstiges, was man am Anfang des Lebens gelernt hat, kann man noch umlernen», zumindest in gewissen Grenzen. Die Kommandozentrale im Schädel sei jedenfalls «bis ins hohe Alter noch plastisch, also formbar».

Maßgeschneiderte Computerkurse für geistig rüstige Alte sind demnach sinnvoll, angebrachter jedenfalls als für Dreijährige. Zu den Erfahrungen, die Kinder früh machen sollten, gehören vielmehr lebensechte. Albert Wunsch meint damit ausdrücklich auch schmerzhafte und traurige Erlebnisse, «etwa wenn das geliebte Kaninchen stirbt». Nach Ansicht des Ratgeberautors («Die Verwöhnungsfalle») sei derlei für die Reifung des kleinen Menschen außerordentlich wichtig. «Bleiben solche zentralen Erfahrungen aus, dann werden es Hänschen und andere Kinder im späteren Leben schwerer haben», sagt Wunsch, selber zweifacher Vater sowie dreifacher Opa. Er dürfte es also schon deshalb wissen.

Moral und Tugend

«Wer schläft, sündigt nicht.»

Wer uns Menschen für im Grunde üble, durchtriebene und sündhafte Gesellen hält, der kann nur aufatmen, sobald wir endlich wehrlos entschlummert sind. Schon meine Mutter pflegte auf die Frage, ob ich denn ein braver Junge sei, stets scherzhaft zu antworten: «Wenn er schläft, schon!» Leider hatte sie nahezu keinen Grund für diese frotzelnde Einschränkung.

Schlafende Menschen (und Babys zumal) gelten jedenfalls als friedlich und genießen nach einem an diverse Bibelzitate angelehnten Spruch den «Schlaf des Gerechten».[1] Viele Menschen schlummern nun einmal besser, wenn sie ein gutes Gewissen haben und sich nichts vorwerfen müssen. An dieser Schuldfreiheit ändert sich auch nichts in den Nachtstunden. «Wer schläft, tut nichts bewusst und kann deshalb auch nichts Falsches tun», sagt der Regensburger Schlafforscher Jürgen Zulley. «Insofern kann er auch keine Sünden begehen, er bleibt unschuldig, da er nicht verantwortlich gemacht werden kann für das, was im Schlaf passiert.»

Nur ausnahmsweise einmal richten auch Schlafende Unheil an. So leben zum Beispiel Menschen, die an der sogenannten REM-Schlaf-Verhaltensstörung leiden, ihre Träume handgreiflich aus und «schlagen dabei um sich», berichtet der Psychologe, der viele Schlummernde im Schlaflabor beobachtet hat. Über 90 Prozent der Betroffenen sind Männer und älter als 50 Jahre. Phasen des REM-Schlafs («rapid eye movement») durchleben alle Schläfer. Währenddessen bewegen sich die Augen rasch hin und her, der Puls beschleunigt sich, und der

Blutdruck steigt. Fachleute vermuten, dass der REM-Schlaf eine wichtige Rolle beim Regulieren der Triebe und beim Bewältigen von Stress spielt.

Wessen Schlaf in dieser Phase gestört ist, träumt oft von Flucht und Verfolgung, daher vermutlich die bisweilen wilden Abwehrbewegungen mit den Armen. Dummerweise können die Betroffenen bei einem plötzlichen Anfall «nicht nur sich selber verletzen, sondern auch schon mal gezielt ihre daneben liegende Partnerin verprügeln», merkt Zulley an. Selbstverständlich sind die schlafenden Randalierer völlig unschuldig, wenn das passiert, und das sehen auch Gerichte so. «Es gab durch solche Schläge auch schon vereinzelt Todesfälle, nach denen die schlafgestörten Totschläger freigesprochen worden sind, weil sie im Schlaf keine Kontrolle über ihr Verhalten hatten und deshalb nicht schuldfähig waren.»

Dass es in schweren Fällen der Störung nicht bei Hieben bleibt, beschreibt eindrücklich der Hamburger Neurobiologe und Wissenschaftsautor Peter Spork in seinem «Schlafbuch». Die Betreffenden stünden auf, «schimpfen, rennen, fluchen, werden mitunter sogar gewalttätig, treten Türen ein». Manche brechen sich dabei einen Knochen. In leichteren Fällen redeten die Schafgestörten nur oder zuckten mit Armen und Beinen. Wohlgemerkt: Anders als bei Schlafwandlern ereignet sich all das nicht im Tiefschlaf, sondern im flacheren, besonders traumreichen REM-Schlaf. Die sonderbare Störung ist Spork zufolge «meist ein Frühsymptom der Parkinson'schen Krankheit».[2]

Liebevolle Träume

Sündigen können Schläfer – wenigstens gottesfürchtige Christen – allerdings auf andere Weise, und zwar indem sie im Kopfkino Liebesabenteuer oder gar Seitensprünge inszenieren. Von der Kirchenmoral weniger Eingeschüchterte wissen indes, dass Liebe gar keine Sünde sein kann, wie schon die Schwedin Zarah Leander (1907–1981) sang. Als fleischliche Gelüste in westlichen Ländern noch weithin als Sünden durchgingen, erregte der Mediziner Sigmund Freud (1856–1939) mit seinem Buch «Die Traumdeutung» erheblich Aufsehen. Doch mit seinen Thesen über die inneren Motive des Träumens lag der wichtigste Begründer der Psychoanalyse mehr oder minder schief – kein Wunder beim damaligen Stand der Hirnforschung: «Dass Träume, wie Freud behauptet hat, verdrängte oder jedenfalls nicht ausgelebte Wünsche oder Begierden zum Thema haben, gilt mittlerweile als widerlegt», sagt Jürgen Zulley.

Für ihn hängt es von der jeweiligen Kultur und ihrer Ethik ab, ob das Fremdgehen im Traum als moralisch verwerflich gelte. «Außerdem phantasiert man so etwas doch auch im Wachzustand, wenn sich ein entsprechender Reiz bietet, der die Phantasie anregt – zum Beispiel wenn sich ein Mann in einem Konzert langweilt und die attraktive Geigerin beobachtet.» Reizvolle Eindrücke wie diese könnten sich dann «auch in Träumen erneut so oder anders abspielen, ganz wie darin ja auch andere Erlebnisse des Tages verarbeitet werden».

Ohnehin ist es menschlich, dass wir als sexuelle Wesen feucht und schlüpfrig träumen. «Immer im Traumschlaf haben Männer, sofern sie gesund sind, regelmäßig Erektionen, und bei Frauen ist die Vagina dann erhöht durchblutet», sagt Zulley. «Da wir im Traumschlaf, der ja gerade kein tiefer ist, viel von unserer Umwelt und auch von uns selber mitbekommen, können Männer höchstwahrscheinlich auch ihre Erektion wahrnehmen.» Die Schwellung des Gliedes wirke demnach «als Stimulus auf den Traum zurück und färbt ihn erotisch ein». Zudem steigt morgens bei Männern auch der Testosteron-Spiegel im Blut, weshalb es möglich wäre, dass auch dies unsere Träume kurz vorm Erwachen erotisch einfärbt. Der Schlafexperte findet das «jedenfalls außerordentlich plausibel».

Passend dazu wird in Zeitungsartikeln oder Internet-Portalen den Lesern immer wieder geraten, in den frühen Morgenstunden Sex zu haben, weil der höhere Testosteron-Gehalt des Blutes die Lust ankurbele und die geschlechtliche Leistungsfähigkeit steigere, zumindest beim Mann. «Aber ist Sex zu dieser Tageszeit deshalb zwangsläufig auch für beide Partner optimal?», fragt der Münchner Chronobiologe Till Roenneberg. «Unsere Biologie betrifft alle Aspekte unseres Seins, einschließlich unseres Seelenlebens und unserer Gefühle, vom Schmerz bis zum Vergnügen, und all diese Facetten sind zusammengenommen viel komplexer als die Konzentration eines Hormons – egal wie wichtig Testosteron für Sex auch sein mag.»[3]

Von Giacomo Casanova, der von Hormonen noch nichts verstehen konnte, dafür aber viel von ihren Folgen, soll übrigens die Spruchvariante stammen: «Wer schläft, sündigt nicht – wer vorher sündigt, schläft besser.» Das stimmt, denn Sex entspannt nachhaltig und macht müde, zumindest wenn er mit einem geliebten Menschen genossen wird. Am deutlichsten wahrzunehmen ist das dann, wenn Streit und später segensreiche Versöhnungslust dem Akt vorausgegangen sind. Und sich wieder besser miteinander zu fühlen, vielleicht überhaupt seit langem erstmals wieder ein himmlisches Gefühl füreinander bekommen zu haben, kann nun wirklich keine Sünde sein.

«Schuster, bleib bei deinem Leisten!»

«Wie kann bloß ein simpler Schuster einen stolzen Maler wie mich kritisieren?», muss sich Apelles gedacht haben, ein bedeutender Zeitgenosse des makedonischen Königs Alexander des Großen (356–323 v. Chr.). Apelles war dafür bekannt, seine großen Gemälde öffentlich zu präsentieren, wobei er sich hinter ihnen versteckte, um von Passanten möglichst ehrliche Meinungen über seine Kunst zu erfahren. Nachdem ein vorbeikommender Schuster bemängelt hatte, einer Sandale auf dem Bild fehle eine Öse, besserte Apelles sein Werk nach – nur um gleich darauf einen weiteren Einwand des Handwerkers anhören zu müssen, diesmal wegen angeblich mangelhaft dargestellter Schenkel.

Das war dem Künstler dann doch zu viel. Also wies er den Kritikaster zurecht, und zwar mit den Worten: «Ne sutor supra crepidam!» (Auf Deutsch: «Schuster, nicht weiter als bis zur Sandale!») So überliefert es jedenfalls der Bericht des römischen Historikers und Naturwissenschaftlers Plinius des Älteren (23/24–79 n. Chr.). Die uns bekannte Ermahnung, wonach der Schuster sich am besten nur mit seinem Werkzeug zum Formen eines Schuhs beschäftigen solle, hat sich offenbar aus dieser Anekdote entwickelt.[4]

Die Warnung davor, sich selbst zu überschätzen, wirkt heute, in einer Welt voller vermeintlicher Superstars, merkwürdig altbacken. Wir Normalsterblichen sind allenfalls noch dazu da, all den eitlen Gecken zu applaudieren, die schon alles beherrschen, ohne es je mühsam gelernt zu haben. Die TV-Programme quellen über von supertoll gestylten Giganten, die sich für schön und unerreichbar halten, am liebsten aber für unerreichbar schön. Schon der 16-jährige Narziss aus der griechischen Mythologie, der stolz die Liebe der Nymphe Echo verschmähte, benötigte ein ruhendes Gewässer, um darin sein eigenes Spiegelbild bewundern zu können. Und ebenso brauchen die selbstverliebten Narzissten des noch jungen 21. Jahrhunderts heute eine flimmernde Mattscheibe, von der sie auf das staunende Fernsehvolk herablächeln können.

Kein Wunder, dass dieses selber auf Sendung möchte, und zwar ohne all die Mühen und Rückschläge, die auch die meisten Showstars kennen. Noch für den kleinsten Brosamen, der vom Tisch der öffentlichen Aufmerksamkeit purzelt, sind viele Menschen bereit, sich zur Gaudi oder zum Entsetzen der übrigen Zuschauer zu verrenken oder ihr Innerstes nach außen zu kehren. «Lieber ein bekanntes Schwein als ein unbekanntes Nichts. Das ist die Motivation, die Menschen antreibt, sich in allen möglichen Formaten zu präsentieren» – so erklärt sich der medienerfahrene Hamburger Psychologe Michael Thiel die Beliebtheit selbst fragwürdigster Fernsehauftritte.[5]

Wie eine Epidemie breite sich die Selbstverliebtheit in jüngerer Zeit aus, schreiben die Psychologen Hans-Werner Bierhoff und Michael Jürgen Herner in einem Buch über das verstörende Phänomen.[6] «Viele Eltern vermitteln ihren Kindern heute, sie hätten eine grandiose Zukunft vor sich», sagt Bierhoff. Ihn überrasche es, «wie viele Eltern ihre Kinder für hochbegabt halten». Etwa zwei Drittel der Mütter und Väter äußerten die Ansicht, ihre Kinder seien anderen überlegen – was schon rechnerisch gar nicht sein kann. Eliten, die den Löwenanteil der Gesellschaft ausmachen, sind nun mal keine Eliten mehr. Ohne Fußvolk bleibt der stolzeste Ritter nicht lange im Sattel.

Unglücklicherweise bürden überehrgeizige Eltern ihren Kindern bisweilen brutalen Erwartungsdruck auf. Und wer toll zu sein scheint, braucht dringend Bewunderer. Auch hierbei spielen die Medien eine «große Rolle», beklagt Bierhoff. In der Tat zerren viele Sender selbst Menschen ohne erkennbares Talent vor ein Millionenpublikum, was dem Ego der zu Schau Gestellten einen gehörigen Schub verschaffen kann. Nicht zuletzt bieten Internet-Plattformen wie YouTube, MySpace oder Facebook gerade maßlos aufgeblasenen Selbstdarstellern ungeahnte Möglichkeiten.

Alle sollen mittun, ob dafür ausgebildet oder nicht: Zeitungen fördern dafür gar nicht ausgebildete «Leser-Reporter» oder «Blogger», deren Ansichten optisch gleichberechtigt neben den Kommentaren ausgebildeter Journalisten stehen – eitel freilich auch viele von ihnen. Das nährt zwar die Meinungsvielfalt, mästet aber vor allem den Trend zur wenig profunden Selbstdarstellung in einer Weise, wie es traditionelle Leserbriefseiten nie vermocht haben. Und obendrein winken horrende Honorare all jenen Knipsern, die Missgeschicke ihrer Mitmenschen ablichten oder Prominenten auch noch den letzten Rest an Privatsphäre rauben. «Wird Ihr Foto bundesweit in der BILD-Zeitung gedruckt, zahlt BILD 250 Euro Honorar», verheißt das Blatt im Internet.[7] Dafür müssen professionelle Fotojournalisten in vielen Regionalzeitungen fünf, zehn oder noch mehr Fotos unterbringen.

Moderne Technik und ein üppiges, ständig nach verwertbaren Sensationen und Sensatiönchen Ausschau haltendes Medienangebot fördern den Narzissmus vieler Menschen ganz gezielt. Während Bänkelsänger und Herolde im Mittelalter noch etwas wirklich Hörenswertes verkünden mussten, damit ein Dutzend Menschen ihnen lauschte, finden heute selbst stammelnde 17-Jährige oder langweilige Mittfünfziger ein Millionenpublikum – allzu häufig biedere Geister, denen noch vor 150 Jahren keine drei Leute auf dem Marktplatz länger als 20 Sekunden Gehör geschenkt hätten, und das zu Recht.

Wie wohltuend deshalb, wenn ein wirklicher Star im Abendrot seines Lebens ungezwungen beichtet, quasi als talentierter Schuster nach noch Höherem gestrebt zu haben. Nur einmal sei er «richtig auf die Schnauze gefallen», hat der 1927 geborene Joachim Fuchsberger im Frühjahr 2011 einem Journalisten erzählt. Damals habe er sich «als Immobilienhändler versucht, das ging total daneben. Eine fürchterliche Pleite. Weil ich da etwas gemacht habe, wovon ich nichts verstand.» Lieber solle man «bei dem bleiben, was man wirklich kann», rät der frühere Schauspieler und Moderator.[8] Es muss ja nicht das überaus ehrbare Schusterhandwerk sein.

Auch wenn die Welt manchmal zu platzen scheint vor eitlen Pfauen und aufgeplusterten Hennen: In einer Hinsicht birgt der Appell an die Selbstbescheidung auch Gefahren für den Angesprochenen, für die Gesellschaft übrigens auch. Wem immer wieder vorgehalten wird, er könne nur wenig, werde ohnehin nicht viel erreichen und solle mal hübsch beim Bewährten bleiben, dessen womöglich ja vorhandenes Talent droht am Ende völlig unnötig zu verkümmern. Hiergegen stolz und trotzig aufzubegehren, kann vor fremdbestimmter Ohnmacht retten – und kräftiger Dünger für Kommendes sein.

Jugendliche müssten sich im «Raum der Möglichkeiten» zu Hause fühlen, fordert denn auch der Philosoph Wilhelm Schmid. «Gegen die Erfahrung der Begrenztheit und Endlichkeit, die im Laufe des Lebens immer stärker ins Bewusstsein drängen, setzen junge Menschen die Erfahrung des Darüberhinaus, der Utopie, der Überschreitung, wie sie in Traumwelten aller Art möglich ist.»[9]

Also bitte erst mal schön träumen, am besten im stillen Kämmerlein: Zurechtgestutzt wird der Aufstrebende ohnehin noch früh genug. Und so wird womöglich aus dem herbeigeträumten Schuhfabrikanten am Ende immerhin ein realer, kundiger und zu Recht geehrter Schuster.

«Müßiggang ist aller Laster Anfang.»

Bezeichnen wir etwas als müßig, halten wir es für nutzlos oder überflüssig. Wer sich dem Müßiggang hingibt, zumindest über ein gerade noch geduldetes Mußestündchen hinaus, kann folglich nichts Rechtes zuwege bringen im Leben. Womöglich hat genau das Hermanns Frau so verstört und zu dem Versuch gedrängt, ihren Mann aus seiner Ruhe im Wohnzimmersessel aufzustören, obwohl der doch «einfach nur hier sitzen» will. Das aber kann die unablässig in der Küche hin und her rennende Hausfrau überhaupt nicht begreifen. «Dann lies doch mal was!», ruft sie dem armen Mann zu, der sich aber bloß entspannen will – ein grandioser Zeichentrick-Sketch des 2011 verstorbenen Humoristen Loriot. Wo käme dieses Land denn auch hin, wenn jeder in diesem Land ein Hermann wäre!

Dass es bis heute als lasterhaft gilt, sich vermeintlich unproduktiv durch den Tag treiben zu lassen, hat vor allem zwei Ursachen: erstens eine Leistungsgesellschaft, in der jeder sich verdächtig macht, der beim Steigern des Bruttosozialproduktes nicht tatkräftig mitackert; zum anderen eine Kirche, der es gefällt oder zumindest über etliche Jahrhunderte gefallen hat, den angeblich erbsündigen Menschen zu maßregeln, um ihn schwach und sich selber stark erscheinen zu lassen. Sein Brot soll der gute Christ im Schweiße seines Angesichts essen – eine Strafe nach dem Sündenfall im Paradies, die der biblische Gott im Buch Genesis (Kapitel 3, Vers 19) donnernd verhängt.

Wer sich alltäglich plagen und für seinen weltlichen oder kirchlichen Herren schuften musste, dem fehlte seit jeher die Kraft sich aufzulehnen. Derlei galt oder gilt noch immer als gottgefällig. Kein Wunder mithin, dass der oft mit Faulheit oder Trägheit gleichgesetzte Müßiggang aus ethisch-moralischer Sicht keinen guten Ruf genießt. «Dabei ist auch der Müßiggänger nicht faul», sagt der philosophische Berater Markus Melchers. Er sei bloß «derjenige, der in einer Leistungs- oder Arbeitspause auf ‹krumme›, also schädliche, möglicherweise gefährliche Gedanken kommt», und zwar auf solche, die nach geltender Auffassung «eine Gemeinschaft oder ihn selbst bedrohen könnten». Interessanterweise war der Müßiggang über Jahrhunderte hinweg ein Vorrecht Reicher und anderer Privilegierter.

Melchers hält es für plausibel, dass die Auffassung vom schädlichen Müßiggang ihren Ursprung im Mittelalter hat. «Hier waren es die Mönche, die den Besuch des sogenannten Mittagsteufels oder Mittagsdämons fürchteten», sagt der Bonner Philosophie-Praktiker. «Dieser drohte diejenigen zu befallen, die sich nach dem Mittagessen im angenehmen Zustand der Entspannung befanden.» Indem die Ordensmitglieder dann nicht bei der rechten Sache gewesen seien, «konnten sie auf lange Sicht zu Opfern des Dämons werden – und nach und nach den Bezug zu Gott verlieren». Auch deshalb leben die Benediktiner bis heute nach der spätmittelalterlichen Regel: «Bete und arbeite und lies» («Ora et labora et lege»). Denn nur jener Mensch komme Gott wirklich nahe, der innig bete, fleißig die Bibel studiere und den Rest des Tages hart arbeite. So gesehen, kann das von allen Pflichten befreite Nichtstun und Ausspannen der Anfang aller Laster sein – was immer unter solchen zu verstehen ist. Ein Mönch, der gemütlich *chillte* (um es mal im aktuellen Jugendjargon zu sagen), sprengte nicht die Pforten der Hölle, sondern versäumte den Himmel.

Vor allem schwere Arbeit gilt jedenfalls bis heute als löblich. Ein Herzinfarkt-Patient, der sich ins Krankenbett geochst oder gar ins Grab gerackert hat, verdient höchste Meriten, gerne auch posthum. Als verrückt gilt im Zweifel eher der nervöse

Kunde eines Psychotherapeuten, der sich das Ende seines verwertbaren Funktionierens so erschöpft wie mutig eingesteht. Und das hat Tradition: Der Mensch sei das «einzige Tier, das arbeiten muß», urteilte schon Immanuel Kant.[10] Wer dies nicht tat, «verschmachtet vor Langeweile und ist allenfalls vor Ergötzlichkeit betäubt und erschöpft, niemals aber erquickt und befriedigt».[11]

Der Königsberger warnte gerade mit Blick auf Schulkinder vor unterhaltsamen Ablenkungen, weil die Zöglinge sonst – statt diszipliniert zu arbeiten – «einen gewissen Hang» zur Abschweifung entwickeln würden. «Auch die schönsten Talente gehen bei einem, der der Zerstreuung ergeben ist, zugrunde», schrieb der Philosoph im Text einer Vorlesung zu Erziehungsfragen, unterschied jedoch immerhin verschieden abträgliche Beschäftigungen. «Wenn Kinder sich gleich bei Vergnügungen zerstreuen: so sammeln sie sich doch bald wieder.» Hingegen sehe man sie «am meisten zerstreut, wenn sie schlimme Streiche im Kopf haben».[12]

Man darf vermuten, dass Kant im 21. Jahrhundert nicht mehr so harsch formulieren würde wie vor über 200 Jahren. Auch er war ein Kind seiner Zeit. Arbeitspsychologisch gesehen, lag der pflichtbewusste Denker gar nicht einmal falsch. Langeweile kann nämlich stressen, erzwungenes Nichtstun sogar bis hin zur Depression. Das wissen nicht nur Psychologen; auch viele Arbeitslose erfahren es leidvoll Tag für Tag. Seelisch viel gesünder ist maßvoller Tatendrang, und nicht umsonst bevorzugen Menschen das Tätigsein. Das gilt vor allem dann, wenn Gelangweilten ein kleiner Anreiz, also eine Belohnung geboten wird, wodurch die aufzuwendende Mühe sinnvoll erscheint. Doch selbst ohne ein motivierendes Zückerchen fühlen wir uns hinterher besser, wenn wir bleiernes Warten mit einer Aktion überbrücken konnten. Das hat der US-amerikanische Verhaltens- und Glücksforscher Christopher Hsee zusammen mit Kollegen herausgefunden.[13] Ein Beleg dafür sind auch Patienten, die im Wartezimmer des Arztes irgendwann dazu übergehen, wenigstens ein Kreuzworträtsel zu lösen oder auf ihrem Handy alte Mitteilungen zu löschen. Manche glätten auch achtmal die Bügelfalten ihrer Hose oder feilen versonnen ihre Fingernägel.

Innehalten beflügelt

Dringend ist vom – schwer zu fassenden – Müßiggang die Muße zu unterscheiden, die im allgemeinen Ansehen schon besser abschneidet. Muße dient der geistigen Erfrischung und kann gerade deshalb ungemein schöpferisch sein. So dürfte es schwer sein, sich die Maler der berühmten Tierbilder von Lascaux in der französischen Dordogne als fahrige, unter Zeitdruck stehende Höhlenbewohner vorzustellen. Die altsteinzeitlichen Künstler im Fackelschein hatten vielmehr dreierlei: Zeit, Talent und Muße.

Zum Erfolg trägt also nicht nur Beflissenheit bei, sondern auch wiederholtes Innehalten – es sei denn, die Arbeit ist längst zur Sucht geraten. Sie verrät keineswegs Lust und Freude am Gestalten, sondern eine «ausgeprägte Leistungs- und Erfolgsorientierung», sagt der Wirtschaftswissenschaftler Holger Heide, der bis 2004 an der Universität Bremen lehrte und ein Buch zur Arbeitssucht geschrieben hat.[14] Hinzu kommen Kontrollverlust und Entzugserscheinungen wie bei anderen Süchten auch. Die Ursachen liegen meist in der Kindheit: «Oft lernen die Kinder früh, fehlende Liebe durch Leistung auszugleichen», befindet Heide. «Das Kind bekommt dann Zuwendung, weil es lernt, sich so zu verhalten.» Das Resultat süchtigen Strebens ist oft genug eine leidende Seele, die in einem schmerzenden Körper steckt. «Wenn jemand nur fleißig ist, die Nacht zum Tage und den Sonntag zum Werktag macht, dann ruiniert er seine Gesundheit – und auch unsere Kultur, weil erst die Muße die Gelegenheit gibt, über Sinn und Zweck des Fleißes nachzudenken», findet Volker Ladenthin von der Universität Bonn.

Am Ende ist es müßig, zwischen so schillernden Begriffen wie Muße und Müßiggang zu unterscheiden. Darauf dürfte auch Henry Hübchen verzichtet haben. In einem Zeitungsinterview sagte der Schauspieler, das Leben verlange nach «viel Abwechslung», und dazu gehöre selbstverständlich «ausgiebiger Müßiggang».[15] Um seine Freude am Seelenbaumeln zu haben, braucht es dann nur noch Könnerschaft. Denn der irische Dichter Oscar Wilde (1854–1900) hatte völlig recht, als er schrieb: «Gar nichts tun, das ist die allerschwierigste Beschäftigung und zugleich diejenige, die am meisten Geist voraussetzt.» Wem es daran mangelt, den wird Tatenlosigkeit erbärmlich langweilen. Mehr noch: Sie wird ihn quälen.

«Bescheidenheit ist eine Zier, doch weiter kommt man ohne ihr.»

Die berlinernde und grammatisch selbstbewusste Redensart macht einen Zwiespalt deutlich, in dem jeder steckt, der anderen Menschen seine Stärken präsentieren möchte: Zwar gilt Bescheidenheit manchen auch heute noch als Tugend, doch dieser Ruf verblasst. In einer Gesellschaft, die zur Aufgeblasenheit neigt, erscheint sie als Lebensmotto eher typisch für Verlierer, von der Jugend heute als «Opfer» verunglimpft. Nach dieser Lesart ist ein bescheidener Mensch naiv, wenn nicht gar bescheuert.

Mit diesem Vorurteil hat die Persönlichkeitspsychologin Astrid Schütz aufzuräumen versucht. In ihrem Buch «Je selbstsicherer, desto besser?» beschreibt sie Licht und Schatten einer positiven Selbstbewertung.[16] Über deren helle Seiten muss man nicht viele Worte verlieren: Menschen, die auf sich halten, machen sich in aller Regel tatkräftig ans Werk und verschleudern nicht viel Zeit damit, sich den Kopf über eigene Schwächen zu zerbrechen. Schon ihre Körpersprache verrät, dass sie aufrecht (zumindest aufgerichtet) durchs Leben gehen, und so etwas kommt so lange gut an, wie es in Maßen geschieht und nicht der Eindruck entsteht, dass hier ein Hansdampf durch alle Gassen poltert – oder eine Diva selbstverliebt über andere hinwegstöckelt.

Grenzenlose Selbstwert-Riesen hingegen machen sich nicht nur unbeliebt, sie riskieren auch Fehlschläge. Denn sie «überschätzen sich leicht und investieren dann zu wenig Anstrengung in eine Aufgabe, weil der Erfolg schon allzu gewiss scheint», sagt Schütz, die an der Technischen Universität Chemnitz lehrt. Man kennt das von Fußballmannschaften oder anderen Teams im Sport, die sich leichtfertig die Butter vom Brot nehmen lassen, weil sie sich bereits nach der Hälfte der Spielzeit auf dem Siegertreppchen wähnen. Ob im Job oder in der Liebe ist erfolgreicher, wer um sein Können und um seine Schwächen weiß und auch die Leistungen anderer Menschen wertzuschätzen und offen anzuerkennen vermag.

Dazu gehört, dann und wann mit seinen eigenen Vorzügen auch mal hinterm Berg halten zu können – wohlgemerkt: dann und wann. Denn ein Dasein als vergrübeltes Mauerblümchen, das schon in der Schule niemals mit dem Finger aufgezeigt hat, obwohl es die richtige Antwort kannte, ist auf Dauer nicht nur unbefriedigend, weil immer andere den Rahm abschöpfen. Durch ständige Unsicherheit und penetrantes Verleugnen eigener Bedürfnisse schädigen solche Menschen obendrein ihre Beziehungen zu anderen. Schütz zufolge wird ihr Verhalten nämlich «als belastend und unangenehm empfunden».[17] Auf diese Weise machen sich demütige Menschen letztlich selber zu Randfiguren.

Und sie stehen ihrem Glück im Weg. Denn eingefleischte Leisetreter setzen sich meist Ziele, die unter ihren Möglichkeiten bleiben – was sie nicht von der Sorge abhält, selbst die verbleibende Herausforderung könne sie noch überfordern. Die Schuld dafür, dass sie angeblich so wenig schaffen und zu nichts Großem nütze sind, suchen sie grübelnd bei sich. «Dieses Verhalten und Erleben wirkt insofern oft rätselhaft, als sie sich Erfolg wünschen und beliebt sein möchten», sagt Schütz.

Pauline Clance und Suzanne Imes haben für notorisches Zweifeln trotz überdurchschnittlicher oder sogar guter Leistungen 1978 den Begriff «Hochstaplersyndrom» geprägt. Nach Ansicht der beiden US-Psychologinnen neigen vor allem Frauen dazu, ihr Licht unter den Scheffel zu stellen. So wollen sie vermeiden, am Ende vielleicht doch als Hochstaplerinnen entlarvt zu werden. Neuere Studien belegen, dass dieser spezielle Minderwertigkeitskomplex in der Damenwelt recht weit verbreitet ist. Offenbar nehmen sich Männer berufliche Misserfolge nicht nur weniger zu Herzen. Sie reden auch länger über ihre tatsächlichen oder eingebildeten Erfolge und Stärken.

Das konnte die Heidelberger Psychologin Monika Sieverding in einem simulierten Bewerbertest mit 37 Männern und ebenso vielen Frauen ermitteln. Während Letztere ihren Selbstdarstellungsvortrag schon nach durchschnittlich zwei Minuten und 50 Sekunden beendeten, warfen sich die Herren fast eine Minute länger in die Brust. «Das kann man auch im beruflichen Alltag bei Meetings, Konferenzen oder Kongressen beobachten», sagt Sieverding. «Frauen vertreten ihren Standpunkt meist nur einmal und finden, dass das genügen muss.» Dummerweise schätzten die Damen auch ihr Können geringer ein als Männer. Diese gaben sich frohgemut die Höchstnote, auch wenn sie keineswegs von sich erwarteten, perfekte Leistungen abliefern zu können. Zur Bestnote reichte ihnen schon das Gefühl, gut genug zu sein.[18]

Wer seinen Blick eher auf den möglichen Erfolg als aufs drohende Scheitern gerichtet hat, kann mit Fehlschlägen entspannter umgehen. Meist führen Ego-Protze Misserfolge auf äußere Umstände zurück – durchaus nicht dumm: «Die Strategie, Fehlschlägen mit dem festen Glauben an den zukünftigen Erfolg zu begegnen, führt nicht selten auch zum erwarteten Erfolg», urteilt Astrid Schütze. Doch diese Lebenseinstellung kann auch ins Auge gehen. Denn ist eine Aufgabe einmal nicht zu lösen, «kann die Tendenz, nicht aufgeben zu wollen, in destruktive Beharrlichkeit münden», warnt die Chemnitzer Psychologin. Mit dem Kopf durch die Wand sollte eben nur wollen, wer weiß, dass sie aus Styropor besteht.

«Was du nicht willst, dass man dir tu, das füg auch keinem andern zu.»

Wie kann der Mensch moralisch und gesittet handeln? Das ist seit jeher eines der großen Themen der Philosophie, und dicke Bücher sind darüber geschrieben worden. Die Antwort, man solle halt einfach *gut* handeln, führt nicht weiter. Denn was bedeutet *gut*? Gut für wen, bitte schön? Und gut wozu?

Beim 100-Meter-Sprint siegen zu wollen, erscheint als legitimes Ziel im Sport. Doch handelt ein Athlet, der schneller laufen will als andere, schon dadurch gut, dass er alles in seiner Macht Stehende unternimmt, um Erster zu werden? Wohl kaum, falls er seine Konkurrenten unterwegs zur Seite schubst oder vorab ihre Laufschuhe zerschlitzt. Doch was, wenn er mit seinem Preisgeld zehn blinden Kindern das Augenlicht wiedergeben möchte, indem er ihnen die nötige Operation bezahlt, während die Wettbewerber alles Geld für sich behalten möchten? Heiligt der Zweck dann die Mittel?

Ein alter ethischer Grundsatz, die «Goldene Regel», lautet: «Behandle andere so, wie du von ihnen behandelt werden willst.» Das klingt einleuchtend, und in der Tat haben viele, wenn nicht alle Kulturen moralische Prinzipien entwickelt, die letztlich Varianten der Goldenen Regel sind. Im Hinduismus etwa heißt ein Lehrsatz zur Rechtschaffenheit, man solle «niemals einem anderen antun, was man für das eigene Selbst als verletzend betrachtet». So steht es jedenfalls im Mahabharata, einem indischen Epos, der zwischen 400 vor und 400 nach Christus niedergeschrieben wurde.

Auch in der Bibel findet sich Ähnliches, nicht nur das Gebot, wonach man seinen Nächsten wie sich selber lieben möge.[19] Martin Luther hat eine entsprechende Stelle aus dem Buch Tobit des Alten Testaments in seiner Bibel von 1545 so übersetzt: «Was du wilt das man dir thue / das thu einem andern auch.» Zum populären Sprichwort ist eine gereimte, wenn auch gleichbedeutende Variante geworden, nach Maßstäben der Logik eine sogenannte *Kontraposition*: «Was du nicht willst, dass man dir tu, das füg auch keinem andern zu.» Das ist einprägsam, keine Frage. Doch lässt sich darauf wirklich eine Gemeinschaft von Menschen oder sogar eine Gesellschaft gründen, die in Frieden miteinander und mit ihren Nachbarn leben kann?

Durchaus, findet der studierte Philosoph Markus Melchers, zumindest wenn man es «alltagspraktisch» betrachte. Die Regel gelte, «so würde man heute sagen, für alle normal gesunden Menschen». Und wenn sie für deren tägliches Leben reiche, «dann muss man sich nicht zusätzlich die Probleme der Philosophen zu eigen machen», fügt er schmunzelnd hinzu. Doch ein Philosoph könnte ja zu folgendem Gedankenexperiment auffordern: Was geschähe, wenn ein Masochist vor Gericht darüber befinden müsste, ob jemand bestraft gehört, der einen anderen misshandelt hat. Ein Mensch mit dieser Störung empfindet Lust dabei, wenn man ihm Schmerzen zufügt und ihn erniedrigt. Warum also sollte der Masochist aus seiner Sicht empört sein, dass der Angeklagte jemanden gequält hat? Vor allem aber: Wie lebensfähig wäre eine Gesellschaft, nach deren Strafrecht das Foltern anderer wohlgefällig wäre, nur weil die Gesetzgeber selber gerne gequält werden, aus welchen Gründen auch immer? Geistig und seelisch Gesunde möchten in so einem Land nicht leben, Goldene Regel hin oder her.

Schon Immanuel Kant suchte nach einer tauglichen Alternative zu ihr. Seine Ausgangsfrage ist die nach der Bedeutung des Wortes Pflicht. Was genau meinen wir damit, wir *müssten* etwas tun, weil wir *verpflichtet* dazu seien? Worauf stützen wir uns dabei? Nach Auffassung des berühmten Philosophen reicht es jedenfalls nicht aus, wenn ein ethisches Prinzip im Alltagsleben in den meisten Fällen ganz ordentlich als Wegweiser taugt. Vielmehr sei eine moralische Haltung «nur dann als gerechtfertigt anzusehen», wenn ihr ein Gesetz zugrunde liege, «das überzeitlich und quasi überkulturell Geltung beansprucht», berichten Melchers und sein Co-Autor, Thomas Ebers, in ihrem Buch über «Wertgefechte».[20] Salopp formuliert: Das gesuchte Prinzip muss immer und für jeden gelten können, ohne Ausnahme. Kants Lösung für das Problem ist der berühmte Kategorische Imperativ. Die Grundform der von ihm mehrfach variierten Regel lautet: «Handle nur nach derjenigen Maxime, durch die du zugleich wollen kannst, dass sie ein allgemeines Gesetz werde.» Rechtstreue Mitglieder einer moralischen Gesellschaft im Sinne Kants handeln also nur so, wie es alle tun dürften, ohne das Gelingen gemeinschaftlichen Zusammenlebens aufs Spiel zu setzen. Schwer vorstellbar wäre das in einer Gesellschaft, in der Mord, Betrug oder Diebstahl gesetzlich erlaubt wären.

Geistesverwandt mit dem Kategorischen Imperativ ist die Idee, das Handeln des Einzelnen müsse sich am Wohle aller orientieren. Der französische Philosoph Charles-Louis de Montesquieu (1689–1755) forderte sogar, das Eigenwohl müsse sich dem Gemeinwohl stets unterordnen. Einleuchtend erklärt hat der Diplomat und Publizist Stéphane Hessel die Maxime des berühmten Staatstheoretikers: «Wenn etwas für mich gut, aber für meine Familie schlecht ist, mache ich es nicht. Wenn etwas für meine Familie gut ist, aber für mein Land schlecht, mache ich es auch nicht. Wenn es für mein Land gut ist, aber für die Menschheit schlecht, mache ich es auch nicht.»[21] Es ist kein Zufall, dass der 1917 in Berlin geborene Hessel daran mitgewirkt hat, die Menschenrechts-Charta der Vereinten Nationen zu erarbeiten.

Das Grundgesetz der Bundesrepublik Deutschland setzt die Forderung nach dem Primat des Gemeinwohls nur halbherzig um. In Paragraph 14, Absatz 2, heißt es nämlich: «Eigentum verpflichtet. Sein Gebrauch soll zugleich dem Wohle der Allgemeinheit dienen.» Das hätte zwar auch Montesquieu begrüßt. Befriedigt hätte es ihn freilich nicht.

Moral und Tugend

«Eigenlob stinkt.»

Nein, es kommt nicht gut an, wenn jemand sich in geselliger Runde oder bei einem Vortrag seiner Torquote als Fußballer, seines Backtalents oder diverser Auszeichnungen rühmt – selbst dann nicht, wenn der Redner allen Grund dazu hat, stolz auf sich zu sein. Man sollte schon lieber gelobt *werden*. Wie meist im Leben ziemt sich eher Zurückhaltung, übrigens auch im eigenen Interesse. «Wer sich selbst lobt, wird faul; er fault vor sich hin», sagt Volker Ladenthin. Denn wer sich selber preise, gebe sich zufrieden mit dem Erreichten und nehme sich so die Chance, weiterzukommen und zu wachsen. Wahre Zufriedenheit könne sich eigentlich nur dann einstellen, wenn das konkret Erreichte dem theoretisch Möglichen entspricht, wenn sich also die anfängliche Idee vollends umsetzen ließe.

Dabei versteht der Bonner Erziehungswissenschaftler das Wort Idee nicht etwa umgangssprachlich als Gedanken, sondern wie Philosophen als etwas Mustergültiges, Ideales. «Ideen lassen sich aber nicht verwirklichen, sonst wären es keine», urteilt Ladenthin und verdeutlicht das Dilemma an einem Beispiel: Wer es je unternehmen würde, einen perfekten Kreis zu zeichnen, sähe spätestens unterm Mikroskop, dass sein Ergebnis «alles andere als rund ist». So richtig die Idee war, so misslungen ist der Versuch, sie zu verwirklichen. Den absoluten Kreis gebe es nun mal so wenig wie die absolute Liebe, und deshalb könne man nie mit sich zufrieden sein, niemals sich loben. «Die Welt steht einem entgegen.» Der Ausweg bestehe einzig darin, sich dem Ideal stets strebsam anzunähern. Das hat etwas Tragisches. Und so sprach der französische Philosoph und Naturkundler Jean Jacques Rousseau im 18. Jahrhundert auch von einem Trieb zur Vervollkommnung («perfektibilité»), der dem Menschen angeblich innewohne, der aber leider zum Scheitern verurteilt sei.

Was könnte uns trösten? Vielleicht ja der begründete Verdacht, dass Perfektion ein Unglück wäre. «Wenn uns dennoch mal etwas gelingen sollte, dann interessiert es uns doch nicht mehr», sagt Ladenthin. Der geschriebene Zeitungsartikel sei längst nicht so gut, wie der zu schreibende sein könnte, der gehaltene Vortrag niemals so spritzig wie der im Geiste konzipierte. Sich auf die eigene Schulter zu klopfen, sei schon deshalb fehl am Platz. «Man glaubt sich ja selbst nicht, wenn man sich da lobt.» Wer es dennoch tue, habe «sich eigentlich aufgegeben». So mag man es sehen.

Dennoch gibt es Situationen im Leben, in denen es ratsam ist, auf den Putz zu hauen – wenn auch bitte schön dezent. In Bewerbungsgesprächen zum Beispiel wäre es nachgerade dumm, eigene Vorzüge zu verschweigen – sofern es freilich um echte Talente geht, nicht um behauptete. Denn schließlich geht es dabei vornehmlich darum, «sich zu verkaufen. Da gehört Eigenlob dazu», findet die Bewerbungstrainerin Mireille de Marco, die mit Studierenden die Selbstverkaufe zu Übungszwecken simuliert.[22] Und auch Wahlkämpfer haben das Recht, sich ihrem Publikum in günstigem Licht zu präsentieren; für das Ausleuchten ihrer Schattenseiten sorgen ohnehin andere. Und womöglich verhalten sich die Politiker bei ihrer Eigenreklame sogar ehrlicher als mancher Selbstgerechte, der sich nur bescheiden wähnt. Auch ein solcher Mensch hat nämlich seinen Schatten.

Wissenschaftliches Interesse, die dunklen Seiten der Seele zu erhellen, hatte Carl Gustav Jung (1875–1961). Der Schweizer Psychiater begründete die analytische Psychologie – nicht zu verwechseln mit der verwandten, aber etwas älteren Psychoanalyse, die auf Sigmund Freud zurückgeht. Jung war der Ansicht, jeder Mensch habe Seiten an sich, die ihm nicht bewusst sind und oft im Gegensatz dazu stehen, wie er sich typischerweise verhält. Statt sich mit diesen weniger schönen und häufig gefürchteten Anteilen seiner Seele auseinanderzusetzen, projiziere der Betreffende seine verdrängten Wesensmerkmale auf andere Menschen, die er dann umso stärker dafür attackiere. So gesehen, kann zum Beispiel eine ordnungsliebende Frau sich über nicht weggeräumte Socken auf dem Schlafzimmerboden nur deshalb maßlos aufregen, weil es ihr gelungen ist, die eigenen Wünsche nach lässiger Unordnung oder gar Zügellosigkeit ins Schattenreich ihrer Psyche zu verbannen. So wird sie mit der Zeit zur Ordnungsfanatikerin.

Nach Jungs Theorie könnte auch ein mustergültig bescheidener Mensch in der Tiefe seiner Seele danach dürsten, sich endlich einmal die verdiente Geltung zu verschaffen. Doch das darf der ach so Bescheidene nicht tun, weil er die Folgen davon fürchtet, zum Beispiel Liebesverlust, Spott oder Ausgrenzung. Stattdessen steht er lieber zeitlebens im dritten als im ersten Glied und geifert über all die Prahlhänse, denen alles Glück so wohlgesonnen scheint. Sonderlich glaubhaft ist das schon deshalb nicht, weil außer den wenigen Heiligen im Lande alle Menschen eitel sind, zumindest in gewissen Grenzen. Und die Lebenserfahrung zeigt, dass so mancher Zeitgenosse, der Bescheidenheit predigt, im Grunde nach Lob und Anerkennung giert. Im Zweifel wäre es besser, er oder sie könnte sich beides selber spenden. Ohnehin fragt man sich, warum in unserer Gesellschaft noch immer mit Fingern auf Menschen gezeigt wird, die unverblümt von eigenen Stärken zu sprechen. Natürlich kann auch das an den erwähnten Schatten im Sinne Jungs liegen: Wer nicht die Traute hat, sich auch mal selber zu loben, muss diesen Mut bei anderen vielleicht bekämpfen, um seelisch nicht zu wackeln.

Der Bonner Philosophie-Praktiker Markus Melchers vermutet aber noch etwas anderes hinter dieser verbreiteten Neigung. Ihm scheint das sehr barsche Sprichwort vom unmoralischen Eigenlob «aus dem Geiste einer Demutslehre zu stammen, die nun wirklich jede Form der Selbstbehauptung als Hybris verurteilt». Das wiederum führt zur Frage, wem solche Demut nützen könnte. Die Antwort liegt auf der Hand: all jenen, denen bescheidene, genügsame Untertanen oder Gläubige lieber sind als aufmüpfige. Um die eigene Macht nicht zu gefährden, lässt man das Gefolge also lieber gar nicht erst zur Geltung kommen und lobpreist vorsorglich Bescheidenheit. Auch Eltern, denen Selbsterkenntnis eignet, erkennen sich hier wieder.

Insofern sollte Eigenlob durchaus auch einmal duften dürfen, statt immer nur zu stinken. Bloß allzu dick auftragen sollte man dabei nicht, ganz wie bei Parfüm. Denn Menschen hätten «im Allgemeinen ein feines Gespür für Übertreibungen», sagt Markus Melchers. Sich auf überzogene Weise selbst zu beweihräuchern, raubt anderen in der Tat den Atem – wie allzu dichte Schwaden des heiligen Räucherwerks in einer winzigen Friedhofskapelle.

Menschsein und Zusammenleben

«Stille Wasser sind tief.»

Ein versteckter Teich im Wald: Kein Laut zu hören, nicht einmal ein Vogel zwitschert. Der Mann, noch immer vermummt, verharrt am Ufer; seine Hand birgt eine Pistole, eingewickelt und verschnürt in Plastikfolie. Dann holt er kurz aus, und Sekunden später plumpst das Päckchen dumpf ins Wasser, wird sofort verschluckt. Wellen ziehen ihre Kreise, verlieren sich rasch ringsum am Ufer. Bald dröhnt erneut die Stille durchs Gesträuch.

Klingt mysteriös, nicht wahr? Und tatsächlich wurde ja so manches Geheimnis schon in abgelegenen Seen versenkt, auf dass es aus der Welt sei, zumindest vorerst. Stille Wasser sind nun mal tief; darin ist viel Platz für Dinge, die erst sehr viel später wiederauftauchen sollen – oder nie mehr. Eine ähnliche Redensart wie die vom rätselhaften Stillwasser gibt es auch im Französischen, nämlich: «Il n'est pire eau que l'eau qui dort.» Was so viel heißt wie: «Kein Wasser ist schlimmer als das schlafende.»[1] Sollten stille Gewässer also nicht nur tief, sondern auch noch gefährlich sein?

«Wörtlich genommen macht der Spruch keinen Sinn, denn natürlich können auch spiegelglatte Seen flach sein», sagt der Wellenforscher Wolfgang Rosenthal von der Gesellschaft für Angewandten Umweltschutz und Sicherheit im Seeverkehr (GAUSS) in Bremen. Er selber hat die Redensart oft von seiner Großmutter gehört, und diese habe damit sinngemäß sagen wollen: «Stille Wasser sehen harmlos aus, können aber tief sein.»

Auch umgekehrt wird ein Schuh draus, womöglich sogar ein besserer: Meere, in denen sozusagen schon der Tod lauert, können mit sanften Wellen noch immer trügerischen Frieden verbreiten. «Im offenen Ozean kann tiefes Wasser ziemlich still aussehen, während an der Küste die Brandung tobt», sagt der Küsteningenieur Torsten Schlurmann von der Leibniz-Universität Hannover. Das ist freilich genauer zu erklären. Dass Entsetzliches passieren kann, wenn sich aufgestaute Energie Bahn bricht, weiß man von Erdbeben. Platten der Erdkruste, die lange miteinander verhakt waren, ruckeln sich plötzlich frei. Diese Explosion an gestauter Energie haben sie mit lächerlich wirkenden Wellen im offenen Ozean gemeinsam, die Stunden später Hunderttausende von Menschen zerschmettern können. Entfesselt von Erdstößen unter dem Meeresboden, türmen sich Tsunamis nämlich erst an der Küste zu monströsen Wasserbergen auf.

«Vom Wind oder durch Seebeben verursachte Wellen sind mitten auf dem Meer noch vergleichsweise klein», berichtet Schlurmann. «Das stellt jeder Urlauber fest, der am Strand bis zur Hüfte in der Brandung steht und dabei Mühe hat, sich auf den Beinen zu halten. Blickt er nämlich hinaus aufs Meer, sind dort meist kaum Wellen zu sehen oder allenfalls im Ansatz zu erahnen.» Denn dort ist das Wasser viel tiefer als in Küstennähe, und die Energie der Welle verteilt sich, vereinfacht ausgedrückt, auf einen riesigen Wasserkörper. «Kommt so eine Welle aber in geringere Wassertiefen, baut sie sich auf und bricht – was am Strand den Surfern und anderen Strandsüchtigen ja dann auch großen Spaß bereitet.» Eine vom Wind bewegte Welle kann, ohne zu brechen, am Küstensaum eines Meeres maximal 0,78-mal so hoch werden, wie das Wasser an der betreffenden Stelle tief ist – bei einer Wassertiefe von einem Meter ergäbe das eine höchstens 78 Zentimeter hohe

Welle. Wird der Grenzwert von 0,78 allerdings überschritten, wird die Woge instabil; ihr Kamm stürzt voran. Dann überholt sich die Welle dabei gewissermaßen selbst, weil ihre innere (Fachleute sagen: orbitale) Geschwindigkeit größer wird als das Tempo, mit dem sich die Welle bis dahin ausgebreitet hat.

Dazu muss man wissen, dass die Wasserteilchen sich beim horizontalen Durchgang einer Welle auf dem offenen Meer fast kreisförmig und im küstennahen Flachwasser nahezu elliptisch bewegen – also nicht etwa einfach von unten nach oben und wieder nach unten. Ein Schwimmer wird in der Welle demnach nicht einfach gehoben und sinkt dann wieder an dieselbe Stelle zurück, sondern schwappt auf ungefähr elliptischer Bahn auf und ab und hin und her. Und auch Folgendes sollte jeder Strandurlauber noch wissen, damit es ihn nicht unerwünscht umhaut: Mit der Höhe der Welle wächst die Energie quadratisch. «Eine doppelt so hohe Welle überträgt also eine viermal so große Energie», rechnet Torsten Schlurmann vor. Wer das nicht glauben will, muss eben fühlen: Die gerötete Brust nach einem deftigen Wellenschlag spricht Bände.

Sich der Spruchweisheit psychologisch zu nähern, ist noch ergiebiger, als sie wörtlich zu nehmen. Wenn uns ein eher zurückhaltender Zeitgenosse mit abgründigem Witz oder einer verwegenen Tat überrascht, sagen wir bekanntlich gerne: «Ja, ja, stille Wasser sind eben tief.» Allzu leicht werden die Leiseren unter uns, die eher Schweigsamen, überhört. Introvertierte, also nach innen gekehrte Menschen haben es eben nicht leicht in einer Welt, die noch dem blödesten Angeber zu Füßen liegt, wenn er nur laut genug blökt.

Persönlichkeitspsychologen kennen die Introversion als eine der entscheidenden fünf Eigenschaften («Big 5»), die über viele Kulturen hinweg einen normalen – im Sinne von seelisch gesunden – Menschen verlässlich kennzeichnen können. Neben der Introversion oder ihrem Gegenpol, der Extraversion, zählen hierzu die Faktoren Neurotizismus (Ängstlichkeit, Unsicherheit, Verlegenheit), Offenheit für Erfahrungen, Verträglichkeit und fünftens die Gewissenhaftigkeit. Hirnforschern ist der Nachweis gelungen, dass introvertierte Menschen feinfühliger auf Außenreize reagieren als die Extravertierten, also nach außen Gewandten. Ihre Gehirnrinde ist stärker erregt als die der krachledernen Frohnaturen und sprühenden Selbstdarsteller. Sehr salopp gesagt: Der Bär steppt bei den Stilleren im Lande nicht draußen, sondern drinnen, im Oberstübchen. Neurobiologen sehen hierin den Grund dafür, dass stille Menschen sich vor zusätzlicher, von außen kommender Auf- und Anregung tendenziell schützen wollen, indem sie beispielsweise zum Lernen das plärrende Radio ausschalten.

Extravertierte hingegen müssen immer wieder starke Außenreize finden, damit ihr Hirn optimal erregt ist. Sie suchen Spaß, möglichst viele Bekanntschaften, Abenteuer, bisweilen auch Gefahren, und kritzeln ihren Terminkalender ordentlich voll. «Das Ausmaß an Reizung, das Extravertierte als angenehm empfinden, kann Introvertierte überwältigen», urteilt der US-Psychologe und Persönlichkeitsforscher Colin DeYoung von der Universität von Minnesota.[2]

Es ist nicht einfach für Menschen beider Temperamente, gut miteinander auszukommen. Nur ein Beispiel: Während der Stillere noch an seiner Antwort auf die Frage des Umtriebigen feilt, redet dieser schon wieder ungeduldig und gelangweilt in die Sprechpause hinein. Nicht Schweigen wäre für ihn Gold, sondern Abwarten. Denn nur so kann sich auch ihm darbieten, was an gedanklicher und seelischer Tiefe in seinem verhaltenen Gegenüber möglicherweise alles schlummert. Stille Wasser sind nämlich keineswegs per se langweilig, sie sind bloß langsamer. Gut Ding will bei ihnen nun mal Weile haben.

Bedrohlich still

Leider können stille Wasser aber auch auf weit weniger erfreuliche Weise tiefgründig sein. In ihren Abgründen lauern manchmal das Grauen, ein Übel, das sich nicht umsonst im seelischen Morast verbirgt. Die Rede ist von undurchsichtigen Gesellen der besonderen Art. Von ihnen liest man fast jede Woche in der Zeitung oder sieht sie im Fernsehen: sehr nette Leute, aber sieben Leichen im Keller.

Die Unscheinbarkeit scheint ein Muster zu sein, vor allem bei Sexualstraftätern. In ihrem Umfeld heiße es häufig: «Das ist ein völlig unauffälliger Mann gewesen, der hat hier in unserer Gemeinde schön gelebt, war beim Sportverein», sagt Josef Bausch-Hölterhoff (kurz: Joe Bausch), Gefängnisarzt in den westfälischen Justizvollzugsanstalten Werl und Hamm. «Alle sind dann immer entsetzt darüber, wenn sie erfahren, dass dieser Mann ein Vergewaltiger oder Kinderschänder sein soll; das sprengt dann einfach die Vorstellungskraft der Leute.» Das Unheimliche, Unerforschliche an Sexualtriebtätern ist die Abgründigkeit ihrer Vergehen im Kontrast zur scheinbaren Biederkeit ihres Wesens: «Man kann die Motive für das Verhalten solcher Krimineller oft nicht absehen, es gibt keine Vorwarnung – insofern gründet das Verhalten dieser Menschen wirklich tief», weiß der Facharzt für Allgemein- und Betriebsmedizin aus Erfahrung. Der 1953 im Westerwald geborene Regierungsmedizinaldirektor (so sein Amtstitel) beschäftigt sich auch in seinem zweiten Beruf als Schauspieler mit dem Verbrechen: Seit 1996 mimt der Schnurrbartträger mit dem markanten Kahlschädel sehr fachkundig den Gerichtsmediziner Dr. Josef Roth im Kölner «Tatort».

Der verstörende Gegensatz im Wesen von Sexualstraftätern hat einen naheliegenden Grund: Immer wieder werden sie von

Vorstellungen heimgesucht, über die sie – aus ihrer Sicht – mit niemandem reden dürfen. «Diese Männer tun sehr viel dafür, unerkannt und möglichst unauffällig zu bleiben, schon weil sie oft das Gefühl haben, man könne ihnen ihre Phantasien ansehen», sagt Bausch. «Deshalb gelten viele von ihnen unter Bekannten und Nachbarn als treusorgende Ehemänner und liebe Väter.»

Anders als ein Triebtäter tritt ein nicht sexuell motivierter Gewalttäter offen in Erscheinung; er ist gewissermaßen weder ein stilles noch ein tiefes Wasser. «Der lässt sich nichts gefallen, hat seine Affekte nicht im Zaum. Der trinkt, randaliert und schlägt halt zu», beschreibt Bausch den Unterschied. «Oft findet so jemand auch noch Entschuldigungen dafür, warum er jemandem aufs Maul gehauen hat.» Ein Sexualstraftäter hingegen finde überhaupt keine Argumente, um seine Taten zu erklären oder irgendwie verständlich erscheinen zu lassen. Häufig seien «früh in der Kindheit entstandene Störungen in der Persönlichkeitsentwicklung» die Ursache für spätere Sexualstraftaten. Dazu zählen sogenannte Paraphilien: von der Norm abweichende, wiederkehrende, zur Tat drängende und sexuell erregende Phantasien, die sich manchmal erst Jahrzehnte später bemerkbar machen – leider oft erst durch Verbrechen.

Mit stillen Wassern unter deutschen Kriminellen hat auch Axel Petermann seit Jahrzehnten zu tun. Der 1952 geborene Bremer Kriminalhauptkommissar gilt als einer der bekanntesten Fallanalytiker («Profiler») hierzulande und berät als solcher die Macher des Bremer und des hessischen «Tatorts». Fachleute wie er suchen im Tathergang und in Tatortspuren ungeklärter Kapitalverbrechen Hinweise auf den Täter. «Ich weiß nicht, was das Böse ist, auch wenn sich seit 1970 in meinem Beruf nahezu alles um Mord und Totschlag, Opfer und

Täter, Schuld und Sühne dreht», räumt Petermann in seinem Buch «Auf der Spur des Bösen» ein.[3] Sehr wohl aber weiß er, dass manche Unholde auffällig unauffällig sind.

Durch seinen Beruf lernte der Leiter der Operativen Fallanalyse bei der Bremer Kripo auch einen Serienvergewaltiger kennen, der in Bremerhaven mehrere Frauen missbrauchte und deshalb bis heute im Gefängnis sitzt. «Seine Biographie wirkte ganz normal: Er hatte eine feste Beziehung, einen Freundeskreis und arbeitete im therapeutischen Bereich, auch wenn er damit nicht sehr zufrieden war», erzählt der Ermittler am Telefon. Besonders an den Wochenenden, wenn der Mann bei seiner weiter entfernt lebenden Freundin war und nicht tun und lassen konnte, was er selber wollte, hatte er häufig Frust. Um seine Enttäuschung zu kompensieren, aß er oft zu viel und litt obendrein unter Schlafstörungen, berichtet Petermann: «Dann marschierte er los, um einfach den Kick zu suchen, wie er behauptete.»

Zunächst zog der Täter «wahllos nachts durch die Straßen», immer auf der Suche nach Gelegenheiten, in fremde Wohnungen einzusteigen. Anfangs beschränkte er sich darauf, sie zu erforschen und etwas aus den Kühlschränken zu essen. «Irgendwann reichte ihm dieser Nervenkitzel nicht mehr, und er fing an zu vergewaltigen», erinnert sich Petermann. «Er brauchte die Erregung; es war wie der Kick beim S-Bahn-Surfen, hat er mir versichert.» Der erfahrene Kriminalpolizist ist überzeugt davon, dass der Straftäter «Macht und Dominanz über die Frauen fühlte, wenn er nach den Einbrüchen in den Wohnungen wühlen oder eines seiner Opfer vergewaltigen konnte, wann immer er wollte». Selber räumte der Mann ein, das Überlegenheitsgefühl habe ihn «berauscht», bestritt jedoch, dem auftrumpfenden Verhalten habe in seiner Kindheit Ohnmacht gegenübergestanden. «Ob das allerdings tatsächlich alles so stimmt, erfahre ich nicht immer», schränkt Petermann ein.

Oft ahnen Verwandte, Freunde oder Berufskollegen nichts von den brutalen Eskapaden der scheinbar so netten und umgänglichen Serientäter. Den Anschein von Normalität zu erwecken, haben die Betreffenden gut und lange gelernt. «Auch hier im Gefängnis sind das die hochangepassten, fast unterwürfig anmutenden Charaktere», sagt Joe Bausch, der es täglich erlebt. Auch im Knast können sie mit niemandem über ihre entsetzlichen Taten reden – Verbrechen, «die bei den meisten Menschen nichts als Abscheu erregen, auch bei Mithäftlingen». Deshalb spricht sich der Knast-Doktor dafür aus, anonyme Anlaufstellen einzurichten, an die sich derart Getriebene hilfesuchend wenden können. «Denn irgendwann löst sich die Bremse, und der aufgestaute Trieb drängt aus der Tiefe ihrer Persönlichkeit nach draußen», warnt Bausch. «Dann platzt die Bombe – worüber diese Männer nicht selten selbst erschrecken.»

Wenn in stille Gewässer ein Stein fällt, zieht das weite Kreise. Wenn stille Wasser selber Wellen schlagen, machen sie vor allem Schlagzeilen – so wie der Norweger Anders Behring Breivik, der Experten zufolge bei seinen Untaten keineswegs wahnsinnig, sondern kühl, berechnend und geistesgegenwärtig vorging. Im Juli 2011 richtete der damals 32-Jährige auf der winzigen norwegischen Insel Utøya ein Blutbad an, nachdem er zuvor eine achtfach tödliche Bombe in Oslo gezündet hatte: Insgesamt 77 Menschen verloren so ihr Leben. «Der Mord ist ganz tief im Menschen drin. Jeder trägt das Böse in sich, es kommt nur darauf an, ob es ausbricht», urteilte wenig später der pensionierte Ermittler Josef Wilfling.[4] Der Autor eines Buchs über die «Abgründe» in Mördern dürfte es wissen, denn er leitete mehr als 20 Jahre lang die Münchner Mordkommission und hat annähernd 100 Morde und Totschlagsdelikte bearbeitet – und fast alle aufgeklärt. Denn Fehler begehen alle Kriminellen, auch jene, von denen es am Anfang ihrer unrühmlichen Karriere stets heißt, sie hätten eine «grauenhafte Einzeltat»[5] vollbracht. So sind sie, die stillen Wässer: immer Einzeltäter – nur leider häufig in Serie.

«Gelegenheit macht Diebe.»

Es soll Leute geben, die ihre neue Putzfrau auf die Probe stellen, indem sie einen Geldschein unters Bett legen. Abends prüfen sie dann, ob er noch da liegt. Offenbar ist diese Art von Fingerprobe vor allem zum Testen polnischer Haushaltshilfen beliebt, wie eine betroffene «Putze» in ihrem Buch «Augen zu und durchwischen» berichtet.[6] Sollte eine Putzfrau sich an dem Geldköder vergreifen, wäre sie natürlich dumm. Denn die Zahl derer, die den Schein überhaupt an sich nehmen könnten und also verdächtig sind, ist in einem Privathaushalt meist sehr gering. Zudem wird man eine Reinemachefrau einfacher los als den lieben Herrn Sohnemann, der mit allen Mitteln eifrig für seinen neuen Laptop spart.

Und dennoch: «Die alte Lebensweisheit ‹Gelegenheit macht Diebe› bewahrheitet sich immer wieder», heißt es in einem Warnhinweis des Polizeipräsidiums Oberfranken in Bayreuth. «Gute Gelegenheiten» hätten leider seit 2005 auch zu deutlich mehr Autoaufbrüchen im Regierungsbezirk Oberfranken geführt. Ein Infoplakat warnt denn auch: «15 Minuten geparkt, 1200 Euro gezahlt – Lassen Sie keine Wertsachen im Auto!»[7]

«Gute Gelegenheiten»: Das hat die Bayreuther Polizei aber sehr freundlich formuliert. Damit «meinen wir die Unvorsichtigkeit der Fahrzeugbenutzer», erklärt Polizeisprecher

Herbert Gröschel die Wortwahl auf Nachfrage. Den Ausdruck habe man «bewusst in Gänsefüßchen gesetzt». Doch was heißt unvorsichtig? «Es werden Wertgegenstände im Auto liegen gelassen, die von außen gut sichtbar sind – beispielsweise Handtaschen auf den Sitzen, Laptop-Taschen, Geldbeutel und elektronische Gegenstände.» Die «Autoknacker» wüssten so etwas sehr zu schätzen.

Nicht allzu fern liegt da die Frage, ob das Aufbruchgeschäft vor allem im Sommer während der jährlichen Wagner-Festspiele blüht, wenn viele gutbetuchte Gäste in Bayreuth ihre glänzenden Karossen parken. Doch Gröschel winkt ab: «In dieser Zeit stellen wir keine vermehrten Autoaufbrüche fest», sagt er. «Zum einen ist dann die Polizeipräsenz sehr, sehr hoch. Und zum anderen sind das in aller Regel hochwertige Fahrzeuge.» Sprich: In sie ist schwer einzubrechen. Immer wieder versucht die Polizei, das Gefahrenbewusstsein der potenziellen Diebstahlopfer nachzuschärfen. Denn «wenn lange nichts passiert ist, wird der Mensch unvorsichtiger», weiß der Polizeisprecher.

Ein Schelm sei, wer Böses dabei denkt, dass ausgerechnet an der Universität Bayreuth auch der frühere Bundesverteidigungsminister Karl-Theodor zu Guttenberg Jura studiert und seine fast schon legendäre Doktorarbeit verfasst hat, wenn auch unter Einschluss zahlreicher Quellen, die der Baron nicht ausreichend oder gar nicht gekennzeichnet hat. Gute Gelegenheiten im Internet machen inzwischen millionenfach Textdiebe – «Kopieren und Einfügen», so lautet die Masche der Plagiatoren. Lehrer, die bei ihren Schülern Aufsätze oder Referate in Auftrag geben, wissen ein Klagelied davon zu singen. Die Hemmschwelle ist niedrig, die Verlockung gewaltig, und man schadet doch niemandem, scheinbar jedenfalls.

Doch so ist der Mensch nun mal: «Günstige Gelegenheit wie ein leichter Zugriff auf das Tatobjekt und geringe Entdeckungswahrscheinlichkeit veranlassen Menschen, Straftaten zu begehen, die sie ohne diese Gelegenheit nicht begehen würden», befindet trocken der Strafrechtler Dieter Dölling, Direktor des Instituts für Kriminologie an der Universität Heidelberg. Allerdings nutzten nicht alle Menschen sich bietende Chancen gleich zu Straftaten. Ob sie es tun, hänge «insbesondere davon ab, wie stark sie die Verbotsnorm als moralisch verbindlich empfinden».

«Jeder Mensch ist ein möglicher Dieb – und das hat zunächst nichts mit Moral zu tun», sagt hingegen Klaus Sessar, bis 2002 Professor für Kriminologie, Jugendstrafrecht und Strafvollzug an der Universität Hamburg. Für ihn steht das Wort «Diebe» in dem bekannten Sprichwort generell für Straftaten. «Hieße der Spruch stattdessen, Gelegenheit macht Betrüger, wäre seine Aussage deutlicher und plausibler», findet der Jurist und Soziologe. Denn für Betrug böten sich noch eher Gelegenheiten, nahezu jeden Tag. «Fast jeder von uns betrügt auf irgendeine Weise – und wer es zeitweilig nicht tut, hat eben keine Gelegenheit gehabt; schließlich füllt man nicht täglich seine Steuererklärung aus», schiebt der heute im Schwarzwald nahe Freiburg lebende Jurist und Soziologe hinterher.

Den Staat hinters Licht zu führen, fällt vielen leichter, als einen einzelnen Menschen zu hintergehen. Dennoch begehe eine Straftat, wer seine Einkommensteuererklärung fälscht. Zum Glück für die Finanzminister müssen die Bürger nur einmal im Jahr ihre Steuermoral erproben. Böte jeder Tag Gelegenheit dazu, «würden wir auch täglich falsche Angaben machen», sagt Sessar. Ähnlich verhält es sich mit Versicherungsdelikten, die nach Schätzungen der Versicherungswirtschaft jedes Jahr Schäden in Höhe von etwa vier Milliarden Euro verursachen. Für ihre Doktorarbeit an der Universität des Saarlandes hat die Betriebswirtin Jessica Knoll rund 400 Fragebögen von Versicherungsnehmern und über 100 Fragebögen von Versicherungsvermittlern ausgewertet. So konnte sie zeigen, dass Versicherungsbetrug eine Art Volkssport der Deutschen ist.

Für eine Reihe von Versicherten, die nie einen Schaden geltend machen können, scheint die als Kavaliersdelikt empfundene Straftat sogar eine Art Wiedergutmachung zu sein – dafür nämlich, dass sie ansonsten ein Leben lang Beiträge zahlen müssten, ohne dass jemals Geld an sie zurückfließt. «Rund 40 Prozent der von mir befragten Versicherungsnehmer waren der Meinung, dass fast jeder Kunde schon einmal seine Versicherung betrogen hat», sagt Jessica Knoll. «Eine ähnlich hohe Zahl hat einen Versicherungsbetrug im engeren persönlichen Umfeld beobachtet und hält es für etwas Alltägliches.» Deshalb verwundere es «vielleicht nicht, dass ein Drittel der befragten Endkunden meint, eine Versicherung lohne sich nur, wenn auch mal ein Schaden eintritt». Jeder achte Befragte nahm ohnehin an, «dass sich Versicherungen eine goldene Nase verdienen und es daher nicht ins Gewicht falle, wenn man sich als Kunde etwas von seiner Versicherungsprämie zurückholt». Um ihre Kunden nicht zu vertreiben, gingen viele Versicherungsunternehmen nicht konsequent genug gegen Betrugsfälle vor.[8]

Lug und Trug allerorten also? Sollte es wirklich keine Vertreter des Menschengeschlechts geben, die Strafnormen prinzipiell Folge leisten? Aber sicher gebe es die, bekräftigt Klaus Sessar. «Das sind fast Heilige, nur haben die dann vielleicht andere Probleme.» Solche Moralapostel neigten häufig zu Autoaggressionen, verletzten sich also regelmäßig selbst. Oder sie wichen «in andere normabweichende, aber nicht strafbare Handlungen aus». Der angesehene Kriminologe verweist auf eine «launige Theorie» des französischen Soziologen Émile Durkheim (1858–1917). Nach dieser wäre eine von heute auf morgen musterhafte, vollkommene Klostergemeinschaft, die keinerlei Verbrechen mehr kennte, eine fürchterliche Sache. Denn die Mönche oder Nonnen würden kleinere Auffälligkeiten, die außerhalb des Klosters geduldet werden, irgendwann zu Verbrechen hochstilisieren – und das nur, damit die alte Ordnung, die Verbotenes und Erlaubtes noch unterschied, wiederhergestellt ist. Demnach braucht die Gesellschaft Straftäter, um verdeutlichen zu können, was sich gehört und was verpönt ist.

Für Sessar ist klar, dass Menschen irgendwie und irgendwann im Leben etwas Ungesetzliches tun: «Das ist eine Tatsache, darüber braucht man nicht weiter zu reden. Auch ich selber habe als Jugendlicher schon mal was geklaut.» Entscheidend sei die Schwere der Vergehen. «Bei den leichteren sind nicht nur die Hemmschwellen niedriger; auch das Unrechtsbewusstsein greift bei ihnen weniger», urteilt der Rechtsexperte. «Wer einen 50-Euro-Schein auf der Straße findet, wird ihn wahrscheinlich einstecken – sofern ihn niemand beim Aufheben beobachtet.» Dabei müsste der Finder ihn zur Polizei bringen. Tut er es nicht, hat er eine Straftat begangen, nämlich eine Fundunterschlagung. Und auf diese steht nach dem Strafgesetzbuch (Paragraph 246 StGB) eine Freiheitsstrafe von bis zu drei Jahren oder eine Geldstrafe – wobei schon der Versuch strafbar ist. «Und ich darf vermuten: Nur wenige Menschen würden das Geld zur Polizei bringen», merkt Sessar mit süffisantem Unterton an.

Neurotisch Selbstgerechte

Möglicherweise seien das Menschen, «die es einfach – und das heißt: ohne große Gebote – anständig finden, den Geldschein abzugeben». Doch vielleicht sind das auch Leute, «die eine ganz strenge, hochmoralische Erziehung genossen haben, sodass ihnen ihr Gewissen von morgens bis abends verbietet, sich abweichend von der Norm zu verhalten», hält der Kriminologe für denkbar. Allerdings erlaubten sich diese Menschen dann auch keine anderen Abweichungen: «Wenn ihre Mama ihnen gesagt hat: ‹Du musst morgens, mittags und abends deine Zähne putzen!›, dann werden die das auch immer tun, weil sie ihr Gewissen fürchten müssen.»

Das ginge ja vielleicht noch an. Doch weil diese Super-Folgsamen so sittsam sind, «ertragen sie es nicht, wenn andere Menschen sich nicht genauso normtreu verhalten und verurteilen diese Zeitgenossen dann». Solche Übergewissenhafte könnten hochaggressiv gegenüber Regelverletzern werden. Oder aber sie lebten in einem «solch irrsinnigen Moralkodex», dass sie sich erst recht strafbar machen, wenn sich ihnen doch einmal eine besonders verführerische Gelegenheit bietet. «Man denke nur an die Fälle jener katholischen Priester, die sich in Heimen oder Internaten an Minderjährigen vergangen haben.»

Ob und wie häufig uns Gelegenheiten zu Dieben machen, hänge zum einen von der Art und Weise ab, wie wir sozialisiert, also in die jeweilige Gesellschaft eingebunden worden sind. Und das heißt zum Beispiel: wie sehr wir gelernt haben, das Eigentum anderer zu achten und solidarisch mit unseren Mitmenschen zu sein. Zwar komme der Mensch vermutlich «mit einer Art Anlage für Moral zur Welt», sagt Sessar. «Aber mit *welcher* Moral konkret, ist damit ja noch nicht gesagt.» Niemand werde mit einem bereits verinnerlichten Normen-Korsett geboren. Normen werden vom Staat oder der Gesellschaft gesetzt. «Es kann einem schließlich auch verboten werden, sich einen Stein vom Boden zu greifen. Wenn das kulturell fixiert ist, wird kein Mensch mehr Steine aufheben, es sei denn um herauszufinden, was passiert, wenn er es doch tut.» So verhalte es sich auch mit Diebstahl oder mit dem, was als sexuelle

Nötigung oder gar Vergewaltigung gilt. In den Niederlanden zum Beispiel zähle bereits der gewaltsame Zungenkuss als Vergewaltigung. «Bei uns gilt das als sexuelle Nötigung.» Es gebe jedenfalls «sehr viele Motive für den Staat, etwas unter Strafe zu stellen». Und erst die Norm mache den Straftäter.

Um zum Dieb zu werden, braucht es dann nur noch zweierlei: die Bereitschaft oder Neigung zum Verletzen der Norm sowie die Gelegenheit zum Klauen. Für Anreize zumindest sorgt unsere Gesellschaft im Übermaß selber. Überall heißt es: Greif zu! Bediene dich! Nutze deinen Vorteil! Auch wenn solche Reklamesprüche nicht als Aufrufe zum Klauen gemeint sind, haben sie Sessar zufolge «etwas stark Suggestives» und stachelten erst recht das Eigeninteresse an – und schon sei die Grenze zum Verbotenen «ganz mühelos und blitzschnell überschritten». Solche Ansichten mögen verstören oder provozieren; Illusionen zertrümmern sie allemal. Wem es bisher nicht klar war, dem wird spätestens jetzt einleuchten, warum es Polizisten geben muss: Nur naive Menschen träumen von einem Staat ohne Gesetzeshüter. Vielleicht nicht einmal Diebe.

«Rache ist süß.»

Am lustigsten sind Akte der Vergeltung immer in Filmen mit Stan Laurel und Oliver Hardy, den beiden als «Dick und Doof» verkannten Komik-Genies: Stach der massige Olli mit seinem Zeigefinger den schlaksigen Stan verärgert ins Auge, zahlte es ihm dieser postwendend mit gleicher Münze heim. Recht so, könnte man als Zuschauer meinen. Hieß nicht auch schon die alte hebräische Maxime zur Vergeltung «Auge für Auge, Zahn für Zahn»? Und gibt es nicht bis heute den verbreiteten Grundsatz «Wie du mir, so ich dir»?

Doch schon in der Bergpredigt des Neuen Testaments (Matthäus 5,38 f.) wird Jesus von Nazareth als entschiedener Gegner dieses Prinzips zitiert: «Ihr habt gehört, dass den Alten gesagt ist: ‹Auge um Auge, Zahn um Zahn›. Ich aber sage euch: Leistet dem, der euch etwas Böses antut, keinen Widerstand, sondern wenn dich einer auf die rechte Wange schlägt, dann halt ihm auch die andere hin.» Und auch der gewaltfrei gegen die britische Kolonialmacht kämpfende Inder Mahatma Gandhi (1849–1948) übte Kritik am Hin-und-Her-Rächen und sagte wunderbar treffend: «Auge um Auge lässt die Welt erblinden.»[9]

Allerdings ist der alttestamentarische Vergeltungsgrundsatz gerade «kein törichtes Prinzip der Rache, sondern ein weises Prinzip der Mäßigung von Rachegelüsten», urteilt Manfred Oeming, Ordinarius für Alttestamentliche Theologie an der Universität Heidelberg. Denn es sei damals in Judäa keineswegs erlittenes Unrecht mit Blut oder Fleisch von gleicher Körperstelle vergolten worden, sondern ersatzweise mit Geld – womit das altjüdische Vergeltungsprinzip letztlich «zur geistigen Basis des BGB», also des Bürgerlichen Gesetzbuchs der Bundesrepublik Deutschland, gehöre. Davon einmal abgesehen, hält auch Oeming nichts von spiegelbildlicher Vergeltung: «Es tut der Gemeinschaft gut, auf Rache, ja sogar auf Strafe zu verzichten» und stattdessen «den gerechten Ausgleich zwischen allen Gliedern der Gesellschaft ohne Ansehen der Person und des Standes zu suchen».

Kann aber Rache den Rächer nicht doch befriedigen, weil sie eine Art gerechten Ausgleich herstellt? Bärbel Wardetzki winkt ab: «Rache hält die Kränkung nur noch länger aufrecht», sagt die Münchner Psychotherapeutin, die das Verarbeiten von Kränkungen zu ihren Therapieschwerpunkten zählt. «Was bringt es, wenn man zum Beispiel seinen untreuen

Partner im Winter nackt in den Schnee jagt, wie es in einem Frauenratgeber zum Thema heißt? Was hat man selbst davon, wenn er kalte Füße bekommt?» Der Wunsch, gerechten Ausgleich nach einer Kränkung oder anderem erlittenen Seelenleid zu schaffen, sei legitim und wichtig. «Rache aber ist destruktiv», denn «wirklicher Ausgleich sollte auf Versöhnung abzielen, auf eine Wiedergewinnung des Gleichgewichts zwischen zwei Personen».[10]

Die Maxime «Wie du mir, so ich dir» ist unter Menschen weit verbreitet, auch wenn so mancher Betroffene das weit von sich weisen würde. Wer einen gut behandelt, dem ist man wohlgesonnen. Allerdings erwarten die meisten Menschen das auch umgekehrt. «Die erste Runde geht auf mich», ruft nur, wer die zweite nicht auch selber zahlen möchte. Jeder Verstoß gegen dieses Prinzip wird mit Groll und künftiger Missachtung bestraft. Viele Menschen nicken mitfühlend, wenn jemand, der sich unfair behandelt fühlt, unheilvoll grummelt: «Warte nur, ich kann auch anders!»

Das Prinzip des spiegelbildlichen Verhaltens nennen Wissenschaftler auch «Reziprozität»: Wer sich für freundliche Handlungen in gleicher Weise bedankt, verhält sich «positiv reziprok» (im Guten umgekehrt); rächt sich hingegen jemand bei Unfairness, handelt er «negativ reziprok». Beide Reaktionsweisen sind voneinander unabhängige Wesenszüge: Manche Menschen sind eher positiv reziprok, belohnen als Belohnte in der Regel ihrerseits, rächen sich aber bei schlechter Behandlung eher nicht; bei manchen ist es umgekehrt, und wiederum andere handeln fallbezogen mal so oder so. Forscher der Universitäten Bonn und Maastricht um die Wirtschaftswissenschaftler Armin Falk und Thomas Dohmen wollten herausfinden, ob diese Charaktereigenschaften mitbestimmen, wie erfolgreich und zufrieden jemand ist.[11] Dazu zogen sie Daten des Deutschen Instituts für Wirtschaftsforschung heran, das jährlich rund 20 000 Bundesbürger zu diversen Themen befragt. Eines der Ergebnisse ließ sich leicht vorausahnen, ist also recht banal: «Sowohl positive als auch negative Reziprozität sind in der deutschen Bevölkerung weit verbreitet», sagt Armin Falk von der Universität Bonn.

Interessanter wurde es jedoch, als Dohmen und er die Daten über spiegelbildliches Belohnen und ebensolches Rächen zu anderen Umfrageergebnissen in Beziehung setzten. So leisten Menschen, die zum Zurück-Belohnen neigen, im Schnitt mehr Überstunden, «allerdings nur dann, wenn sie ihr Gehalt als fair empfinden», berichtet Thomas Dohmen, der an der Universität Maastricht das Forschungszentrum für Ausbildung und Arbeitsmarkt leitet. «Da sie für Leistungsanreize sehr empfänglich sind, verdienen sie zudem in der Regel mehr Geld.»

Völlig anders verhalten sich nachtragende oder gar rachsüchtige Menschen. Sie erbringen für mehr Lohn nicht unbedingt mehr Gegenleistung. Und kürzt der Arbeitgeber ihr Gehalt, darf er nicht erwarten, dass sie sich infolgedessen wieder mehr anstrengen. Im Gegenteil: Die Gemaßregelten finden die Kürzung ungerecht und neigen dazu, innerlich zu kündigen und nur noch das Nötigste zu tun. Bisweilen rächen sie sich sogar, indem sie Arbeiten verweigern, Sabotage betreiben oder Firmengeheimnisse nach außen tragen. Kein Wunder, dass solche Stänkerer Armin Falk zufolge «signifikant häufiger arbeitslos» sind. Womöglich sind sie aber auch gar nicht erst eingestellt worden, weil die Personalchefin ihre Charakterschwäche rechtzeitig erkannt hat. Und noch aus einem anderen Grund ist Rachsucht als Lebensmotto nicht ratsam: Wer sein Erdendasein meist nach der Devise «Auge um Auge, Zahn um Zahn» bestreitet, hat im Schnitt weniger Freunde und ist deutlich unzufriedener.

Nun bleiben allerdings Fragen – etwa jene, was denn den Ausschlag dafür gibt, ob jemand generell eher zurückbelohnt oder eher -rächt. «Das hängt davon ab, ob ich zuvor freundlich oder fair, beziehungsweise unfreundlich oder unfair behandelt wurde», sagt Armin Falk. Wer jahrelang vergebens auf die Mitmenschlichkeit anderer gezählt hat, wird eben leicht misstrauisch. Wie auch immer wir bevorzugt reagieren, wir tun es jedenfalls recht konsequent und bleiben im Wesentlichen dabei, zumindest ab dem 20. Lebensjahr. Als Ausnahmen von dieser Regel nennt Falk «dramatische Lebenseinschnitte oder Erfahrungen». Solche Fälle sind beliebte Film-Sujets: Der hartleibige, eiskalte Griesgram, dem ein überirdisch freundlicher Mensch oder ein naives Kind pausenlos Gutes tut, wird am Ende doch noch weich – ganz wie der alte Graf von Dorincourt durch das unbeirrbare Liebeswerben seines Enkels Cedric im Buch und Film vom kleinen Lord.

Was aber kann man außerhalb von Drehbüchern tun, um die eigene Reaktionsweise auf Unfairness zu verändern? «Der Mensch kann immer versuchen, emotionale Impulse zu kontrollieren», rät Armin Falk. Gerade in privaten und beruflichen Beziehungen solle man lieber nicht zu heftig in gleicher Weise zurückschlagen, «auch wenn es einen sehr danach verlangt». Statt spontan zu kündigen, den Kontrahenten zu beschimpfen oder ihn gar niederzuhauen, solle man sich lieber an eine altbekannte Lebensweisheit halten. Weise handelt nämlich in der Tat, wer erst einmal drüber schläft. Die heiße Wut sollte möglichst abkühlen, die Rachsucht verdampfen, bevor man antwortet oder zur Tat schreitet.

Denn wenn ein Rächer seine Gefühle nicht kontrollieren kann, sich nicht im Griff hat, kann es richtig gefährlich werden. Verbindet sich ein Rachebedürfnis gar mit der Neigung zum Jähzorn, endet das nicht selten in einem leidvollen Ausbruch von Gewalt. Dies droht vor allem dann, wenn der Betreffende nicht gelernt hat, seinen Unmut frühzeitig angemessen auszudrücken. «Etwas oder jemand stört mich, nervt mich, ärgert mich, macht mich wütend, macht mich zornig», so beschreibt der in St. Gallen praktizierende Schweizer Psychotherapeut Theodor Itten die bedrohliche Gefühlskaskade. «Nur unausgesprochene oder unterdrückte Gefühle können zu Ausbrüchen führen.»[12] Damit es gar nicht so weit kommt, sollte ein Mensch bereits als Kind gelernt haben, dass nicht verboten ist, auch mal Widerstand zu leisten und seinem Ärger Luft zu machen. Doch nicht alle haben dieses leicht zu unterschätzende Glück. «Wenn ich in einer Familie aufwachse, in der es erlaubt ist, die Gefühle auszudrücken, dann kann ich jeweils das entsprechende Gefühl aussprechen, somit mitteilen und falls nötig auch mit seiner körperlichen Art und Weise zeigen», sagt der Autor eines Buchs über Jähzorn. Doch wer in einer Familie groß wird, in der Gefühle unterdrückt werden mussten, schlucke «viele kleine Nervigkeiten, Ärger, Wut herunter, und dann kommt es zum bekannten Tropfen, der das Fass überlaufen lässt». Derart um sich schlagende Rache ist gar nicht süß, sondern könnte dem Opfer und einem selber bald sauer aufstoßen.

«Der Mensch ist des Menschen Wolf.»

Wenn es hieße: «Der Mensch ist des Menschen Fuchs», würde das nicht annähernd jene Wirkung entfalten wie der Vergleich mit dem tierischen Erzfeind schlechthin. Völlig zu Unrecht ist der Wolf über Jahrhunderte hinweg leider genau dazu stilisiert und folglich in Deutschland ausgerottet worden. Am 27. Februar 1904 soll in der Lausitz das letzte seinerzeit lebende Exemplar erschossen worden sein. Damit war für die Jäger endlich das erreicht, wonach sie lange schon getrachtet hatten: Den Konkurrenten im Kampf ums Wild im Wald zu vernichten, durchaus zum Aufatmen all jener, die sich vor dem zottigen Sinnbild der Wildheit ängstigten, und sehr zur Freude der Schaf- und Rinderhalter, die immer wieder Tiere an die schauerlich heulenden Grauröcke verloren hatten.

Mit dem Tod des letzten Wolfs war ein wesentlicher Teil der Gesundheitspolizei im Wald bis auf weiteres verschwunden, aber das galt ja für die Wälder insgesamt auch, waren doch fast überall nur noch Kiefern- und Fichtenforsten verblieben, Holzäcker letztlich. Immerhin sind in den jüngsten Jahrzehnten wieder Wölfe über die Oder aus Polen nach Sachsen und Brandenburg eingewandert und vermehren sich auf stillgelegten Truppenübungsplätzen; etwa 60 sollen es inzwischen sein. Die Zeit wird zeigen, ob der Mensch des Wolfes Hüter sein kann. Die Chancen stehen nicht allzu gut, auch weil die Wolfsangst beharrlich in unseren Hirnen nagt und stets für fette Überschriften taugt, wann immer ein Biss im Morgengrauen oder auch im Abendrot für Aufregung sorgt.

Das Wort vom Menschen, der des Menschen Wolf sei, geht zurück auf Titus Maccius Plautus (ca. 240–184 v. Chr.), wobei es interessant ist zu schauen, was der fleißige altrömische Komödiendichter wirklich damit sagen wollte. Er schrieb nämlich, sinngemäß übersetzt: «Ein Wolf ist der Mensch dem Menschen; nicht ein Mensch, wenn man sich nicht kennt.» (Auf Latein: «Lupus est homo homini, non homo, quom, qualis sit, non novit.») Womit Plautus kundtat, ein fremder Mensch sei bedrohlicher als ein bekannter – wozu manches zu sagen wäre, denkt man zum Beispiel nur an den Umstand, dass Kinderschänder meist aus dem nahen Umfeld des Opfers stammen, oft sogar aus der eigenen Familie.

Bekannt geworden ist der Spruch durch Thomas Hobbes. Im Jahr 1642 schrieb der englische Philosoph in einem seiner Werke (nämlich in «De Cive», zu Deutsch: «Vom Menschen – Vom Bürger»), zweierlei sei wahr, nämlich erstens: «Der Mensch ist ein Gott für den Menschen», sowie zweitens: «Der Mensch ist ein Wolf für den Menschen.» Der erste Satz treffe aber nur zu, wenn man die Bürger untereinander, der zweite lediglich, wenn man Staaten miteinander vergleiche. Hier hätten wir ein schönes Beispiel dafür, welches Eigenleben eine Spruchweisheit entfalten kann, wenn sie nur ordentlich aus dem Zusammenhang gerissen wird. Doch stimmt sie denn so? Ist der Mensch des Menschen Wolf; sind wir also eine Gefahr füreinander? Steckt das Böse in uns, was immer es ist?

Ursachen der Aggression

Am Morgen des 29. Januar 2009 rief Arthur Phillip Freeman seine Exfrau an und sagte ihr, sie könne sich jetzt von den drei gemeinsamen Kindern verabschieden, die bei ihm im Auto saßen. Dann hielt der Australier mitten im Berufsverkehr auf dem Nothaltestreifen der Melbourner West-Gate-Brücke an, lockte seine vierjährige Tochter Darcy aus dem Wagen und warf sie über das Brückengeländer aus etwa 58 Metern Höhe in den Tod. Die zwei und vier Jahre alten Brüder des Mädchens konnten dabei durch die Fenster zusehen. Einen Tag zuvor hatte ein Gericht Freemans Zugang zu seinen Kindern erschwert, die in der Regel bei ihrer Mutter lebten. Im April 2011 verurteilte das Gericht in Melbourne den inzwischen 37-Jährigen deswegen zu einer lebenslangen Freiheitsstrafe. «Die Umstände der Tötung waren furchtbar», urteilte der Vorsitzende Richter Paul Coghlan Zeitungsberichten zufolge und wandte sich an Freeman: «Es bleibt nur der Schluss, dass

Sie Ihre Tochter benutzt haben, um Ihre Exfrau so tief wie möglich zu verletzen.»

Nach Bluttaten wie dieser, zumal an Wehrlosen begangenen, fragen sich viele Menschen, ob wir nicht alle im Grunde unseres Wesens schlecht seien – unberechenbare, gewaltverliebte Wesen, die stets auf ihren persönlichen Vorteil bedacht sind und nur mühsam durch Kultur, Erziehung und drohende Strafen im Zaum gehalten werden können. Andere sagen, der Mensch sei wenigstens im Kern gut und werde bisweilen bloß zum Opfer seines charakterlichen Unvermögens. Die Kirche bemüht hier gerne den Teufel, der den an sich guten Menschen zu Untaten verführe.

Doch was ist ein *guter* Mensch? Einer, der auch noch die linke Wange hinhält, wenn jemand ihm die rechte bereits blutig geschlagen hat? Oder einer, der seinen Mitmenschen meist wohlgesonnen ist und sich nur dann nach Kräften wehrt, wenn er bedroht, massiv übervorteilt oder von anderen verächtlich gemacht und ausgeschlossen worden ist? Mit anderen Worten dann, wenn seine persönliche Reizschwelle überschritten wurde. So sieht es jedenfalls der Mediziner und Neurobiologe Joachim Bauer, der in seinem Buch über die «Schmerzgrenze» des Menschen jene Mechanismen und Vorgänge auslotet, die uns zur gewaltsamen Gegenwehr veranlassen. «Die Aggression ist ein biologisch verankertes Programm, ohne das wir nicht hätten überleben können», befindet Bauer, der an der Uniklinik Freiburg lehrt. «Wer sich der Schmerzgrenze eines Lebewesens nähert, wird Aggression ernten.»[13]

Damit ist nicht nur der körperlich maximal erträgliche Schmerz, zum Beispiel ein Peitschenhieb, gemeint, sondern auch der seelisch nicht mehr aushaltbare – sofern man beide unterscheiden möchte, da sie im Hirn ganz Ähnliches anrichten. Jedenfalls tun Trennungen oder der Ausschluss aus einer haltbietenden Gemeinschaft jedem psychisch halbwegs gesunden Menschen äußerst weh. Darin liegt ein Erbe aus jenen Anfängen der Menschheitsgeschichte, als das Verstoßenwerden aus der Horde den sicheren Tod in den Fängen von Beutegreifern oder in klirrender Kälte bedeutete. Behandelt man uns ungerecht oder will man uns nicht mehr dabeihaben, müssen wir uns deshalb wehren, und zwar nicht um anderen zu schaden, sondern um unseren Platz an der Seite der Artgenossen zurückzuerobern. «Wer einen Menschen unfair behandelt, tangiert die neurobiologische Schmerzgrenze und muss mit Aggression rechnen», urteilt Bauer. Der Aggressionsapparat des Menschen sei ein «neurobiologisches Hilfssystem» und stehe «im Dienst des sozialen Zusammenhalts».[14]

Wieso aber schlagen oder töten nicht wenige Aggressoren, etwa Amokläufer an Schulen oder der furchtbar handelnde Vater in Australien, dann immer wieder auch Unschuldige? Schon vor über 70 Jahren fanden US-amerikanische Aggressionsforscher etwas heraus, das nach Meinung Bauers für alle Säugetiere, also auch den Menschen gilt: «Wenn die durch Schmerz hervorgerufene Aggression sich nicht gegen die Schmerzursache selbst richten kann, dann richtet sie sich gegen beliebige, zufällig anwesende Artgenossen.» Das tue sie auch dann, wenn «für die vom Schmerz Geplagten erkennbar war, dass ihre Artgenossen keine Schuld an der Verursachung des Schmerzes hatten».[15] Das Aggressionsopfer wird zum Blitzableiter für aggressive Energie, die an passender Stelle nicht abreagiert werden konnte oder durfte, zum Beispiel, weil es den Job gekostet hätte, die Chefin zu ohrfeigen. Lieber piesackt der Betreffende dann seinen darüber ziemlich erstaunten und zu Recht seinerseits entrüsteten Lebenspartner. Nicht selten nehmen Gewaltspiralen so ihren Anfang.

Aus Sicht des Freiburger Wissenschaftlers kann die moderne Hirnforschung «das Konzept eines primär blutrünstigen, durch einen Aggressionstrieb getriebenen Menschen nicht stützen». Hier habe auch Sigmund Freud geirrt. Menschentypisch sei nicht der Wunsch, alle paar Wochen jemandem an die Gurgel zu gehen, sondern geliebt, geachtet und einbezogen zu werden. Neuere Forschungsarbeiten wiesen den Menschen denn auch als ein Wesen aus, das «in seinen Grundmotiven primär auf soziale Akzeptanz, Kooperation und Fairness» ausgerichtet sei.

Wenn dem so ist, wie kann dann fast ein ganzes Volk den Ersten Weltkrieg begrüßen und den ausrückenden Soldaten freudig zuwinken? Wieso schafft es eine Verbrecherbande wie die Nationalsozialisten nur 20 Jahre später, den Löwenanteil der Deutschen für sich einzunehmen und kurz darauf alte Kämpen und bereitwillige Jungmänner noch einmal in die Soldatenstiefel steigen zu lassen, auch um sich am «Erzfeind» Frankreich zu rächen? Bauer hat solche Fragen nach Erscheinen seines Buchs häufig hören und beantworten müssen. Die Begeisterung in Deutschland beim Ausbruch des Ersten Weltkrieges 1914 sei «strategisch-propagandistisch erzeugt worden», entgegnet er. Das müsse man sehen, um nicht zu glauben, der Mensch liebe Kanonendonner und Schlachtfeldgemetzel von Natur aus. Wem die Nazis um Hitler jahrelang kunstvoll eingetrichtert hatten, sein Volk brauche nun mal den Lebensraum im Osten, um in einer Welt aus heimtückischen Feinden fortzubestehen, bei dem wurde der Wunsch nach Gemeinschaft mit seinen Volksgenossen so stark, dass er sich – trunken von Propaganda – auch 1943 noch von Reichspropaganda-Minister Joseph Goebbels zum «totalen Krieg» aufstacheln ließ.

Das Ergebnis ist bekannt, und ständig gebiert sich provozierte Gewalt erneut. «Jeder Krieg zeige, dass üblicherweise friedliche, sozial angepasste Menschen zu den entsetzlichsten

Taten fähig werden», sagt der Freiburger Kriminologe Klaus Sessar.[16] Denn unter extremen Umständen könne «jeder zum Mörder werden». Man denke nur an den Holocaust, etwa an das Hamburger Reserve-Polizei-Bataillon 101, das nach 1940 und vor allem bei Massakern im Sommer 1942 in Polen «massenweise Morde im Rahmen der sogenannten Endlösung der Judenfrage beging». Seine Angehörigen seien vorher «liebe Polizeimenschen gewesen, die in eine bestimmte Situation gebracht wurden und so zu Massenmördern wurden». Das Buch des US-Historikers und Holocaust-Forschers Christopher Browning über die 101er heißt denn auch «Ordinary Men», in der deutschen Ausgabe «Ganz normale Männer».

Sessar legt aber Wert auf den Unterschied zwischen der Bereitschaft zu Mord und Totschlag einerseits und zu minderen Delikten wie Diebstahl und Betrug. «Selbstverständlich kann so gut wie jeder zum Mörder werden», betont der Rechtswissenschaftler. «Aber die Gelegenheiten für Diebstähle und Betrügereien einerseits und für Morde auf der anderen Seite sind so gewaltig verschieden, dass man nicht einfach sagen kann: Jeder kann jederzeit jemanden umbringen, sobald er ihn nur hasst oder ablehnt oder eifersüchtig auf ihn ist.» Denn die Hemmschwelle bei so schweren Taten wie Mord, Vergewaltigung oder auch Raub sei sozialisationsbedingt «so viel höher als bei Diebstahl, Betrug, Unterschlagung oder Steuerhinterziehung, dass wir nicht damit rechnen müssen, dass wir alle irgendwann im Leben einmal derart schwere Straftaten begehen werden». Auch die in unserer Gesellschaft eingebauten Kontrollen seien im Bereich schwerer Kriminalität «sehr viel stärker».

Wut durch Mangel

Joachim Bauer macht auf einen weiteren entscheidenden Unterschied aufmerksam. Unser Gehirn belohne uns keineswegs mit einer Wohlfühldusche aus Glückshormonen, wenn wir einem Mitmenschen weh tun, schon gar nicht bei unmotivierten Gräueltaten. Menschen, die «psychisch durchschnittlich gesund» seien, «die nicht unter äußerem Druck stehen und die durch niemanden provoziert wurden, ist es zuwider, anderen Leid zuzufügen».[17] Natürlich verschließt auch der Freiburger Internist und Psychiater nicht die Augen vor all den schlimmen Gewaltakten auf dieser Welt, die Menschen an ihresgleichen begehen: «Was sich an Gewalt bis in unsere jüngste Vergangenheit auf unserem Globus ereignete, lässt jeden erschaudern.»[18] Doch diese Gewalt entspringt nicht unseren Genen, sondern entsteht dort, wo die Liebe fehlt und Schmerzgrenzen missachtet werden. Entweder geht es um erlittenes Leid Einzelner, von Gruppen oder ganzen Völkern, das nun gesühnt werden soll. Oder es werden bereits Knappheitskriege um Wasser oder Erdöl geführt, vor deren Zunahme Konfliktforscher seit langem warnen. Denn der sich verschärfende Ressourcenmangel und die Ausgrenzung Armer durch deutlich Reichere birgt schlimmstes Gewaltpotenzial, das die Wohlhabenden noch teuer zu stehen kommen wird.

Zwar könnten Menschen mit maßvollen Vermögensunterschieden leben. «Doch die Schere der materiellen Ungleichheit darf sich nicht zu weit öffnen», warnt Bauer.[19] Das menschliche Hirn verfüge über einen neurobiologisch verankerten, experimentell oft bestätigten Sinn für Gerechtigkeit: «Verstöße gegen die Fairness tangieren die Schmerzgrenze und werden Aggressionen nach sich ziehen», was die Fernsehnachrichten fast jeden Abend zeigen. Der Mensch ist nicht des Menschen

Wolf, aber er kann dazu werden – verletzt, gedemütigt und verseucht von Angst.

Um die Gewaltspirale zu durchbrechen, wäre es sehr wünschenswert, schon früh mit Kindern und Jugendlichen zu besprechen, wie Aggressionen sich aufschaukeln und Konflikte sich besänftigen lassen können, bevor sie außer Kontrolle geraten. Das aber gelingt nicht ohne eine gewisse Selbsteinsicht und Introspektion, also die Beobachtung jener Gedanken und Gefühle, die bei einem aufkeimenden Streit in der Seele aufzuschäumen beginnen. «Die nie zum Stillstand kommende Produktion von Feindbildern bedient sich stets im Arsenal der Projektionen», urteilt der Hallenser Psychiater und Psychoanalytiker Hans-Joachim Maaz. Damit meint er, dass beispielsweise die eigene Angriffslust, der eigene Rachewunsch oder eine selbstauferlegte Versagung einem Gegenüber angelastet, also dorthin verlagert und übertragen werden. Dann wird der unterm Strich friedliebende Nachbar als bedrohlich empfunden, obwohl man selber ihm an die Gurgel will. Bloß mag man sich das nicht eingestehen.

«Solange kritische Selbsterkenntnis nicht als oberste ethische Maxime gilt, werden Streit, Gewalt und Krieg unser Leben belasten», sagt Maaz. Die eigene seelische Verletzung werde so lange in kriegerischen Auseinandersetzungen – aber auch in Beziehungskämpfen zwischen Frau und Mann – als Psycho-Drama neu inszeniert, wie sie nicht erkannt und empfunden wird. Sein Fazit: «Wer sein eigenes Leid nicht wahrhaben und fühlen will, der wird anderen Leid antun (müssen!).»[20] Man ist versucht, hier nicht nur an jugendliche Gewalttäter aus schwierigen Verhältnissen zu denken, die harmlose Passanten in U-Bahn-Tunnel niederknüppeln, sondern auch an sogenannte Erzfeinde unter Staaten, etwa im Nahen Osten.

«Vertrauen ist gut, Kontrolle ist besser.»

Gesellschaftliches Miteinander ohne Vertrauen ist unmöglich. Wir vertrauen darauf, dass ein herbeigerufener Polizist uns hilft, dass der Bus kommt, wenn es so auf dem Fahrplan steht, und vor allem darauf, dass der nächstbeste Fußgänger, den wir passieren, uns nicht hinterrücks erdolcht oder unseren Schädel zertrümmert. Müssten wir dies befürchten, trauten wir uns entweder nicht mehr auf die Straße, oder wir müssten einen teuren Leibwächter bezahlen.

«Was ist Vertrauen?», fragt der Berliner Philosoph Wilhelm Schmid und liefert dankenswerterweise die Antwort gleich mit: «Sich auf andere, auf Dinge und Verhältnisse verlassen zu können; darauf hoffen zu dürfen, dass vor allem die Macht, die andere ausüben können, nicht missbraucht wird, und dass dem eigenen Selbst und vertrauten anderen nichts Schlimmes widerfährt, wenn aber doch, dass es gut zu bewältigen ist.»[21] Die Fähigkeit zu vertrauen ist also zunächst einmal gut. Doch einen grimmig dreinblickenden Mann mit einem Messer in der Hand einfach so in unser Haus zu lassen, wenn er gegen Mitternacht an unserer Haustür klingelt, wäre tollkühn und dürfte selten gut enden. Wer derart vertrauensselig handelt, spielt mit seinem Leben. «Misstrauen hat dort Sinn, wo es am Platz ist», schränkt Schmid ein. «Es hat dort Sinn, wo Vertrauen Dummheit wäre.»[22]

Im Laufe der Evolution hat der Mensch quasi gelernt, erst einmal skeptisch zu sein. «Unser Hirn vertraut nicht blind», sagt der Freiburger Mediziner und Neurobiologe Joachim Bauer.[23] Um anderen über den Weg trauen zu können, muss es zunächst ermutigende Erfahrungen machen. Auch in der Politik sind *vertrauenbildende Maßnahmen* aus gutem Grund ein stehender Begriff. Allzu oft enttäuscht werden dürfen wir bei diesem Lernprozess nicht. «Das Vertrauen ist eine zarte Pflanze», befand der erste Reichskanzler des Deutschen Reiches, Otto von Bismarck (1815–1898). «Ist es einmal zerstört, so kommt es so bald nicht wieder.»[24]

Das vielbemühte Urvertrauen ist mithin ein irreführender Begriff. «Vertrauen ist immer eine Errungenschaft», sagt Martin Hartmann, Philosoph an der Universität Luzern, der sich in seiner Habilitationsschrift mit der «Theorie des Vertrauens» beschäftigt hat.[25] Wie die Liebe bedarf auch das Vertrauen steter Pflege. Und manchmal im Leben wird es besonders auf die Probe gestellt. Kommen größere Kinder in die Pubertät und beginnen sich von ihren Eltern zu distanzieren, kann das für Mütter und Väter anstrengend, manchmal auch verletzend sein – vor allem, wenn sie nicht gewappnet dafür sind, ab und an hintergangen zu werden. Schummeln und seine härtere Form, das Lügen, gehören in gewissem Umfang zur Pubertät wie Aknepickel.

Dennoch müssen Eltern ihren Sprösslingen verdeutlichen, dass selbst starkes Vertrauen zerschunden werden kann. Auch Jugendliche müssen es sich verdienen, indem sie Zusagen im Großen und Ganzen einhalten. Vertrauen ist auch hier prima, aber eine der menschlichen Reife angemessene Kontrolle kann den Nachwuchs vor Schaden bewahren. Nach einer US-amerikanischen Fragebogenstudie mit 581 teilnehmenden Studierenden zum Beispiel wirkt es sich hemmend auf den Alkoholkonsum junger Erwachsener aus, wenn die Eltern sich bereits im Kindesalter ihrer Töchter und Söhne immer wieder darüber erkundigt hatten, mit wem diese Umgang pflegten und was sie in ihrer Freizeit unternahmen. In dieser Form im Auge behaltene Kinder wurden zu weniger impulsiven jungen Erwachsenen und waren deshalb weniger geneigt, ungehemmt Alkoholika zu trinken – oft eine Folge impulsiven Verhaltens.

Verlässliche, wiewohl dennoch respekteinflößende Eltern haben offenbar einen deutlich günstigeren Einfluss auf das spätere Trinkverhalten ihrer Kinder als nachlässige; insoweit war der Sachverhalt schon länger bekannt. Doch wie das Forscherteam um Julie Patock-Peckham von der Baylor Universität herausgefunden hat, entscheidet der Erziehungsstil des gegengeschlechtlichen Elternteils öfter über den Umgang des Nachwuchses mit Alkohol als jener des gleichgeschlechtlichen. Ein Junge lässt sich danach am ehesten von Nachfragen seiner Mutter beeindrucken, ein Mädchen vom beständigen Interesse des Vaters. Nachlässige Mütter und Väter begünstigen hingegen überschießende Impulsivität und Alkoholprobleme bei ihren Söhnen beziehungsweise Töchtern. Als überraschend gilt vor allem der Einfluss von Männern auf ihre Töchter.[26] Womöglich schätzen die Kinder das Interesse des gegengeschlechtlichen Elternteils insgeheim einfach mehr, so nervig es mitunter sein kann.

Herausfordernd für die Eltern wiederum ist die Aufgabe, nicht zu Kontrollfreaks zu werden, die ihren jugendlichen Kindern mit nächtlichem Ausgang unentwegt auflauern oder gar grundlos nachstellen. Neurotisches, zwanghaftes Kontrollieren hat seine Ursachen viel eher in der Kindheit der Kontrolleure als im provozierend lockeren Leben des aufmüpfigen Nachwuchses – ganz «abgesehen davon, dass derjenige, der alles kontrollieren will, selber kein Vertrauen verdient», wie der Bonner Philosophie-Praktiker Markus Melchers anmerkt.

Wer oft belogen und hintergangen worden ist oder wer aus anderen Gründen Probleme mit dem Vertrauen hat, nimmt womöglich besser professionelle Hilfe in Anspruch, als ein Leben voller Misstrauen zu führen. Psychotherapie kann jedoch längst nicht immer oder nicht ausreichend helfen, wenn die Ursachen mangelnden Vertrauens sehr weit zurückliegen. Denn es gibt Hinweise aus Tierversuchen dafür, dass der Körper solcher Menschen in früher Kindheit nicht ausreichend mit Oxytocin, dem oft sogenannten Liebes- oder Bindungshormon, versorgt wurde und somit biochemisch ungünstig geprägt worden ist.

Forschungen der schwedischen Physiologin Kerstin Uvnäs-Moberg haben zeigen können, «dass das Niveau der Oxytocin-Ausschüttung in der Kindheit für den Rest des Lebens programmiert wird».[27] Der Gehalt des Hormons im Blut steigt beim Stillen im Blut der Mutter und des Babys an, aber auch bei anderen Berührungen, wenn auch jeweils nur für wenige Minuten. Doch würden Babys über längere Zeit gestillt, «erhalten sie eine lebenslang wirksame Anti-Stress-Impfung», sagt der Berliner Psychoanalytiker Ulfried Geuter, ein Fachmann und Dozent für körperbezogene Psychotherapie. «Impfung» ist hier allerdings nicht wörtlich zu verstehen. Der passendere Begriff ist Einregelung. Denn durch die häufige frühe Ausschüttung von Oxytocin lernt der Körper liebevoll umsorgter Kinder offenbar, im ganzen späteren Leben eigene Substanzen, sogenannte Opioide, herzustellen, die beruhigend wirken. Obendrein reagieren solche Kinder auf Zuwendung noch als Erwachsene «mit einem höheren Oxytocin-Ausstoß als Menschen, die als Kinder vernachlässigt wurden».[28] Das dämpft die Produktion von Stresshormonen wie Cortisol ebenfalls.

Kurios, aber letztlich verständlich: Die Bereitschaft, anderen Menschen zu vertrauen, lässt sich sogar inhalieren, indem man mit Oxytocin versetztes Nasenspray einatmet. Das hat Markus Heinrichs, Biopsychologe an der Universität Freiburg, nachweisen können.[29] Forscher wie er arbeiten an Behandlungsverfahren, die dabei helfen sollen, starke soziale Ängste zu überwinden, die mit großem Misstrauen gegenüber anderen Menschen einhergehen, darunter Schizophrenie, Autismus und das Borderline-Syndrom. Derzeit könne nämlich «nur die Hälfte der Patienten mit sozialer Phobie erfolgreich behandelt» werden, und bei Autismus gebe es «bislang sogar keine heilende Therapie».[30]

Heinrichs denkt bei seiner psychobiologischen Therapie jedoch nicht an neue Medikamente auf Rezept. Vielmehr schlägt er vor, den Patienten stimulierende Neurohormone zu verabreichen. Parallel dazu würden sie psychotherapeutisch behandelt und müssten sich bisher gemiedenen Situationen aussetzen. Seine Idee beschreibt er in aller Kürze als «Oxytocin-Gabe in die Nase kombiniert mit Verhaltenstherapie». Schlüge dieses Verfahren an, würde es den Behandelten erstens gelingen, mehr Vertrauen zu ihren Mitmenschen zu fassen, was beispielsweise die Wirksamkeit einer Gruppentherapie stärken könnte; zweitens stiege ihre Bereitschaft, sich gefürchteten Situationen zu stellen, etwa dem Besuch einer Feier mit womöglich unbekannten Gästen.[31]

Tücken des Vertrauens

Natürlich zielt die Therapie nicht darauf, die Patienten vertrauensselig zu machen. Denn Vertrautheit hat bekanntlich nicht nur gute Seiten. Zum Beispiel kann es nachteilig sein, dass wir Menschen Vertrautes schon deshalb mögen, weil es uns das Leben erleichtert, gerade wenn wir eine Wahl treffen müssen. Psychologen von der Universität des Saarlandes haben 2011 nachweisen können, dass unser Hirn bei Entscheidungen für oder gegen eine Alternative sehr schnell, nämlich schon in den ersten 300 bis 500 Millisekunden, die bekanntere auswählt – so etwa bei der Frage, welche Stadt von zwei genannten die größere sei. Erst dann werden weitere Informationen einbezogen, wie Messungen mit einem Hirnstrom-Messgerät (EEG) ergeben haben. Die Neuropsychologen Timm Rosburg, Axel Mecklinger und Christian Frings konnten die Antwort der Versuchspersonen allein anhand der frühen Reaktionen des Hirns vorhersagen, auch wenn sie seine späteren in die Analyse einbezogen. «Das frühe Gefühl von Vertrautheit hat also wesentlichen Einfluss für solche Art von Entscheidungen», sagt Frings.[32]

Zwar war die Vorliebe für vertraute Entscheidungsmöglichkeiten auch aus Verhaltenstests schon bekannt. Durch den gewählten neurowissenschaftlichen Ansatz konnten die Forscher aber «erstmals nachweisen, dass das Vertrautheitsgefühl nicht nur beim Erinnern, sondern auch beim Entscheiden eine wichtige Rolle einnimmt», merkt Axel Mecklinger an, der in Saarbrücken den Lehrstuhl für Experimentelle Neuropsychologie innehat. Gerade bei folgenschweren Entschlüssen wie dem teuren Kauf von Aktien oder riskanten Pferdewetten könne diese Erkenntnis hilfreich sein. Denn «wenn wir wissen, dass wir uns von vertrauten Dingen leiten lassen, sollten wir uns das in schwierigen Situationen bewusst machen und eine kritische Distanz dazu einnehmen». Vertrautheit ist gut, aber das Hinterfragen unserer Entscheidungsgründe könnte hier in der Tat besser sein.

«Reden ist Silber, Schweigen ist Gold.»

Könnte ein Edelmetall sich einen Anwalt nehmen und vor Gericht ziehen, sollte das Silber diesen Schritt ernsthaft erwägen. Zwar hätte eine Klage auf Verleumdung in diesem Fall keine guten Chancen, denn fast niemand, der das Sprichwort benutzt, weiß wirklich, woher es stammt und was es einst bedeutete. Aber auf einen Schuldspruch wegen übler Nachrede könnte die Sache hinauslaufen. Jedenfalls kommt das ohnehin bevorzugte Gold hier wieder einmal zu gut weg.

Die Herkunft des Spruches, der Schweigen zur Tugend erhebt, ist «noch nicht restlos geklärt».[33] Vermutlich stammt er aus dem Orient und taucht im Abendland erstmals in einer lateinischen Handschrift des 16. Jahrhunderts auf: «Narratio argentea, silentium vero aureum est.» Ähnlich heißt es im jüdischen Talmud: «Ist ein Wort ein Sela wert, ist Schweigen zwei Sela wert», wobei mit Sela ein Tonzeichen in den Psalmen des Alten Testaments gemeint ist, das häufig wichtige Stellen markiert, die zu wiederholen sind. Hiernach verdient Schweigen also mehr Beachtung oder erzeugt mehr Nachhall.

In ihren Grundzügen geht die Spruchweisheit auf den in Weimar geborenen Dichter und Denker Johann Gottfried Herder (1744–1803) zurück. In einer Folge seiner «Zerstreuten Blätter» von 1792 steht zu lesen: «Lerne schweigen, o Freund. Dem Silber gleichet die Rede, aber zu rechter Zeit schweigen ist lauteres Gold.» So wurde durch Herder erstens das Schweigen im Deutschen vergoldet. Und zweitens wird deutlich: Nicht immer, sondern lediglich ab und an ist Schweigen wirklich angeraten. Das verdient Beachtung, denn je nach Zweck und Absicht kann das Sprichwort auch dazu benutzt werden, allzu beredte Menschen zu bremsen oder als aufmüpfig oder unbequem empfundene Zeitgenossen mundtot zu machen.

Bleiben wir aber erst noch bei den guten Seiten des Schweigens. Die bundesdeutsche Gesellschaft des 21. Jahrhunderts feiert ja gerade nicht das Stillesein, sondern den verschärften Wort-Brechdurchfall. Der vor allem aus Fernseh-Talkshows ins Wohnzimmer schwappende Wortschwall entspringt einer besonders nervenden Form von Geschwätzigkeit, zu der nicht nur Floskeln dreschende Politiker beitragen, sondern auch dauersalbadernde Verlassene, Betrogene und vom bösen Schicksal übel Behandelte. Wovon bis in die 80er Jahre – großenteils aus guten Gründen – öffentlich geschwiegen wurde, davon wird heute ganz entschieden viel zu oft geredet.

Miteinander zu reden, werde heutzutage «als Lösung aller Probleme gefeiert», beklagt auch Wilhelm Schmid. Viele Probleme rührten aber daher, «dass die Menschen nicht zur rechten Zeit ihren Mund halten können: Im Rausch des Sagens entschlüpfen Worte, die im nüchternen Zustand nie das Licht der Welt erblickt hätten». Der Publizist und Philosoph wirbt deshalb für eine «willentliche Begrenzung des Redens». Auch das Schweigen sei nämlich ein «Teil der Kunst des Redens» und ein «Element des Austauschs und der Auseinandersetzung, um sich noch einmal in Ruhe zu besinnen». Zudem ermögliche eine «Zeit des Schweigens auch, sich endlich dem Tun zuzuwenden, das wortreich angekündigt worden ist, während das endlose Reden womöglich dazu führt, nur ‹leere Worte› zu machen».[34]

Nicht verschwiegen sei, dass Reden in vielen Fällen des Lebens ein Segen sein kann, während das Schweigen Leid verfestigen oder noch verstärken würde – auch Leid für andere, für Unschuldige. Und manchmal könnte die rechtzeitige Einladung zu offenen Gesprächen sogar Morde vermeiden. Der Bremer Kriminalpolizist und Fallanalytiker Axel Petermann geht in seinem Buch «Auf der Spur des Bösen» eindrucksvoll auf diesen Punkt ein: «Ein in seiner Eitelkeit verletzter Narziss, ein scheinbar betrogener Verlobter, ein vom Leben enttäuschter alter Mann, ein schuldverlagernder brutaler Trinker, ein verzweifelter Erotomane, eine sexuell ausgebeutete Frau, eine vom Leben benachteiligte, alkoholkranke Prostituierte, ein unscheinbarer Familienvater mit Doppelleben ... Was diese Täter eint, ist eine Art Sprachlosigkeit – die Partner sind es nicht gewohnt, über Probleme und Gefühle zu reden. Konflikte stauen sich an, die Täter befinden sich in einer Art Tunnel, aus dem sie alleine nicht mehr herausfinden, bis dann über die Zeit die Entscheidung wächst, diesen unerträglichen Zustand durch die Tötung der Partnerin zu beenden.»[35] Geschwiegen worden, mitunter eisig, ist bei diesen Menschen leider allzu oft bereits im Elternhaus.

Nicht nur therapeutische Gespräche in der Arzt- oder Psychologen-Praxis sind heilsam, auch Paargespräche können beziehungsstiftend, vor allem aber -erhaltend sein. Der 2002 verstorbene Mediziner und Psychoanalytiker Lukas Michael Möller hat in seinem Buch «Die Wahrheit beginnt zu zweit» für regelmäßige, konzentrierte «Zwiegespräche» zwischen Liebenden oder zumindest miteinander Verbundenen geworben: zu festen Zeiten und mit der Vorgabe, den anderen weder zu unterbrechen noch rücksichtslos zuzutexten. Jeder Wortbeitrag solle eine Viertelstunde nicht übersteigen und Schluss nach etwa 90 Minuten sein. So schaffe es jeder und jede, zu Wort zu kommen, um Unverstandenes miteinander zu klären. Gerade stillere, in sich gekehrte Menschen können hiervon profitieren, da ihr nicht selten wortreiches Gegenüber endlich einmal zuhören muss.

Vornehme Zurückhaltung stünde übrigens auch manchen Ärzten gut zu Gesicht. Befördert durch empfundenen oder tatsächlichen Zeitdruck unterbrechen sie ihre Patienten häufig schon nach wenigen Sätzen zum ersten Mal. Bisweilen verleiden sie ihrer Kundschaft schon durch ihre Körpersprache ein offenes Gespräch. Wer aber bei jedem dritten Satz gestoppt wird oder gar das Gefühl hat, er möge doch bitte zum Punkt kommen (ohne vielleicht zu wissen, worin dieser besteht), der sagt eben nichts mehr. «Patienten können laut empirischen

Studien im ärztlichen Gespräch eher selten ihr Anliegen vorbringen», sagt der Grazer Medizinpsychologe Josef Wilhelm Egger. Etwa die Hälfte der Patientenprobleme werde «entweder nicht geäußert oder vom Arzt nicht aufgegriffen», aus welchen Gründen auch immer.[36]

Aus medizinischer Sicht ist das ein Debakel. Denn Überprüfungen haben Egger zufolge ergeben, dass etwa die Hälfte aller Diagnosen «allein aufgrund derjenigen Information gestellt werden können, die der Arzt bei einer sorgfältigen Erhebung der Anamnese gewinnt». Das bestätigt Corinna Schaefer, die in Berlin beim Ärztlichen Zentrum für Qualität in der Medizin (ÄZQ) den Bereich Patienteninformation leitet: «Das Gespräch ist das wichtigste Instrument des Arztes.» Bloß werde es weit unter seinen Möglichkeiten eingesetzt. Viele Ärzte wissen das, ohne dass sich bislang Entscheidendes geändert hätte. Verdienen lässt sich eben mehr Geld mit der Apparatemedizin. «Leider bezahlt unser Gesundheitssystem die sprechende Medizin nicht mehr, hat sie so gut wie abgeschafft, was ein Skandal ist», sagt die Ärztin und frühere Schauspielerin Marianne Koch. «Dabei ist sie die billigste Medizin, die es gibt, und weckt die Selbstheilungskräfte.»[37] Offensichtlich aber ist Schweigen hier viel Geld. Hinblättern müssen es die Krankenversicherten, mitunter auch als Steuerzahler.

Zu guter Letzt

Wieso kein Sprichwort zum Zweifel?

Zuhauf gibt es blitzgescheite Aussagen rund ums Zweifeln, darunter auch provozierende, aber ein passendes Sprichwort zu finden, noch dazu ein bekanntes, ist mir trotz aufwendiger Suche nicht gelungen. Leserinnen und Lesern, die trotzdem fündig werden sollten, wäre ich sehr verbunden, wenn sie mich an den Früchten ihrer Nachforschungen teilhaben ließen.

Wer zweifelt, ist jedenfalls keineswegs verloren. Bedenkenträgern, die durch ihr Grübeln Unsinn aufhalten und Unglück noch rechtzeitig abwenden können, müsste man Denkmäler errichten. «Der Zweifel gehört zum Leben», schreibt Anselm Grün in einem seiner Bücher. Der Benediktiner-Pater aus der Abtei Münsterschwarzach findet, der Zweifel «macht den Menschen menschlich» und diene der Wahrheitssuche.[1] «Im Zweifel muss man sich immer für den Zweifel entscheiden», urteilt der Publizist Axel Hacke. «Zweifeln zu können und zu dürfen, gehört zu den größten kulturellen Errungenschaften der Menschheit.»[2] Nicht umsonst meinte der französische Philosoph und Gelehrte René Descartes (1596–1650), zu zweifeln sei «der Weisheit Anfang».

Die Welt ist ungerecht und jubelt den Entschlossenen zu, wozu auch immer sie sich entschieden haben: zu Irak-Kriegen (wie der frühere US-Präsident George W. Bush), zu irrwitzigen «Lückenschlüssen» im Fernstraßennetz (wie der SPD-Politiker Kurt Beck mit einer über 350 Millionen Euro teuren Brücke über die Hochmosel, unter die der Kölner Dom passen würde) oder zu Hass-Predigten gegen Andersgläubige (wie viele Prediger rund um die Welt). «Es ist ein Jammer, dass die Dummen todsicher und die Intelligenten voller Zweifel sind», hat der britische Philosoph und Mathematiker Bertrand Russell (1872–1970) einmal geäußert. Ins selbe Horn stößt der Schauspieler Matthias Brandt, wenn er sagt: «Jeder, der alle Tassen im Schrank hat, ist doch zerfressen von Selbstzweifeln. Die Irren, die richtig Gefährlichen – das sind die, die glauben, dass sie gut sind.»[3]

Der nicht Zweifelnde hingegen sei «im sicheren Glauben», und das verleihe ihm das Gefühl von «Unverletzlichkeit und Stärke», befindet der Gießener Psychoanalytiker Hans-Jürgen Wirth. Der Zweifler hingegen sei emotional in einer «Art Schwebezustand, der mit Uneindeutigkeit, Unsicherheit, Unabgeschlossenheit, Ambivalenz, also dem Zwiespalt von Gefühlen, Eindrücken und Meinungen einhergeht». Das hat schon der psychologisch nur durchs Leben geschulte Wolfram von Eschenbach gewusst. In seinem Versroman «Parzifal» aus dem frühen 13. Jahrhundert dichtete er: «Ist zwîfel herzen nâchgebûr, daz muoz der sêle werden sûr.» Was wir Heutigen in etwa so verstehen dürfen: «Wenn Zweifel mit im Herzen wohnt, dann muss der Seele Bitternis erwachsen.» Das halten wirklich nur die Stärksten aus. Die anderen könnten sich aber wenigstens bemühen.

Jedenfalls ist es höchste Zeit, gepflegtem Zaudern mehr Geltung zu verschaffen – warum nicht durch ein selbstgestricktes Sprichwort? Hier einige Vorschläge:

«Der Weg zur Klarheit führt durch Zweifel.»
«Alle Klugheit lebt vom Zweifel.»
«Zweifel fördert die Gewissheit.»

Warum es ausgerechnet drei sind? Genau so oft dürfen Sie raten ...

Quellen und Anmerkungen

Wie Sprüche auf uns wirken
1 ZEITmagazin Nr. 47 vom 17.11.2011, S. 15 ff.
2 Ebd.
3 Ebd.
4 Lutz Röhrich: Lexikon der sprichwörtlichen Redensarten, 2. Auflage, Freiburg 2003, S. 1506.
5 Monika Schwarz-Friesel: Auswertung der Umfrage zu Sprichwörtern, 2011, TU Berlin, FG Allgemeine Linguistik; dem Verfasser zugesandt am 22.2.2011. Anmerkung zur Teilnehmerstatistik: Altersspanne der Befragten: 19 Jahre bis 35 Jahre, Geschlechtsverteilung: weiblich: 46, männlich: 13, ohne Angabe: 7, insgesamt: 66.

Weisheit und Klugheit
1 Deutsche Gesellschaft für Zwangserkrankungen, Internet-Angebot, Online-Zugriff am 28.6.2011, www.zwaenge.de/therapie/frameset_therapie.htm.
2 Ebd.
3 Lutz Röhrich: Lexikon der sprichwörtlichen Redensarten, 2. Auflage, Freiburg 2003, S. 1294. Im Englischen heißt der Spruch: «It is costly wisdom that is bought by experience.»
4 Stefan Knischek: Lebensweisheiten berühmter Philosophen. 4000 Zitate von Aristoteles bis Wittgenstein, Baden-Baden 2009, S. 328.
5 Jürgen Brater: Bier auf Wein, das lass sein! Kleines Lexikon der unsinnigen Regeln und Ermahnungen, Frankfurt/Main 2004, S. 66. Siehe außerdem: http://www.zitate-online.de/literaturzitate/allgemein/2071/der-kluegere-gibt-nach-eine-traurige-wahrheit.html.
6 Rolf Dobelli: «Warum wir immer wieder in die Konsensfalle tappen», in: FAZ vom 21.2.2011.
7 Röhrich, Lexikon, S. 853.
8 Brater, Bier auf Wein, S. 66.
9 Statistisches Bundesamt, Tabelle «Tierische Erzeugung/Legehen-

nen und Eiererzeugung», www.destatis.de; Online-Zugriff am 18.7.2011.
10 Statistisches Bundesamt, Tabelle «Tierische Erzeugung/Geflügelfleischerzeugung», www.destatis.de, Online-Zugriff am 18.7.2011.
11 Finanztest, 14.9.2010: «Dispozinsen: Banken kassieren ab» (www.test.de/themen/geldanlage-banken/test/Dispozinsen-Banken-kassieren-ab-4132726-4135108) sowie Finanztest 3/2011: «Dispozinsen: Immer noch unverschämt»; Online-Zugriff jeweils am 1.9.2011.
12 Kluge – Etymologisches Wörterbuch der deutschen Sprache, bearbeitet von Elmar Seebold, Berlin, New York 1999, S. 181f.
13 Röhrich, Lexikon, S. 335f.
14 Bayerischer Rundfunk, BR-alpha: Ernst Pöppel im Gespräch mit Reinhold Gruber, Sendung vom 3.5.2000, www.br-online.de/download/pdf/alpha/p/poeppel.pdf; Online-Zugriff am 1.9.2011.
15 Suche bei www.google.de, Online-Zugriff am 17.1.2012.
16 Peter Rühmkorf: Über das Volksvermögen. Exkurse in den literarischen Untergrund, Reinbek 1969.
17 Bayerischer Rundfunk, BR-alpha: Ursula M. Staudinger im Gespräch mit Dr. Norbert Göttler, Sendung vom 9.7.2009, www.br-online.de/content/cms/Universalseite/2009/06/19/cumulus/BR-online-Publikation-ab-05-2009–75866-20090702072942.pdf, Online-Zugriff am 27.6.2011.

Gesundheit und Wohlergehen
1 FAZ vom 6.10.2010.
2 Psychologie heute, Heft 6, Juni 2000, S. 20ff.
3 Süddeutsche Zeitung Magazin vom 15.4.2011, S. 32.
4 Spiegel-Wissen, Heft Nr. 1/2011, S. 22.
5 Hans-Joachim Maaz: Die Liebesfalle – Spielregeln für eine neue Beziehungskultur, München 2010, S. 85.
6 Ebd., S. 80.
7 Stefan Knischek: Lebensweisheiten berühmter Philosophen. 4000 Zitate von Aristoteles bis Wittgenstein, Baden-Baden 2009, S. 24.
8 Jörg Blech: Heilen mit Bewegung. Wie Sie Krankheiten besiegen und Ihr Leben verlängern, Frankfurt/Main 2007, S. 62.

9 Maassen bezieht sich bei seinen Angaben auf folgendes Lehrbuch: Erwin-Josef Speckmann, Jürgen Hescheler, Rüdiger Köhling (Hg.): Physiologie, 5. Auflage, München 2008, S. 593.
10 Siehe: www.robomow.de, Online-Zugriff am 18.1.2012.
11 Werner Mang: Verlogene Schönheit. Vom falschen Glanz und eitlen Wahn, München 2009, S. 192.
12 Bayerischer Rundfunk, BR-alpha: Sendung vom 9.7.2009.
13 Robert Koch-Institut (Hg.): Körperliche Aktivität, Juli 2005, Reihe: Gesundheitsberichterstattung des Bundes – Heft 26, S. 7.
14 Birgit Wallmann; Ingo Froboese (Zentrum für Gesundheit [ZfG] der Deutschen Sporthochschule Köln): «Es muss gar nicht soviel sein! Schon 3000 Schritte mehr am Tag senken Cholesterinwerte!», Presseinfo des ZfG vom 1.1.2009; s.a.: http://wanderforschung.de/files/schritte1232542960.pdf.
15 Gerald Hüther: Biologie der Angst. Wie aus Stress Gefühle werden, 4. Auflage, Göttingen 2001, S. 33f.
16 Wilhelm Schmid: Mit sich selbst befreundet sein. Von der Lebenskunst im Umgang mit sich selbst, Frankfurt/Main 2007, S. 30.
17 Süddeutsche Zeitung vom 27.1.2011, «Der Weg des Samurai», S. V2/3.
18 www.internet-maerchen.de/maerchen/grusel.htm, Online-Zugriff am 28.2.2011.
19 nature, 2010, Band 464, 59–65, März 2010, doi:10.1038/nature08821.
20 Franz-Josef Degenhardt: «Spiel nicht mit den Schmuddelkindern», gleichnamiges Album von 1965, erschienen bei Polydor.
21 Markus J. Ege, Melanie Mayer, Anne-Cécile Normand et al.: «Exposure to Environmental Microorganisms and Childhood Asthma», in: New England Journal of Medicine; Band 364, Nr. 8, S. 701–709; veröffentlicht am 24.2.2011.
22 Süddeutsche Zeitung vom 25.2.2011, S. 26.
23 Süddeutsche Zeitung vom 20.1.2011, S. 30.
24 Kathleen McGowan: «Wenn das Leben auseinanderfällt», in: Psychologie heute, Heft 10, Oktober 2007, S. 20–27.

25 Psychologie heute, Heft 10, Oktober 2007, S. 3.
26 Klaus Müller (Hg.): Lexikon der Redensarten, Niedernhausen/Ts. 2001, S. 110.
27 Presse-Information der Friedrich-Schiller-Universität Jena vom 18. 5. 2011.
28 General-Anzeiger, Bonn, vom 26./27. 6. 2010.
29 Spiegel-Wissen, Heft Nr. 1/2011, S. 30.
30 Ebd., S. 31.
31 Süddeutsche Zeitung vom 12. 3. 2011, «Stress lass nach», S. V2/09.
32 Süddeutsche Zeitung vom 28. 3. 2011, S. 19.
33 Süddeutsche Zeitung vom 12. 3. 2011, «Stress lass nach», S. V2/09.
34 Presse-Information der Arbeitsgemeinschaft der Wissenschaftlichen Medizinischen Fachgesellschaften, Medizin-Kommunikation, vom 18. 3. 2011.
35 Walter Schmidt: Dicker Hals und kalte Füße. Was Redensarten über Körper und Seele verraten – Eine heitere Einführung in die Psychosomatik, Gütersloh 2011, S. 122 ff.
36 Wolfgang Altpeter: «Die beste Krankheit taugt nichts – oder?», gesendet durch: Saarländischer Rundfunk, SR 2, Sendereihe «Lebenszeichen» am 31. 7. 2010.
37 Verband der forschenden Arzneimittelhersteller: «Entwicklung des GKV-Arzneimittelmarktes 2010», 2009, im Netz unter: www.vfa.de/de/wirtschaft-politik/entwicklung-gkv-arzneimittelmarkt-2010.html.
38 Jörg Blech: Die Krankheitserfinder. Wie wir zu Patienten gemacht werden, Neuausgabe, Frankfurt/Main 2005.
39 Werner Bartens: «Krank zu sein bedarf es wenig», in: Wochenend-Beilage der Süddeutschen Zeitung vom 16./17. 7. 2011.
40 Samy Molcho: Umarme mich, aber rühr' mich nicht an, München 2009.
41 Ulrich Kropiunigg: Indianer weinen nicht. Über die Unterdrückung der Tränen in unserer Kultur, München 2003, S. 131 ff.
42 Alexander Bernhaut: Ein Indianer kennt keinen Schmerz?, München 2009, S. 81.
43 Ebd., S. 85.

44 Siehe im Netz unter http://www.karl-may-werke.de/auf_tod_und_leben_m9075.html.
45 Süddeutsche Zeitung vom 1.4.2011, S. 31.
46 Mathias Jeschke, Wiebke Oeser: Ein Mann, der weint, Rostock 2011.
47 Süddeutsche Zeitung Magazin Nr. 24 vom 17.6.2011.
48 Süddeutsche Zeitung vom 1.4.2011, S. 31.
49 Nicolaus Langloh: Ein Indianer kennt keinen Schmerz. Über Aging und Antiaging der Männer, München 2005, S. 13.

Erfolg und Scheitern

1 Jirina Prekop, Gerald Hüther: Auf Schatzsuche bei unseren Kindern. Ein Entdeckungsbuch für neugierige Eltern und Erzieher, 3. Auflage, München 2007, S. 10.
2 Berliner Zeitung vom 27.6.2005, «Auch Halbwissen kann zum Erfolg führen», Gerd Gigerenzer interviewt von Lilo Berg; im Netz unter: http://www.berlinonline.de/berliner-zeitung/archiv/.bin/dump.fcgi/2005/0927/wissenschaft/0006/index.html, Online-Zugriff am 7.9.2011.
3 Psychologie heute, August 2011, S. 66 ff.
4 Presse-Information der Europa-Universität Viadrina Frankfurt (Oder) vom 3.3.2011.
5 Universität Münster, www.psy.uni-muenster.de/Prokrastinationsambulanz/index.html.
6 General-Anzeiger, Bonn, vom 26.2.2011, S. 12.
7 Hans-Werner Rückert: Schluss mit dem ewigen Aufschieben. Wie Sie umsetzen, was Sie sich vornehmen, 5. Auflage, Frankfurt/Main 2002, S. 13.
8 Piers Steel: Der Zauderberg. Warum wir immer alles auf morgen verschieben und wie wir damit aufhören, Köln 2011, S. 12.
9 Presse-Information der Universität Witten/Herdecke, vom 20.7.2011.
10 Lutz Röhrich: Lexikon der sprichwörtlichen Redensarten, 2. Auflage, Freiburg 2003, S. 558.
11 Wilhelm Schmid: Glück. Alles, was Sie darüber wissen müssen, und warum es nicht das Wichtigste im Leben ist, Frankfurt/Main 2007, S. 7.

12 Heribert Prantl: Kein schöner Land – Die Zerstörung der sozialen Gerechtigkeit, München 2005, S. 185 f.
13 Presse-Information des Instituts für Arbeitsmarkt- und Berufsforschung der Bundesagentur für Arbeit (IAB) vom 17. 3. 2011.
14 Presse-Information der Hans-Böckler-Stiftung vom 20. 4. 2011 sowie Henning Lohmann, Hans-Jürgen Andreß: «Autonomie oder Armut? Zur Sicherung gleicher Chancen materieller Wohlfahrt durch Erwerbsarbeit», in: WSI-Mitteilungen 4/2011, S. 178–187.
15 Chrismon, Heft 4/2011, S. 30.
16 Ebd.
17 Süddeutsche Zeitung vom 14. 2. 2011.
18 Ebd.
19 Richie Unterberger: «Review of ‹I'm a loser›», Allmusic by All Media Guide, http://www.allmusic.com/song/t462339, Online-Zugriff am 26. 2. 2011.
20 Johann Jacob Bodmer und Johann Jakob Breitinger (Hg.): Proben der alten schwäbischen Poesie des Dreyzehnten Jahrhunderts: aus der Maneßischen Sammlung, Zürich 1748, S. 26.
21 Johann Christoph Adelung: Grammatisch-kritisches Wörterbuch der Hochdeutschen Mundart, Elektronische Volltext- und Faksimile-Edition nach der Ausgabe letzter Hand, Leipzig 1793–1801; online unter: http://de.academic.ru/dic.nsf/grammatisch/24279/Hochmuth; Online-Zugriff am 24. 2. 2011.
22 Katholische Bibelanstalt: Einheitsübersetzung der Heiligen Schrift, Stuttgart 1980, Kapitel 16, Vers 18.
23 Biblos.com; http://bibeltext.com/proverbs/16–18.htm, Online-Zugriff am 24. 2. 2011.
24 Walter Schmidt: Dicker Hals und kalte Füße. Was Redensarten über Körper und Seele verraten – Eine heitere Einführung in die Psychosomatik, Gütersloh 2011, S. 96 ff.
25 Süddeutsche Zeitung vom 28. 1. 2011.
26 Bayerischer Rundfunk, http://www.br-online.de/aktuell/plagiatsaffaere-DID1298369041737/guttenberg-doktorarbeit-plagiatsvorwurf-ID1297842100041.xml, Online-Zugriff am 24.2.2011.

27 Der Tagesspiegel vom 24.2.2011, www.tagesspiegel.de/politik/die-droge-guttenberg/3876656.html, Online-Zugriff am 24.4.2011.
28 Süddeutsche Zeitung vom 2.3.2011, S. 4.
29 Herbert Harari, John W. McDavid: «Name Stereotypes and Teachers' Expectations», in: Journal of Educational Psychology, Oktober 1973, Band 65, Ausgabe 2, S. 222–225, doi:10.1037/h0034978.
30 Tracy N. Anderson-Clark, Raymond J. Green, Tracy B. Henley: «The Relationship Between First Names and Teacher Expectations for Achievement Motivation», in: Journal of Language and Social Psychology, Band 27, Nr. 1, 2008, S. 94–99.
31 Kevin Durkin: Developmental Social Psychology, Cambridge/Mass. 1995, S. 148.
32 David N. Figlio: «Boys Named Sue: Disruptive Children and Their Peers», in: Education Finance and Policy, Herbst 2007, Band 2, Nr. 4, S. 376–394.
33 Knut Bielefeld, Online-Angebot: www.beliebte-vornamen.de.
34 Bernard Lown: Die verlorene Kunst des Heilens. Anleitung zum Umdenken, Frankfurt/Main 2004, S. 38.
35 Ebd., S. 313.
36 Journal of the American Medical Association, 2007, Band 298, S. 993, zitiert nach: Süddeutsche Zeitung vom 5.9.2007.

Lernen und Lehren

1 Joachim Bauer: Lob der Schule. Sieben Perspektiven für Schüler, Lehrer und Eltern, Hamburg 2007, S. 11 f.
2 Süddeutsche Zeitung Magazin vom 18.2.2011, S. 23.
3 Volker Ladenthin, Jürgen Rekus: Werterziehung als Qualitätsdimension von Schule und Unterricht, Münster 2008.
4 Lutz Röhrich: Lexikon der sprichwörtlichen Redensarten, 2. Auflage, Freiburg 2003, S. 1051 f.
5 Till Roenneberg: Wie wir ticken. Die Bedeutung der Chronobiologie für unser Leben, Köln 2010.
6 Margarita L. Dubocovich et al.: «The Impact of School Daily Schedule on Adolescent Sleep», in: Pediatrics, Band 115, Juni 2005, S. 1555–1561.

7 «Sleep – High Quality and Enough of It – Is Essential for Child Health», Presse-Information der Brown University vom 8.6.2010; http://news.brown.edu/pressreleases/2010/06/sleep, Online-Zugriff am 10.2.2011

8 Francesco Cappucino et al.: «Sleep duration predicts cardiovascular outcomes: a systematic review and meta-analysis of prospective studies», in: European Heart Journal, 2011, doi: 10.1093/eurheartj/ehr007, vorab online veröffentlicht am 7.2.2011.

9 Süddeutsche Zeitung vom 9.2.2011, S. 16.

10 Capital online; www.capital.de/karriere/:Elite-auf-Entzug–Schlaflos-im-Chefsessel/100040181.html, Online-Zugriff am 26.7.2011.

11 Stefan Knischek: Lebensweisheiten berühmter Philosophen. 4000 Zitate von Aristoteles bis Wittgenstein, Baden-Baden 2009, S. 55.

12 Süddeutsche Zeitung vom 25.2.2011, S. 26.

13 Julius Kuhl, Jens Uwe Martens: Die Kunst der Selbstmotivierung. Neue Erkenntnisse der Motivationsforschung praktisch nutzen, 3. aktualisierte und erweiterte Auflage, Stuttgart 2009, S. 49.

14 Deutsche Angestellten Krankenkasse (DAK): «Gesundheitsreport 2009. Analyse der Arbeitsunfähigkeitsdaten. Schwerpunktthema Doping am Arbeitsplatz», S. 52 und 105.

15 Ebd., S. 61.

16 Presse-Information der Universität Mainz vom 16.2.2011.

17 Süddeutsche Zeitung vom 15.7.2011: Jörg Löhr interviewt von Claudio Catuogno.

18 Immanuel Kant: Über die Erziehung, München 1997, S. 3.

19 Süddeutsche Zeitung vom 23.2.2011, S. 26; Interview mit Hannah Wilhelm zum Unternehmensgründergeist in Deutschland.

20 Wolfgang Bergmann: Lasst eure Kinder in Ruhe, München 2010, S. 10.

21 Ebd., S. 11.

22 Jirina Prekop, Gerald Hüther: Auf Schatzsuche bei unseren Kindern. Ein Entdeckungsbuch für neugierige Eltern und Erzieher, 3. Auflage, München 2007, S. 8 f.

23 Die ZEIT vom 9.2.2011; www.zeit.de/studium/uni-leben/2011-02/seniorenstudium-hochschulen, Online-Zugriff am 18.7.2011.

Die genaue Zahl der Gasthörer ist schwer zu beziffern und wird bisweilen nicht sauber von regulär studierenden älteren Menschen unterschieden. Die Süddeutsche Zeitung spricht in einem Artikel vom 12. 9. 2011 von geschätzten «25 000 bis 30 000 Gasthörern» (ohne Altersangabe) einschließlich jener 3000 an der Universität Frankfurt, die in der offiziellen Übersicht des Bundesamtes für Statistik nicht auftauchen; dort sei von 18 800 die Rede. Letztere beide Zahlen liefen auf die in der Wochenzeitung Die Zeit erwähnten 22 000 Gasthörer hinaus – allerdings ohne die regulär Studierenden.

24 Joachim Bauer: Das Gedächtnis des Körpers. Wie Beziehungen und Lebensstile unsere Gene steuern, Frankfurt/Main 2010, S. 179.
25 Ebd., S. 31.

Moral und Tugend

1 Klaus Müller (Hg.): Lexikon der Redensarten, Niedernhausen/Ts. 2001, S. 524, und Lutz Röhrich: Lexikon der sprichwörtlichen Redensarten, 2. Auflage, Freiburg 2003, S. 1346 f.
2 Peter Spork: Das Schlafbuch. Warum wir schlafen und wie es uns am besten gelingt, Reinbek 2007, S. 247 ff.
3 Till Roenneberg: Wie wir ticken. Die Bedeutung der Chronobiologie für unser Leben, Köln 2010, S. 31.
4 Röhrich, Lexikon, S. 956 und 1421 f. sowie Plinius der Ältere: Naturalis historia, Buch 35, Kapitel 36, Abschnitt 85.
5 journalist, 3/2011, S. 50 f.
6 Hans-Werner Bierhoff, Michael Jürgen Herner: Narzissmus – die Wiederkehr, Bern 2009.
7 Online-Ausgaben der BILD-Zeitung, http://www.bild.de/ka/p/upload1414; Online-Zugriff am 23. 1. 2012.
8 Süddeutsche Zeitung Magazin vom 28. 1. 2011; Joachim Fuchsberger interviewt von Max Fellmann.
9 Wilhelm Schmid: Mit sich selbst befreundet sein. Von der Lebenskunst im Umgang mit sich selbst, Frankfurt/Main 2007, S. 433.
10 Immanuel Kant: Über die Erziehung, München 1997, S. 64.
11 Immanuel Kant: Fragmente, zitiert nach: www.gutzitiert.de/zitat_

autor_immanuel_kant_thema_muessiggang_zitat_15633.html, Online-Zugriff am 11. 8. 2011.

12 Kant, Erziehung, S. 69.

13 Christopher Hsee et al.: «Idleness aversion and the need for justifiable busyness», in: Psychological Science, 21/7, 2010, 926–930, sowie «Psychologie heute», Heft August 2011, S. 15.

14 General-Anzeiger, Bonn, vom 29./30. 1. 2011, dpa-Bericht von Miriam Schmidt.

15 Süddeutsche Zeitung vom 1. 7. 2011.

16 Astrid Schütz: Je selbstsicherer, desto besser? Licht und Schatten positiver Selbstbewertung, Weinheim, Basel 2005.

17 Ebd., S. X.

18 Birgit Schönberger: «Die Tiefstaplerinnen. Wie Frauen sich durch Selbstzweifel bremsen», in: Psychologie heute, Heft 1/2011, S. 33 ff.

19 Die Bibel, 3. Buch Mose, Kapitel 19, Vers 18.

20 Thomas Ebers, Markus Melchers: Wertgefechte. Eine Klarstellung, Hamburg 2008, S. 94 f.

21 Süddeutsche Zeitung vom 25. 8. 2011.

22 Tages-Anzeiger vom 28. 3. 2011, im Internet unter: http://www.tagesanzeiger.ch/leben/gesellschaft/Eigenlob-gehoert-dazu-/story/29727242.

Menschsein und Zusammenleben

1 Lutz Röhrich: Lexikon der sprichwörtlichen Redensarten, 2. Auflage, Freiburg 2003, S. 1698 f.

2 Anna Roming: «Die Stillen im Lande», in: Psychologie heute, Januar 2011, S. 21 ff.

3 Axel Petermann: Auf der Spur des Bösen: Ein Profiler berichtet, Berlin 2010, S. 9.

4 Süddeutsche Zeitung vom 27. 7. 2011.

5 Süddeutsche Zeitung vom 3. 3. 2011.

6 Süddeutsche Zeitung vom 9. 1. 2011, «Augen zu und durchwischen»; s. a.: Justyna Polanska: Unter deutschen Betten: Eine polnische Putzfrau packt aus, München 2011.

7 Online-Hinweis des Polizeipräsidiums Oberfranken vom 14. 2. 2011,

http://www.polizei.bayern.de/oberfranken/schuetzenvorbeugen/kriminalitaet/alltag/index.html/112166; Online-Zugriff am 25. 2. 2011.

8 «Versicherungsbetrug betrachten viele als reines Kavaliersdelikt», Presse-Mitteilung der Universität des Saarlandes vom 12. 9. 2011.

9 Manfred Oeming in einem Aufsatz für das Forschungsmagazin «Ruperto Carola». Heft 3/2003, online verfügbar unter www.uni-heidelberg.de/presse/ruca/ruca03-3/auge.html, Online-Zugriff am 17. 2. 2011.

10 Psychologie heute, Heft 6, Juni 2000, S. 20 ff.

11 Thomas Dohmen et al.: «Homo Reciprocans: Survey Evidence on Behavioural Outcomes», in: The Economic Journal, März 2009, Band 119, Ausgabe 536, S. 592–612.

12 Gesund-Magazin vom 5. 7. 2011, Theodor Itten interviewt von Manfred Pantförder; http://www.gesund-magazin.de/artikel/jaehzorn-verhaltensstoerung-wut-itten, Online-Zugriff am 12. 7. 2011.

13 Joachim Bauer: Schmerzgrenze. Vom Ursprung alltäglicher und globaler Gewalt, München 2011, S. 49.

14 Ebd., S. 41.

15 Ebd., S. 49.

16 Klaus Sessar: Kriminologie ohne Täter. Oder auch: Die kriminogene Tat, 1996, ungekürztes Originalmanuskript des Verfassers.

17 Bauer, Schmerzgrenze, S. 24.

18 Ebd., S. 25.

19 Ebd., S. 202.

20 Hans-Joachim Maaz: Die Liebesfalle – Spielregeln für eine neue Beziehungskultur, München 2010, S. 72.

21 Wilhelm Schmid: Die Liebe neu erfinden, Frankfurt/Main 2011, S. 130.

22 Ebd., S. 138.

23 3sat-magazin «scobel» zum Thema «Warum wir vertrauen» am 17. 2. 2011.

24 Bismarck in einer Rede vom 10. 3. 1873 «Über Königtum und Priestertum», aus: Fürst Bismarcks gesammelte Reden, Band I., 12. Tausend, Berlin 1895. S. 421, zitiert nach Wikiquote zum Stichwort «Vertrauen»; Online-Zugriff am 17. 7. 2011.

25 3sat-magazin «scobel», 17.2.2011.
26 Julie Patock-Peckham u.a.: «Gender-Specific Mediational Links Between Parenting Styles, Parental Monitoring, Impulsiveness, Drinking Control, and Alcohol-Related Problems», in: Journal of Studies on Alcohol and Drugs, Ausgabe März 2011, Band 72, S. 247–258.
27 Gesund-Magazin vom 12.5.2011, S. 10.
28 3sat-magazin «scobel», 17.2.2011.
29 Ebd.
30 «Neurobiologie des Vertrauens», Presse-Information der Universität Freiburg vom 19.8.2011.
31 Meyer-Lindenberg, A., Domes, G., Kirsch., P. & Heinrichs, M.: «Oxytocin and vasopressin in the human brain: social neuropeptides for translational medicine», in: Nature Reviews Neuroscience, September 2011, Band 12, S. 524–538.
32 «Psychologie-Studie: Vertrautheitsgefühl beeinflusst unsere Entscheidungen», Presse-Information der Universität des Saarlandes vom 23.8.2011; s.a.: Timm Rosburg, Axel Mecklinger, Christian Frings: «When the Brain decides», in: Psychological Science, Ausgabe Dezember 2011; Band 22: S. 1527–1534.
33 Röhrich, Lexikon, S. 1234.
34 Schmid, Die Liebe neu erfinden, S. 320f.
35 Petermann, Auf der Spur des Bösen, S. 298.
36 Josef Wilhelm Egger: in: Psychologische Medizin, 18. Jahrgang 2007, Nummer 4, Seite 2; im Netz: http://www.meduni-graz.at/psychologie/ArztPat-Kommunik_facts.pdf.
37 Süddeutsche Zeitung vom 30./31.7.2011.

Zu guter Letzt

1 Anselm Grün: Damit die Welt verwandelt wird. Die sieben Werke der Barmherzigkeit, Gütersloh 2008, S. 96.
2 Süddeutsche Zeitung, Magazin, 13.5.2011, S. 61.
3 Süddeutsche Zeitung vom 13.8.2011.

Das für dieses Buch verwendete FSC®-zertifizierte Papier
Lux Cream liefert Stora Enso, Finnland.